GORORION

Argraffiad cyntaf: 2023

© Angharad Price 2023

Cedwir pob hawl.

Ni chaniateir atgynhyrchu unrhyw ran o'r cyhoeddiad hwn, na'i gadw mewn cyfundrefn adferadwy, na'i drosglwyddo mewn unrhyw ddull na thrwy unrhyw gyfrwng, electronig, electrostatig, tâp magnetig, mecanyddol, ffotogopïo, recordio, nac fel arall, heb ganiatâd ymlaen llaw gan yr awdur.

ISBN clawr meddal: 978-1-84524-563-4

Cydnabyddir nawdd gan:
Cronfa gyhoeddiadau HEFCW
Coleg y Celfyddydau, y Dyniaethau a'r Gwyddorau Cymdeithasol, Prifysgol Bangor

Cynllun y clawr: Bedwyr ab Iestyn

Cyhoeddwyd gan Wasg Carreg Gwalch,
12 Iard yr Orsaf, Llanrwst, Dyffryn Conwy, Cymru LL26 0EH.
Ffôn: 01492 642031
e-bost: llyfrau@carreg-gwalch.cymru
lle ar y we: www.carreg-gwalch.cymru

Argraffwyd a chyhoeddwyd yng Nghymru

Gororion

Llên Cymru yng nghyfandir Ewrop

Angharad Price

Gan yr un awdur

FFUGLEN
Tania'r Tacsi
O! Tyn y Gorchudd
Caersaint

YSGRIFAU
Trysorau Cudd Caernarfon
Ymbapuroli

DRAMA
Nansi

CYFROLAU ACADEMAIDD
Rhwng Gwyn a Du: Rhyddiaith Gymraeg y 1990au
Chwileniwm: Technoleg a Llenyddiaeth
Gwrthddiwygwyr Cymreig yr Eidal
Ffarwél i Freiburg: Crwydriadau Cynnar T. H. Parry-Williams

Cynnwys

Rhagair		6
1.	O Ddinas Fenis i Ynys Gwales	11
2.	Y Cymry yn yr Eidal	49
3.	Taith ar yr Orient Express	77
4.	*Sturm und Drang* yn Sir Drefaldwyn	99
5.	Bergson, T. H. Parry-Williams ac Amser	135
6.	*Paradwys,* Caethwasiaeth a *Fake News*	159
7.	*Monica* a Mauriac	181
8.	Van Hamel yn Eryri	215

Rhagair

Wyth o wibdeithiau llenyddol sydd yma rhwng Cymru a chyfandir Ewrop. Maent yn dilyn trywyddau go amrywiol ac yn gynnyrch blynyddoedd o fyfyrio ar berthynas llenyddiaeth Gymraeg â'i chymheiriaid Ewropeaidd. Does yma ddim casgliadau syml am y berthynas honno – mae cyfandir Ewrop yn rhy gymhleth i hynny – ac rwyf yn fwriadol wedi trefnu'r ysgrifau yn y fath fodd ag i wneud y gyfrol yn debycach i ddarn o glytwaith, yn hytrach nag yn adlewyrchiad o un syniad hollgynhwysfawr. Ffrwyth diddordeb personol sydd yma – yn sut y mae gwledydd a phobloedd eraill yn defnyddio eu hieithoedd i ddibenion llenyddol – ynghyd â'r pleser o gyfosod a chymharu hynny â llenyddiaeth fy mamiaith fy hun. Rwyf wedi tueddu i ganolbwyntio, felly, ar weithiau y gallaf eu darllen yn yr ieithoedd gwreiddiol. Ond sylweddolaf fod cymaint mwy i'w ddweud, yn enwedig am lenyddiaethau ieithoedd llai. Gobeithio y bydd yr ysgrifau hyn yn ysgogiad i eraill wneud hynny, ac i fynd â'r drafodaeth y tu hwnt i ffiniau Ewrop, gan ymagor i weddill y byd.

Dyma godi cwr y llen, beth bynnag, ar rai o'r cysylltiadau cyfoethog sydd wedi bodoli erioed rhwng llenorion Cymru a'r cyfandir Ewropeaidd. Mae'r rhain yn gysylltiadau a all ddyfnhau ein dealltwriaeth o'n hanes ein hunain ac maent yn sicr wedi cyfoethogi fy mhrofiad i o lenyddiaeth. Daeth dwy o'r ysgrifau i fod – y naill am yr Orient Express a'r llall am Henri Bergson – yn sgil-gynnyrch fy ymchwil am grwydriadau T. H. Parry-Williams yn yr Almaen ac yn Ffrainc cyn y Rhyfel Byd Cyntaf wrth ysgrifennu *Ffarwél i Freiburg*, tra ysgogwyd fy niddordeb yn Hugh Jones, Maesglasau ac Ann Griffiths gan gysylltiadau teuluol. Man cychwyn 'Y Cymry yn yr Eidal' fu'r cyfnod a dreuliais yn ymchwilio yn llyfrgell y Fatican yn y flwyddyn 2000, a deillia tair ysgrif bellach o'm diddordeb hirhoedlog yn ffurf y nofel, a'r berthynas arian-byw sydd ganddi, o *Monica* Saunders Lewis hyd at *Gwales* Catrin Dafydd, â gwleidyddiaeth, economi a chymdeithas. Yn olaf, ar gais cydweithwyr ym Mhrifysgol Utrecht, lleoliad y Gyngres Geltaidd Ryngwladol yn 2023, y lluniais ysgrif derfynol *Gororion*, ysgrif sydd, gobeithio, yn dangos mor werthfawr yw cyfraniad y rhai sydd wedi dod at y Gymraeg o wledydd eraill, ac sydd wedi cyfoethogi ein hiaith trwy ei dysgu.

Carwn ddiolch i Angharad Blythe, Siân Melangell Dafydd, Owen Thomas a Gerwyn Wiliams am roi caniatâd i mi ddefnyddio ffurfiau cynnar ar dair o'r ysgrifau (a gyhoeddwyd yn wreiddiol yn *Llenyddiaeth Mewn Theori, Taliesin* ac *Ysgrifau Beirniadol*), a'u hailysgrifennu a'u diweddaru ar gyfer y gyfrol hon. Cydnabyddir yn ddiolchgar hefyd nawdd gan gronfa gyhoeddiadau HEFCW, yn ogystal â Choleg y Celfyddydau, y Dyniaethau a'r Gwyddorau Cymdeithasol ym Mhrifysgol Bangor, tuag at gostau argraffu'r gyfrol. Yn olaf, diolch i Myrddin ap Dafydd, Mererid Jones a staff Gwasg Carreg Gwalch am eu cymorth amhrisiadwy wrth hwylio'r gyfrol trwy'r wasg, ac i Bedwyr ab Iestyn am ddylunio'r clawr arbennig. Cyflwynaf y gyfrol hon i'm tiwtor yn y coleg, yr Athro Katrin Kohl, a fu mor gefnogol wrth i mi wneud fy fforiadau cyntaf, petrus ym maes llenyddiaeth gymharol ddegawdau yn ôl. Pob bendith iddi ar ei hymddeoliad wedi gyrfa brysur a chynhyrchiol, a diolch iddi am bob ysbrydoliaeth.

Angharad Price
Caernarfon, 2023

Cyflwynedig i'r Athro Katrin Kohl
gyda pharch a diolch

O Ddinas Fenis i Ynys Gwales:
Palimpsestau cenedlaethol

Beirniad llenyddol a nofelydd arloesol o gefndir Ewropeaidd oedd Christine Brooke-Rose (1923-2012). Fe'i magwyd ym Mrwsel gan ei nain a'i thaid ar ochr ei mam, ond yn Lloegr yr addysgwyd hi. Roedd yn ieithydd medrus a bu'n un o weithwyr cuddwybodaeth Bletchley Park yn ystod yr Ail Ryfel Byd. Yn ei gyrfa ddiweddarach wedi'r rhyfel dyrchafwyd hi'n Athro mewn Llenyddiaeth Saesneg ym Mhrifysgol Paris Vincennes, ac mae'n awdur cyfres o nofelau arbrofol, yn ogystal ag ysgrifau treiddgar ac ysgogol ar lenyddiaeth, nifer ohonynt yn trafod perthynas fythol-aflonydd ffurf y nofel â gwleidyddiaeth a chymdeithas.

Yn y *London Review of Books* ym mis Mai 1990 cyhoeddodd Brooke-Rose ysgrif ddiddorol yn dwyn y teitl 'Palimpsest History'. Ymateb oedd yr ysgrif honno i helynt cyhoeddi nofel Salman Rushdie, *The Satanic Verses*, yn 1988 pan gyhuddwyd Rushdie gan rai o gynrychiolwyr crefydd Islam o gablu. Ymhlith pethau eraill, dywedwyd bod *The Satanic Verses* yn portreadu'r proffwyd Mwhamad (a elwir yn 'Mahound' yn y nofel) yn amharchus, ei bod defnyddio'r ymadrodd gwrthun, 'adnodau Satanaidd', ar gyfer adnodau apocryffaidd y Corân, gan honni iddynt gael eu mynegi gan yr Angel Gabriel, a bod y gwaith drwyddo draw yn dangos dirmyg at lyfr sanctaidd ac egwyddorion crefydd Islam. Condemniwyd Rushdie'n ddiarbed, ac ni wnaeth ei ymgais i'w amddiffyn ei hun ond megino'r dadlau ymhellach. Dros y misoedd dilynol, yn enwedig yn sgil cyhoeddi'r nofel yn yr Unol Daleithiau ddechrau 1989, llosgwyd y nofel yn gyhoeddus, taflwyd bomiau at siopau llyfrau a'i gwerthai, ac anfonwyd bygythiadau at y sawl a oedd mewn unrhyw ffordd yn gysylltiedig â chynhyrchu a dosbarthu'r gwaith (yr awdur yn enwedig). Daeth y cyfan i uchafbwynt ym mis Chwefror 1989 pan ddatganodd Ruhollah Khomeini o Iran ffatwa, sef datganiad awdurdodedig dan gyfraith Islam, yn annog Mwslemiaid i ladd Salman Rushdie a'i gefnogwyr a thrwy hynny ennill statws merthyron yng ngolwg Allah (yn ogystal â chwe miliwn o ddoleri).

Ciliodd Rushdie o olwg y cyhoedd a bu dan warchodaeth yr heddlu am flynyddoedd, tra daliodd gwahanol garfanau i ddadlau'n ffyrnig o blaid ac yn erbyn y ffatwa, ac i gondemnio neu amddiffyn y nofel. Afraid dweud i'r cyfan ddod yn asgwrn cynnen pellach rhwng y 'Gorllewin' a'r 'Dwyrain' (Islamaidd) yn ystod y blynyddoedd a arweiniodd at ymosodiad al-Qaeda ar dyrau Efrog Newydd ryw ddegawd yn ddiweddarach.

Yn ei herthygl hi flwyddyn wedi ffatwa Khomeini (erthygl a ailargraffwyd mewn cyfrol o'r enw *Stories, Theories and Things* yn 1991), ceisiodd Christine Brooke-Rose ymbellhau oddi wrth y dadleuon crefyddol a gwleidyddol trwy bwysleisio o'r newydd gymeriad ffuglennol *The Satanic Verses*. Gwaith artistig oedd yma wedi'r cyfan, meddai hi, a dylid cofio bod nofel Rushdie yn enghraifft nodweddiadol o fath arbennig o ffuglen a oedd wedi dod i fod ers rhyw ddau ddegawd. Galwodd hi y genre hwn yn 'palimpsest history', sef math o nofel a greai gofnod hanesyddol amgen a oedd, er ei fod yn ddychmygol, yn seiliedig ar hanes go-iawn. (Roedd Rushdie ei hun, wrth geisio gwrth-ddweud dadleuon ei feirniaid, wedi mynnu mai nofel am ymffurfiad cenhedloedd oedd *The Satanic Verses*.) Doedd y nofel ddim yn gableddus, dadleuodd Brooke-Rose, gan fod modd canfod pob elfen a gaed ynddi rywle yn y Corân ei hun. Yn hytrach, ailddarlleniad ffuglennol o rannau o lyfr sanctaidd y Mwslemiaid ydoedd: 'My point is that throughout the book we have a different reading, a poetic re-creative reading, of what is in the Qu'ran,' meddai hi.[1] Dangosodd sut y perthynai'r nofel yn agos i enghreifftiau eraill o 'palimpsest history' yn fyd-eang, gan fynnu mai yn y cyd-destun hwnnw y dylid trafod *The Satanic Verses*, a'i barnu yn ôl safonau ac egwyddorion ei ffurf lenyddol ei hun.

Roedd 'palimpsest' yn air anghyfarwydd i mi ar y pryd, a bu'n rhaid i mi chwilio ei ystyr yn y geiriadur a myfyrio dipyn drosto. Gair cyfansawdd Groeg ydyw yn wreiddiol a ddaeth drwy'r Lladin i'r iaith Saesneg yn yr ail ganrif ar bymtheg. Ystyr ei elfen gyntaf, 'palin', yw 'yn ôl', tra cyfeiria 'psestos' at rywbeth sydd wedi ei lyfnhau'n lân. Daeth y gair cyfansawdd 'palimpsestos' i fod ar adeg pan oedd memrwn yn ddeunydd ysgrifennu drudfawr, a chan fod angen ei ddefnyddio fwy nag unwaith er mwyn gwneud y mwyaf ohono, arferid gwanhau'r inc a oedd arno trwy ei olchi â sylwedd arbennig, cyn mynd ati i grafu'r ysgrifen gynharach i ffwrdd â charreg bwmis (hynny yw, rhwbio'r arwyneb yn llyfn). A dyna oedd 'palimpsestos': arwyneb y bu arno ysgrifen eisoes ond a lyfnhawyd yn lân er mwyn gallu ysgrifennu arno o'r newydd. Neu, yn niffiniad mwy cryno *Geiriadur Prifysgol Cymru*: 'Llawysgrif, dogfen, &c., wedi ei hailddefnyddio i ysgrifennu testun arall.'

Gan mai anodd oedd cael y memrwn yn gwbl ddilychwin yn y broses o'i rwbio'n lân, aml i dro byddai olion yr hen ysgrifen yn dod i'r fei o dan neu drwy'r ysgrifen newydd. O ddarllen diffiniadau pellach o'r gair, felly, gwelais sut y'i defnyddid weithiau i gyfleu gofod lle mae olion hen arwyddion yn parhau dan yr wyneb ac yn dylanwadu ar arwyddion newydd (gan greu rhyw fath o isymwybod testunol). Defnyddid 'palimpsest' hefyd yn drosiadol i gyfleu sefyllfaoedd pan oedd presenoldeb annelwig ond grymus y gorffennol yn dal i effeithio ar gymeriad y presennol, neu i drafod adegau pan y gellid ymdeimlo â sawl dehongliad o rywbeth, gyda'r naill haen yn gorwedd ar ben y llall, a hynny wedyn yn cyfoethogi neu gymhlethu'r ddealltwriaeth o'r hyn oedd dan sylw.

O safbwynt 'hanes palimpsestaidd', honnai Christine Brooke-Rose bod nofelau a archwiliai'r syniad o hanes fel testun amlhaenog wedi dod i fod o ddiwedd y 1960au ymlaen, yn y lle cyntaf yng ngweithiau awduron fel Gabriel García Márquez o Golombia a ddechreuodd ddefnyddio elfennau hudol i ymyrryd ar realaeth, gan gymylu'r ffin rhwng y 'real' a'r 'afreal' (roedd hwn yn ddatblygiad a welid yng ngweithiau nifer o awduron a ysgrifennai dan gyfundrefnau gwleidyddol gorthrymus). Yn ystod y 1970au a'r 1980au, esboniodd Brooke-Rose ymhellach, daeth y math yma o ffuglen yn gynyddol amlwg, gan ddwyn egni ac asbri newydd i draddodiad y nofel realaidd a oedd, yn ei barn hi, wedi chwythu ei phlwc erbyn hynny. Felly, croesawai hi'r datblygiad newydd fel 'a type of fiction that has lately burst on the literary scene and thoroughly renewed the dying art of the novel' (182). Ymhlith yr enghreifftiau a grybwyllwyd ganddi yr oedd 'Can Mlynedd o Unigrwydd' (*Cien años de soledad*) Gabriel García Márquez ei hun (1967), *Terra nostra* nofelydd arall o America Ladin, sef y Mecsicanwr, Carlos Fuentes (1975), yn ogystal â gweithiau ton o awduron Ewropeaidd, megis 'Geiriadur y Khazariaid' (*Hazarski rečnik*, 1984) gan Milorad Pavić o Iwgoslafia (Serbia heddiw), dwy nofel yr Eidalwr, Umberto Eco, 'Enw'r Rhosyn' (*Il nome della Rosa*, 1980) a 'Phendil Foucault' (*Il pendolo di Foucault*, 1989), ynghyd â nofelau Milan Kundera o Tsiecoslofacia (y Weriniaeth Tsiec heddiw). Nododd Brooke-Rose fod y gweithiau hyn yn manteisio ar holl bosibiliadau dychmygus y nofel trwy wneud defnydd o hud a lledrith, breuddwydion a gweledigaethau, cyfeiriadaeth lenyddol, triciau naratifol a llu o ddyfeisiau eraill, a'u bod yn sgil hynny yn gallu cynnig golwg amgen ar hanes swyddogol, yn aml gyda'r bwriad o herio neu gywiro'r *status quo*.

Yn y cyd-destun llenyddol hwn, felly, y dylid trafod a thafoli *The Satanic Verses* mewn difrif. Mynnai Brooke-Rose mai ymdriniaeth balimpsestaidd oedd y nofel honno â hanes dwy wlad, sef India a Lloegr, ac un grefydd, sef Islam. Y drasiedi yn achos Rushdie, dadleuodd, oedd nad oedd awdurdodau ffwndamentalaidd Islamaidd yn fodlon derbyn deongliadau gwahanol o'r Corân, gan gynnwys – yn yr achos hwn – yr ailddehongliad llenyddol a gaed yn *The Satanic Verses*. Dim ond y darlleniad awdurdodedig o'r Corân a ganiateid ganddynt, ac am fod Rushdie yn ymwrthod â'r dehongliad hwnnw, cyfiawn yng ngolwg yr awdurdodau oedd ei gyhuddo o gablu – a chyfiawn galw am ei ladd yn enw Allah.

Roedd Christine Brooke-Rose yn awyddus i bwysleisio, fodd

bynnag, nad ffwndamentalwyr Islamaidd yn unig a waharddai chwareustra testunol fel eiddo Rushdie. Yn hytrach, roedd cynnal a chadw uniongrededd deongliadau swyddogol, doed a ddelo, yn nodwedd o feddylfryd llywodraethau totalitaraidd ar draws y byd, gan gynnwys yr Undeb Sofietaidd (cyfundeb a oedd wrthi'n datgymalu pan ysgrifennai hi'r erthygl hon yn 1990). Meddai hi:

> Of course we should not be surprised that totalitarian governments, and not least theocratic governments, should, when someone draws their attention to such works, object to palimpsest history. It has happened over and over in the Soviet Union. Such governments are always busy rewriting history themselves and only their palimpsest is regarded as acceptable.
> (185)

Dadl greiddiol Christine Brooke-Rose yw mai ailysgrifeniad neu ailddehongliad yw pob cofnod o hanes, waeth pa mor ffeithiol gywir yr honna ei fod. Un naratif ydyw o blith nifer o naratifau posibl eraill. Yn achos hanes swyddogol gwlad neu grefydd, fodd bynnag, mae consensws awdurdodol – naratif a gaiff ei ddyrchafu (weithiau trwy drais) yn wirionedd absoliwt ac sydd felly'n llywio gwerthoedd y presennol – yn sicrhau statws mythaidd i'r 'hanes' hwnnw. Man cychwyn yr awduron a enwir gan Brooke-Rose yw dwyn sylw at y ffaith fod hanes yn faes ailysgrifenadwy. Gan fanteisio ar y rhyddid dychmygus sydd ganddynt, ânt ati i ddatgelu'r hyn a gollwyd wrth lunio'r naratif hanesyddol swyddogol, a gadael i leisiau, manylion a dimensiynau eraill ddod i'r fei. Trwy gyfoethogi ein dirnadaeth o'r gorffennol rhoddant inni well dealltwriaeth o'n presennol. Dyma yw nofelau hanes palimpsestaidd, yn ôl diffiniad Brooke-Rose, a hawliai hi mai dyna'n union a gyflawnai nofel gondemniedig Salman Rushdie.

Er mai cythrwfl cyhoeddi *The Satanic Verses* a ysgogodd erthygl

Christine Brooke-Rose yn y lle cyntaf, neilltua lawer o'i thrafodaeth i drafod nofel gynharach Rushdie, sef *Shame* a gyhoeddwyd yn 1983, yn rhannol er mwyn dangos bod yr awdur wedi ymdrin yn chwareus â hanes ers dechrau ei yrfa lenyddol. Mae *Shame* hithau, medd Brooke-Rose, yn enghraifft ardderchog o 'hanes palimpsestaidd'; yn yr achos hwn, hanes Pacistan, sef y wlad a sefydlwyd (dan amgylchiadau dadleuol a thensiynus) yn 1947 ar gyfer poblogaeth Fwslemaidd is-gyfandir India wedi ymadawiad y Prydeinwyr oddi yno. Er mai yn ninas Mwmbai yn India y ganed Salman Rushdie ei hun (ac mai yn Lloegr y'i haddysgwyd), mae'r ffaith ei fod yn hanu o deulu Mwslemaidd yn creu perthynas dreftadol rhyngddo a Phacistan, ymdeimlad a gryfhawyd ynddo am iddo gael ei eni yn yr un flwyddyn â sefydlu'r wlad. Yn *Shame* canolbwyntia Rushdie ar gythrwfl babandod Pacistan, gan wneud hynny mewn modd chwareus a pharodïol. Darluniau crafog, cartwnaidd o'r unigolion a'r teuluoedd a gymerodd rôl arweiniol yn y broses o lywodraethu'r wlad ifanc sydd ganddo, a chynrychioliadau symbolaidd – rhai grotésg, yn aml – o agweddau ar hanes cynnar Pacistan yw llawer o ddigwyddiadau'r nofel.

Un o brif gymeriadau *Shame* yw'r gwleidydd llwgr, Raza Hyder, cymeriad a gaiff ei ddyrchafu'n Arlywydd y wlad yng nghwrs y nofel, ac mae'n debyg mai parodi o Ayub Khan a Yahya Khan sydd yma, sef dau Arlywydd cyntaf Pacistan, tra gellid dehongli cymeriad Bilquis Hyder, ei wraig, fel personoliad o Bacistan ei hun. Ar y dechrau dywedir wrthym fod Bilquis yn gwbl noeth, a hithau heb hyd yn oed aeliau uwch ei llygaid. Cynrychioli'r wlad foel, annatblygedig a grëwyd fel petai dros nos o asen India a wna hi. Ceir yr argraff, yn sicr, nad oes fawr o obaith iddi o'r dechrau. Wrth i'r nofel fynd rhagddi, darlunnir sut yr â Bilquis yn gynyddol ddi-ffrwt ac ofergoelus, a hithau'n ymgilio fwyfwy oddi wrth y byd. Dyma ddarlun trasig Rushdie o ddatblygiad Pacistan ei hun.

Perthynas a gelyn pennaf Raza Hyder yn y nofel yw Iskander

Harappa, ac mae yntau, fel Hyder, yn gymeriad llwgr. *Playboy* adferedig ydyw sy'n dod i lywodraethu'r wlad am gyfnod, cyn ei gwymp yntau a'i ddienyddiad – tynged hynod debyg i eiddo'r Arlywydd Zulfikar Ali Bhutto (tad Benazir Bhutto), a ddienyddiwyd yn 1971. Y cymeriad mwyaf trawiadol ohonynt oll, efallai, yw Omar Khayyam Shakil sy'n epil tair mam yr un pryd. Gyda'i genhedlu a'i enedigaeth ef y mae'r nofel yn agor. Mae'n drwm o'r dechrau, ac yn pesgi'n gyflym. Daw maes o law yn feddyg adnabyddus. Ond fel y datgelir yn y nofel, byw mewn oferedd y mae Shakil: mae'n gymeriad deublyg, twyllodrus sydd heb wybod ystyr cywilydd – nes bod y cywilydd hwnnw'n bygwth ei lowcio gorff ac enaid erbyn diwedd y nofel. Ffigwr grotésg yw Omar Khayyam Shakil, ac fe'i crëwyd gan Rushdie i ymgnawdoli holl ffaeleddau Pacistan fel y gwelai ef nhw, a hynny yn gartwnaidd hallt. Yn *Shame*, gwlad yw hon lle mae digywilydd-dra, oferedd a llygredd gwleidyddol yn rhemp ac yn rhwystro unrhyw ddatblygiad cenedlaethol adeiladol. Trwy'r cast mawr o gymeriadau dychmygol, caricatwraidd a pharodïol a geir ynddi, dychenir amrywiol agweddau ar Bacistan, ac mae darlun Rushdie yn ddisentiment a blaenllym.

Yn sicr, nid oes i'r nofel arwr, ac mae hynny'n arwyddocaol. Serch hynny, portreadir un cymeriad yn y nofel gyda chryn dipyn o anwyldeb a chydymdeimlad. Ei henw hi yw Sufiya Zinobia, merch gyntaf-anedig Raza a Bilquis Hyder. Ar y dechrau gwelwn sut y caiff Sufiya ei gwrthod gan ei mam am nad yw'n fachgen. (Dyma gic gan yr awdur i siofiniaeth wrywol Pacistan, yn union fel y darlunnir Naveed, ei chwaer, sydd yn ei lladd ei hun oherwydd disgwyliadau llethol y teulu arni.) Un ddiniwed iawn yw Sufiya ei hun, un y gellid ei galw yn un ara-deg ei meddwl, a hi sy'n cynrychioli diniweidrwydd Pacistan a phosibiliadau daioni yn y wlad newydd. Ond buan y gwelwn fod bwystfil yn llechu yn nyfnder ei bod. Daw'r bwystfil hwn i'r wyneb bob hyn a hyn i ddial ar unigolion am eu camweddau, gan drawsnewid Sufiya Zinobia yn anghenfil rheibus sy'n llarpio'i ysglyfaeth, yn rhwygo pennau oddi ar yddfau ac yn taenu ymysgaroedd hyd y lle. Sufiya Zinobia sy'n dial ar arweinwyr digywilydd y Bacistan lwgr. Hi yw *Shame* teitl y nofel.

I'r sawl sy'n gyfarwydd â hanes blynyddoedd cynnar Pacistan, mae'r cyfeiriadau niferus at unigolion a digwyddiadau ffeithiol yn britho'r gwaith ac yn cyfiawnhau darllen y nofel fel math o alegori genedlaethol. Sonnir am helyntion 'adain ddwyreiniol' y wlad, er enghraifft, sef cyfeiriad at y rhyfel cartref a arweiniodd at sefydlu Bangladesh yn 1971. Enwir rhai o ddinasoedd Pacistan wedyn, megis Islamabad, Lahore a Karachi, er mwyn lleoli gwlad y nofel yn ddaearyddol yn y byd go-iawn. Ond wrth gwrs, nid y 'wir' Bacistan sydd yma. Darlun ffuglennol ydyw, ailddarlleniad dychmygus Rushdie. Neu – a defnyddio ymadrodd Christine Brooke-Rose – hanes palimpsestaidd Pacistan. Dyna pam y rhoddodd Salman Rushdie enw chwareus ar y wlad a greodd: nid 'Pacistan', sef 'gwlad y rhai pur', mo hon, ond 'Peccavistan', sef yr hyn a gyfieithir ganddo fel 'pechais i'.

Dengys *Shame* mai un o oblygiadau sefydlu Pacistan oedd gorfodi hanes i'w ailysgrifennu ei hun: rhoi mythau newydd i'r bobl i'w gwahaniaethu oddi wrth bobl a diwylliant gweddill India. Fel yr esbonia adroddwr y nofel:

> A palimpsest obscures what lies beneath. To build Pakistan it was necessary to cover up Indian history, to deny that Indian centuries lay just beneath the surface of Pakistani Standard Time.[2]

Gwelir yn y nofel sut y mae'r hanes – a'r hanesion – a gelwyd neu a anwybyddwyd yn siŵr o frigo i'r wyneb yn hwyr neu'n hwyrach, wrth i'r hen darfu ar y newydd. Yng ngeiriau'r adroddwr unwaith eto, wrth iddo fyfyrio ar oblygiadau hyn ar gyfer dyfodol Pacistan: 'It is possible to see the subsequent history of Pakistan as a duel between two layers of time, the obscured world forcing its way back through what-had-been-imposed' (87). Methiant Pacistan i ddychmygu mythau cenedlaethol dilys iddi ei hun yw thema waelodol y nofel: ei methiant i'w hadanabod ei hun a'i hanes cymhleth go-iawn, i ymfalchïo ac i gywilyddio yn hynny, ac o ganlyniad ei methiant i ddychmygu dyfodol dilys iddi'i hun. Medd adroddwr y nofel:

> It is the true desire of every artist to impose his or her vision on the world; and Pakistan, the peeling, fragmenting palimpsest, increasingly at war with itself, may be described as a failure of the dreaming mind. (87)

Mae *Shame* yn ymgais i wneud iawn am y methiant hwnnw. Cenhadaeth y nofelydd cenedlaethol, fe awgrymir, yw cyfoethogi cof cenedl trwy greu mythau newydd, ac i ddangos yr un pryd mai proses ddethol sy'n digwydd mewn ymateb i ofynion penodol yw llunio mythau cenedlaethol. Yng ngeiriau'r adroddwr:

> I build imaginary countries and try to impose them on the ones that exist. I, too, face the problem of history: what to retain, what to dump, how to hold on to what memory insists on relinquishing, how to deal with change. (87-8)

Er bod amgylchiadau cythryblus sefydlu Pacistan yn golygu bod yr ystyriaethau hyn yn arbennig o ganolog i awdur fel Rushdie, dengys Christine Brooke-Rose yn ei herthygl fod y gorchwyl o ailddarllen ac ail-greu hanes yn rhywbeth yr oedd awduron yn fyd-eang yn ymhél ag ef o ddiwedd y 1960au ymlaen. Dyma pryd y gwelwyd nofelwyr yn manteisio ar ddyfeisiau ffuglennol i herio mythau hanesyddol derbyniedig eu cenhedloedd eu hunain. Yn ei barn hi, roedd y datblygiad hwn yn gwbl amserol, a hynny yn sgil mudo a dadleoli pobloedd ar raddfa eang yn ail hanner yr ugeinfed ganrif, a'r pwyslais newydd y daethpwyd i'w roi ar ryddfreinio lleisiau gorthrymedig. Yn eu chwareustra aml-leisiog, amlhaenog honnai hi bod nofelau hanes palimpsestaidd Rushdie, Márquez, Pavić ac eraill yn fwy perthnasol i'r oes oedd ohoni nag unigolyddiaeth solet y nofel realaidd gynt:

> [They] speak more vividly to us today than can those of the self-centred, sex-centred, whisky-centred, sin-and-salvation-centred characters of Graham Greene, precisely because they are anchored in both ancient and modern history, with its migrations and regenerating mixtures. ('Palimpsest history', 188)

Roedd ymddangosiad nofelau 'hanes palimpsestaidd', yn ei barn hi felly, yn gysylltiedig ag amgylchiadau hanesyddol a gwleidyddol penodol degawdau olaf yr ugeinfed ganrif, yn gynnyrch awduron – rhai estron i'r traddodiad Eingl-Americanaidd, yn digwydd bod – a ymwrthodai â realaeth er mwyn manteisio i'r eithaf ar bosibiliadau dychmygus y nofel:

> The novel's task unlike that of history, is to stretch our intellectual, spiritual and imaginative horizons to breaking point. Because palimpsest histories do precisely that, mingling realism with the supernatural and history with spiritual and philosophical reinterpretation, they could be said to float half-way between the sacred books of our various heritages [...], and the endless exegeses and commentaries these sacred books create. (189)

A hithau'n hofran yn y man amwys hwn rhwng y Corân ac 'esboniadau' ar y Corân, dyma gynefin *The Satanic Verses*. Galwodd Brooke-Rose y nofel yn 'hanes palimpsestaidd credo', a dangosodd bod y nofel yn perthyn i symudiad artistig rhyngwladol. Yn sicr, rhoddodd ei herthygl ogwydd ffres a dadlennol ar nofel Rushdie – gogwydd na wnaeth, serch hynny, liniaru dim ar effeithiau'r ffatwa.

Ar wahân i'w sylwebaeth ddiddorol ar bwnc llosg *The Satanic Verses*, roedd erthygl Christine Brooke-Rose o ddiddordeb mawr i mi am ei bod hefyd yn goleuo agweddau ar nofelau Ewropeaidd yr oeddwn yn gorfod eu darllen ar gyfer fy ngradd ar y pryd – hynny yw, ym mlynyddoedd cynnar y 1990au. Roedd y rhain yn nofelau yr oeddwn wedi eu mwynhau, yn sicr, ond yr un pryd fe'u cawn yn anodd eu deall. A dweud y gwir, ni allwn wneud pen na chynffon o ambell un ar y darlleniad cyntaf, wrth iddynt droedio ffin amwys rhwng realiti a ffantasi, a rhwng y chwareus a'r difrif, gan herio rhagdybiau rhywun a oedd wedi arfer â byd solet y nofel realaidd.

Un o'r enghreifftiau mwyaf trawiadol oedd nofel gan yr awdur Eidalaidd, Italo Calvino (1923-85), un o awduron mwyaf arwyddocaol Ewrop yn yr ugeinfed ganrif (er na wyddwn i hynny ar y pryd). Enw'r nofel honno oedd *Le città invisibili* ('Y Dinasoedd Anweledig'), a gyhoeddwyd yn wreiddiol yn 1972. Roedd y nofel wedi dod i enwogrwydd rhyngwladol erbyn i mi ei darllen ugain mlynedd yn ddiweddarach oherwydd ei natur arbrofol a'r ffaith ei bod, fel holl weithiau'r Eidalwr, yn cymysgu genres llenyddol, yn chwarae mig â disgwyliadau'r darllenydd ac yn ailddarlunio hanes mewn ffordd annisgwyl. Yn sicr, gellir dweud bod y syniad o hanes fel palimpsest yn ysbrydoliaeth i sawl un o'i nofelau, gan gynnwys *Il barone rampante* ('Y Barwn yn y Coed'), *Il cavaliere inesistente* ('Y Marchog nad yw'n Bod'), a *Palomar*. Mae'r nofel, *Se una notte d'inverno un viaggiatore* ('Os Digwydd Rhyw Deithiwr Un Noson o Aeaf') hithau yn darlunio methiant gwlad fechan Ffino-Sgandinafaidd o'r enw 'Cimmeria' (enw nid annhebyg i Gymru) i oroesi dylanwad dinistriol ei chymdogion rhwng y ddau ryfel byd. Gwasgerir ei phoblogaeth. Collir ei hiaith a'i llenyddiaeth am byth. Serch hynny, gwelwn yn y gwaith hwn bod olion Cimmeria yn goroesi yn balimpsestaidd mewn gwlad ddychmygol arall o'r enw 'Gweriniaeth Gwerin Cimbria'.

Mae'r syniad o balimpsest hyd yn oed yn fwy canolog i'r nofel yr oeddwn i'n ymgodymu â hi, sef *Y Dinasoedd Anweledig*. Dyma waith ffuglennol sy'n ymestyn i'r eithaf cin syniad am yr hyn yw nofel. Cyfres o sgyrsiau dychmygol sydd yma rhwng yr ymerawdwr Mongolaidd, Kublai Khan, a'r marsiandïwr o ddinas Fenis, Marco Polo, ac mae'r nofel – ar yr olwg gyntaf, beth bynnag – wedi ei gosod yn ymerodraeth Yuanaidd Tsieina wyth canrif yn ôl. Yn y sgyrsiau hyn mae Marco Polo yn sôn wrth ei feistr am rai o ddinasoedd rhyfeddol ei ymerodraeth, y rhai 'anweledig' nad yw Kublai Khan erioed wedi eu gweld am fod ei ymerodraeth mor enfawr. Ysbrydoliaeth lenyddol neu hanesyddol y nofel yw cofnodion lliwgar (ac anghredadwy, yn aml) teithlyfr enwog Marco Polo am ei grwydriadau yn Asia, *Il Milione* ('Y Miliwn'), ac i raddau llai, glasur Thomas More o gyfnod y Dadeni, *Utopia* (1516). Yr un pryd, mae *Y Dinasoedd Anweledig* yn perthyn yn bendant i gyfnod ei chreu, sef cyfnod nofelau 'hanes palimpsestaidd' Christine Brooke-Rose. Er ei bod wedi ei gosod yn y drydedd ganrif ar ddeg, mae hon yn nofel chwareus, ôl-fodernaidd sy'n gwahodd deongliadau amrywiol gan y darllenydd ac yn dwyn sylw mewn sawl dull a modd at y broses o 'greu' hanes.

Yn sgil y gyfres o sgyrsiau gyda Kublai Khan sy'n rhoi fframwaith i'r gwaith, ceir gan Marco Polo bortreadau o hanner cant a phump o ddinasoedd yr ymerodraeth, pob un yn dwyn enw benywaidd a phob un yn cynnwys elfennau hynod sy'n ysgogi'r dychymyg. Synnir a rhyfeddir y darllenydd (heb sôn am y Khan ei hun), wrth glywed am ddinasoedd fel Isaura y mae ynddi fil o ffynhonnau sy'n codi o lyn dwfn, tanddaearol, a lle trig y duwiau yn y bwcedi codi-dŵr. Yn Cloe mae'r holl drigolion yn ddieithriaid pur i'w gilydd, ac yn parhau felly trwy'r dydd bob dydd, heb unrhyw gynnydd mewn cynefindra. Cymeriad fertigol, nid llorweddol, sydd i'r ddinas Eudoxia wedyn:

mae'n ymestyn i fyny ac i lawr, a'r unig ffordd i ddeall ei chynllun yw trwy edrych ar garped dwyfol, lliwgar a chain ei wead. Mae Argia wedi ei llenwi â phridd yn hytrach nag awyr, a'i phoblogaeth yn byw megis pryfed genwair mewn tywyllwch llaith a chlòs. Ffawd Leonia yw dechrau o'r newydd bob dydd (daw cerbydau gwaredu gwastraff o gwmpas bob dydd i garthu holl olion y diwrnod cynt a'i bentyrru rywle yng nghyffiniau'r ddinas). Ac yn y blaen, ac yn y blaen... (Yn wir, mae'n demtasiwn mawr mynd ati i ddisgrifio pob un o'r dinasoedd gan mor fabinogaidd-gyfareddol ydynt). Rhannodd Calvino yr hanner cant a phump o ddisgrifiadau hyn yn naw pennod, ond maent hefyd wedi eu categoreiddio yn ôl un ar ddeg o themâu: er enghraifft, 'y ddinas a'r cof', 'y ddinas a llygaid', 'y ddinas a'r meirwon', ac ati. O ran ei adeiladwaith felly, nid oes angen darllen y gwaith yn gronolegol – o'r dechrau i'r diwedd. Yn wir, pwysleisiodd yr awdur ei hun y gellid darllen y nofel o sawl cyfeiriad, ar ei hyd, ar fympwy neu ar groes-gongl, er mwyn darganfod patrymau ystyrlon ynddi. Ychwanegir at y dimensiwn chwareus gan y ffaith fod y sgwrs hanesyddol rhwng Marco Polo a Kublai Khan yn cynnwys cyfeiriadau at ffenomenau modern megis nendyrau, rhewgelloedd, purfeydd olew, teirw dur a phapurau newydd. Ac o ran ei ffurf hefyd, mae'r gwaith yn gyfuniad o sawl genre gan gynnwys y llyfr taith, y gerdd ryddiaith, yr ymson ddramatig, llenyddiaeth iwtopaidd a ffuglen wyddonol.

Bu cryn dipyn o fyfyrio a dadansoddi ar *Y Dinasoedd Anweledig* ers ei chyhoeddi hanner can mlynedd yn ôl, ac ni ellir ond teimlo bod elfen o goeg a dychan yn y ffaith fod nofel Calvino wedi peri i feirniaid llenyddol fynd yn glymau mewn cynadleddau rhyngwladol wrth ddatrys ei phosau ffuglennol, neu wrth drafod ystyron alegorïaidd hyn a llall ac arall. (Ond prysuraf i ychwanegu nad yw hyn yn golygu na ellir ildio i'r pleser syml o ddarllen y gwaith a rhyfeddu at liwgarwch a gwreiddioldeb dychymyg yr awdur.) O safbwynt ein trafodaeth ni, mae nofel Calvino'n ddadlennol gan fod ynddi un 'gwirionedd' canolog sy'n cael ei ddatgelu, yn annisgwyl ac ychydig yn ffwrdd-â-hi, ryw hanner y ffordd trwyddi. Er gwaethaf holl amrywiaeth cyfoethog yr hanner cant a phump o ddinasoedd a ddarlunnir gan Marco Polo, cawn glywed ganddo, er mawr syndod i ni, ryw gyda'r nos ac yntau wedi blino, mai un ddinas yn unig sydd ganddo dan sylw trwy'r adeg, sef ei ddinas enedigol, Fenis. Fel hyn y datgela Marco hynny yn ei ymddiddan â'i feistr:

– Syr, erbyn hyn rydw i wedi sôn am yr holl ddinasoedd y gwn i amdanynt.
– Mae 'na un ar ôl nad wyt byth yn sôn amdani.
Gostyngodd Marco Polo ei ben.
– Fenis, – meddai'r Khan.
Gwenodd Marco. – Am be' arall roeddet ti'n meddwl yr oeddwn i'n sôn?
Ni chyffrôdd yr Ymerawdwr 'run blewyn. – Ac eto, dydw i erioed wedi dy glywed yn dweud ei henw hi.
Meddai Polo: – Bob tro y byddaf yn disgrifio dinas, dweud rhywbeth am Fenis rydw i.
– Pan dwi'n holi am ddinasoedd eraill, dwi eisiau dy glywed yn sôn am y rheiny. Ac yn sôn am Fenis pan dwi'n dy holi am Fenis.
– Er mwyn dangos hynodweddion y lleill, rhaid i mi gychwyn o un ddinas gyntaf sy'n oblygedig yn y gweddill. Fenis ydi honno i mi.

– *Sire, ormai ti ho parlato di tutte le città che conosco.*
– *Ne resta una di cui non parli mai.*
Marco Polo chinò il capo.
– *Venezia,* – *disse il Kan.*
Marco sorrise. – *E di che altro credevi che ti parlassi?*
L'imperatore non batté ciglio. – *Eppure non ti ho mai sentito fare il suo nome.*

E Polo: – *Ogni volta che descrivo una città dico qualcosa di Venezia.*
– *Quando ti chiedo d'altre città, voglio sentirti dire di quelle. E di Venezia, quando ti chiedo di Venezia.*
– *Per distinguere le qualità delle altre, devo partire da una prima città che resta implicita.*[3]

Dinas Fenis yw'r palimpsest sy'n cynnwys yr holl ddinasoedd eraill a bortreadir gan Marco Polo ac y rhoddodd ef enwau gwahanol arnynt: Diomira, Isidora, Dorotea, Zaira, Anastasia, ac yn y blaen. Nid yw daearyddiaeth yr ymerodraeth a ddarlunnir yn y nofel, felly, yn cyfateb i unrhyw fap. Peth arwynebol, dau ddimensiwn yw hwnnw, tra bo dyfnder y palimpsest yn caniatáu haen ar ben haen naratifol, a hynny'n cyfleu cymhlethdod hanesyddol lle. Trwy lafur ei ddychymyg, daw Marco Polo nofel Calvino yn arloeswr ac yn ddarganfyddwr o fath gwahanol: nid yn goncwerwr ymerodorol sy'n ymestyn ffiniau yn llorweddol, ond yn rhyddhawr lluosogrwydd sy'n turio'n fertigol i ddod â'r hyn a gladdwyd o'r golwg i'r wyneb. Rhai 'anweledig' yw'r dinasoedd y sonia amdanynt, wedi'r cyfan, fel y dywedir wrthym yn blaen yn nheitl y nofel.

Symbol o gyfanswm y darlleniadau posibl o un lle yw Fenis y nofel hon, a gwelir sut y mae pob un o'r darlleniadau hynny'n dod i fod yn sgil amgylchiadau penodol. Trwy ddangos mai cwestiynau'r Ymerawdwr Kublai Khan sy'n arwain at y gwahanol bortreadau, adlewyrchir y ffaith fod pob 'cofnod' swyddogol yn cael ei greu i fodloni gofynion cynulleidfa awdurdodedig. Nid rhyw wirionedd disymud yw hanes, yn ôl gweledigaeth Calvino, ond un naratif a blith nifer sy'n cael ei lunio mewn ymateb i anghenion allanol. Fel yn *Shame* Salman Rushdie, daw'r mythau hanesyddol i fod yn sgil gofynion y dydd, yn ogystal â mympwy ac anghenion gwleidyddol y rhai sydd mewn grym.

Llai chwareus, ond yr un mor gywirol ei hymwneud â hanes, oedd nofel Ewropeaidd arall a ddarllenais tua'r un adeg ag *Y*

Dinasoedd Anweledig, sef *Morbus Kitahara* (1995) gan yr awdur Awstriaidd, Christoph Ransmayr. Ganed Ransmayr yn y flwyddyn 1954, ac felly mae'n perthyn i genhedlaeth o Awstriaid na phrofodd erchyllterau'r Ail Ryfel Byd yn uniongyrchol ond a fagwyd yn ddiamheuol yn ei adladd. Wrth i Awstria ailymsefydlu wedi'r rhyfel, bu beirdd a llenorion y weriniaeth fechan, newydd yn ymgodymu â gwaddol Natsïaeth, gan geisio deall beth yn union a ddigwyddodd er 1933, beth oedd rhan eu teuluoedd a'u cydnabod yn yr hanes ofnadwy hwnnw, a beth oedd natur eu cymdeithas bresennol a oedd, fe ellid dweud, yn seiliedig ar drychineb genedlaethol. Yn sicr, dyma ystyriaethau sy'n chwarae rhan amlwg yn nwy nofel gyntaf Ransmayr, *Die Schrecken des Eises und der Finsternis* ('Arswydau'r Iâ a'r Tywyllwch') a *Die letzte Welt* ('Y Byd Olaf'), nofelau sy'n ailweithio cofnodion hanesyddol ac a enillodd iddo glod rhyngwladol. Yn yr un modd, enillodd ei drydedd nofel, *Morbus Kitahara*, wobr Ewropeaidd Aristeion yn 1995, ac â hon yn benodol y mae a wnelo'n trafodaeth ni, gan ei bod hithau'n enghraifft amlwg o hanes palimpsestaidd.

Mae hi'n nofel ryfedd ar lawer ystyr, ac ynddi gwelwn Ransmayr yn chwarae â hanes ei famwlad er mwyn dangos, fel y gwna Rushdie a Calvino, sut y crëir ac yr ail-grëir mythau gwladol i fodloni gwahanol ofynion, ac yr un pryd er mwyn dychanu a thanseilio rhai o fythau cynhaliol yr Awstria fodern, fel y gwelai ef nhw. Fel y ddau arall, mae Ransmayr yntau'n ailysgrifennu hanes ei wlad ar hen balimpsest. Mewn pentref gorchfygedig o'r enw Moor y lleolir y nofel, pentref y gellir ei ystyried yn drosiad am Awstria wedi'r Ail Ryfel Byd, a'r lle wedi'i ddal rhwng y môr Adriatig ar y naill law a dinasoedd yr Almaen ar y llall. Darlunnir bywyd yn Moor fel un adfydus a gormesol lle nad oes neb – nid y gorchfygwyr na'r gorchfygedig – ar ei ennill. Egyr y nofel gyda'r disgrifiad canlynol o'r modd y darostyngwyd Moor gan luoedd y Cynghreiriaid ar derfyn y rhyfel:

Roedd y rhyfel drosodd. Ond hyd yn oed yn y flwyddyn gyntaf honno o heddwch byddai Moor, mor bell o faes y gad, yn gweld mwy o filwyr nag a welodd erioed yn holl ganrifoedd undonog ei hanes cynt. Yn wir, ar brydiau, edrychai, nid yn unig fel petai amcanion milwrol y strategwyr wedi eu cwbl gyflawni ar dirwedd bryniog Moor a'r mynyddoedd o'i amgylch, ond bod rhyw gynllun milwrol a oedd yr un mor erchyll ag ydoedd ddryslyd am ddefnyddio'r lle diarffordd HWN, o bob man, i arddangos holl nerth bôn braich y byd.

Der Krieg war vorüber. Aber das von allen Schlachtfeldern so weit entfernte Moor sollte allein im ersten Jahr des Friedens mehr Soldaten sehen als in den eintönigen Jahrhunderten seiner bisherigen Geschichte. Dabei schien es manchmal, als würden in dem von Gebirgen umschlossenen Moorer Hügelland nicht bloß die Aufmarschspläne der Strategen vollzogen, sondern als müßte ein ebenso monströses wie verworrenes Manöver die gesammelte Macht der Welt ausgerechnet an DIESEM entlegenen Ort vorführen. (15)

Ar ddechrau'r nofel disgrifia Ransmayr goncwest Moor mewn modd grotésg wrth i chwech o fyddinoedd y cynghreiriaid – gan gynnwys catrodau o Siberia, Moroco, ucheldir yr Alban (a'u bagiau pib a'u cwrw tywyll), ac America – goncro Moor, y naill ar ôl y llall mewn cyfnod cywasgedig. Disgrifir y pwerau hyn yn ymryson â'i gilydd wrth iddynt geisio gosod eu stamp eu hunain ar y tir darostyngedig, a darlunnir Moor fel palimpsest y ceisia'r gwahanol orchfygwyr yn eu tro ddileu'r marciau concwerwyr a aeth o'u blaen oddi arno, cyn gosod eu marciau eu hunain arno – yn yr ymdrech i hawlio prif naratif y goncwest:

Ar y map ar wal y pencadlys nid edrychai tir bryniog Moor erbyn hyn yn ddim mwy na phatrwm torri-defnydd o ymostwng-acildio. Roedd llinellau'r map yn cael eu pennu a'u llurgunio wrth i wahanol goncwerwyr drin a thrafod a chystadlu yn erbyn ei gilydd; rhagnodid dyffrynnoedd a ffyrdd ar drugaredd a mympwy gwahanol gadfridogion; dosberthid ceudyllau; symudid mynyddoedd ... Ac yna byddai cynhadledd y mis canlynol yn gwneud penderfyniadau gwahanol a newydd eto. Unwaith, am bythefnos, daeth Moor yn sydyn yn ddarn safnrhwth o dir neb rhwng y byddinoedd; yna cafodd ei glirio – ac yna ei adfeddiannu eto.

An der Kartenwand der Kommandantur erchien das Moorer Hügelland nur noch als ein Schnittmusterbogen der Kapitulation. Immer neue Verhandlungen zwischen rivalisierenden Siegern bestimmten und verzerrten die Demarkationslinien, verfügten Täler und Straßenzüge aus der Gnade des einen in die Willkür des nächsten Generals, teilten Kraterlandschaften, versetzten Berge ... Und schon die Konferenz des nächsten Monats beschloß wieder alles anders und neu. Einmal geriet Moor für zwei Wochen in ein plötzlich aufklaffendes Niemandsland zwischen den Armeen, wurde geräumt – und wieder besetzt. (16)

Yn sgil y goncwest, Moor yw'r ddalen wag y mae'r byddinoedd am roi stamp eu buddugoliaeth arni, y naill ar ôl y llall. Wrth i olion pob haen o ysgrifennu barhau o dan yr wyneb, mae Moor yn colli ei gymeriad ei hun ac yn dod, yn hytrach, yn balimpsest o arysgrifau lluosog, wrth i'r concwerwyr geisio awdurdodi eu gogwydd nhw ar hanes.

Adrodd hanes yr ysgrifen ddiweddaraf ar wyneb y palimpsest a wna Ransmayr yng nghorff y nofel. Daw byddin Americanaidd dan arweiniad rhyw Major Elliot i lywodraethu yno, a gorfodir holl drigolion Moor, fel penyd am eu rhan yn y rhyfel, i ddod yn rhan o arbrawf cymdeithasol, arbrawf sy'n seiliedig ar hanes go-iawn cynllun Morgenthau yr Americanwyr i ddad-ddiwydiannu ardal y Ruhr yn yr Almaen wedi'r Ail Ryfel Byd (hyn i rwystro'r wlad rhag ailymarfogi eto). Yn *Morbus Kitahara*, felly, gwelwn sut y mae Major Elliot yn gorchymyn cael gwared ar holl ddiwydiant a thechnoleg Moor, gan orfodi'r trigolion i fyw bywyd elfennol, hunangynhaliol, ynysig, yn fath o daeogion ffiwdal dan ei awdurdod ef a'i ddirprwyon. Ceir gwared ar yr holl beiriannau. Codir cledrau'r rheilffordd oddi ar y tir. Does yno ddim trydan. Ni chaiff y bobl ymwneud ag unrhyw fath o ddiwylliant modern, megis cylchgronau lliw neu gerddoriaeth roc (heblaw am gyngerdd swyddogol a drefnir gan yr awdurdodau unwaith y flwyddyn). Rhaid i bawb naill ai weithio'r tir gydag asyn, ychen ac aradr, neu weithio yn y chwarel ithfaen lle bu carcharorion rhyfel gynt yn cael eu cam-drin. Ac yma y gorfodir y Mooriaid presennol i gerfio llythrennau enfawr i wyneb y graig (math arall o balimpsest) er mwyn sillafu'r geiriau anferth y gall pawb eu gweld o hirbell: 'Yma y gorwedd un ar ddeg mil, naw cant a saith deg tri o feirwon a laddwyd gan y bobl leol. Croeso i Moor.'

Prif gymeriad y nofel yw'r gof, Bering. Ef yw'r unig un sy'n cael bod yn berchen ar offer peirianyddol o unrhyw fath yn y pentref, a hynny er mwyn cynnal a chadw taclau amaethyddol. Adrodda'r nofel hanes Bering wrth iddo geisio byw ei fywyd dan y drefn orthrymus hon, a hynny yn wyneb trais y meistri, heb sôn am anwareidd-dra rhai o drigolion Moor ei hun. Mae'r ffin rhwng bodolaeth ddynol ac anifeilaidd yn fregus yn y nofel, a'r gobaith am iachawdwriaeth yn denau, denau.

Fel nofel Salman Rushdie am Bacistan, myth cenedlaethol dystopaidd sydd yma a rhai anodd i'w hoffi yw mwyafrif llethol y cymeriadau, gan gynnwys Bering ei hun. Clywn mai plentyndod rhyfedd a gafodd, a'i rieni yn ei esgeuluso oherwydd effaith trawmâu'r rhyfel arnynt. Yn wir, pan oedd Bering yn faban fe'i gadawyd gymaint yng nghwmni ieir nes iddo ddechrau clochdar cyn dysgu siarad. Wrth i'r nofel fynd rhagddi gwelwn sut y mae ei fam, dan effaith y gorthrwm cymdeithasol ac yn sgil colli dau o'i meibion, yn troi'n grefyddwraig obsesiynol, yn mynd i fyw yn seler y cartref gan wrthod bwyta a heb sgwrsio â neb ond y Forwyn Fair (parodi Ransmayr ar grefyddolder Catholig Awstria). Troi i mewn arno'i hun a wnaeth tad Bering yntau, sef gof y pentref ei hun gynt. Mae'n colli ei olwg ac yn gwrthod cymdeithasu â neb (yntau yn ei dro yn cynrychioli plwyfoldeb Awstria – eto yn ôl gweledigaeth Ransmayr). Fel y cymeriadau a greodd Rushdie yn *Shame*, defnyddir y cymeriadau hyn i gyfleu'n garicatwraidd agweddau ar y wlad y mae'r awdur am eu beirniadu.

Creadur anodd cydymdeimlo ag ef yw Bering. Ac yntau'n drwsgl mewn gair a gweithred, mae'n hunanol, yn obsesiynol ac yn wasaidd. Am mai meistr y chwarel, Ambras, biau'r unig gar modur ym Moor, mae Bering yn troi ei gefn ar ei deulu ac yn ei werthu ei hun, fel petai, i'r gelyn, heb unrhyw ffyddlondeb i'w bobl ei hun. Yn wir, gwelir mai ymddygiad o'r fath yw'r norm yn y gymdeithas ddirywiedig hon: mae sefyllfa gaeth trigolion Moor yn golygu nad oes neb yn gwneud dim ond ymorol amdanynt eu hunain, heb falio dim am eu cymdogion a'u câr. Rhai felly yw dau brif gymeriad arall y nofel, sef Ambras ei hun, 'brenin y cŵn' fel y'i gelwir (*The Dog King* yw teitl y cyfieithiad Saesneg o'r nofel), ynghyd â Lily, y ferch sy'n crwydro'n ddirgel hyd y lle, yn ymwneud â'r gorchfygwyr trwy'r farchnad ddu ac yn lladd dynion yn ei hamser sbâr. Er mai'r drindod hon – Bering, Ambras a Lily – yw trindod canolog y nofel, nid arwyr y Mooriaid mohonynt, ond gwrtharwyr. Nid ydynt yn dangos unrhyw arweiniad i'w cydbentrefwyr. Nid ydynt yn dymuno chwyldroi'r drefn sydd ohoni, na cheisio gorchfygu'r gelyn. Yn wir, nid oes ganddynt unrhyw ots, yn y bôn, am drigolion eraill Moor. Eu hunig amcan, yn hytrach, yw ffoi o uffern eu pentref ac i gyfandir newydd. Ac erbyn diwedd y nofel maent yn llwyddo i wneud hynny trwy ddianc i Brasil, gan adael Moor y tu cefn iddynt – ar drugaredd byddin arall eto fyth.

Nofel dywyll yw *Morbus Kitahara*. Mae'n ymdrin yn ddwys â rhai o gwestiynau moesol mwyaf dyrys Ewrop wedi'r Ail Ryfel Byd, cwestiynau a oedd yn rhan flaenllaw o fywyd Awstria wrth i'r weriniaeth newydd geisio ymsefydlu wedi 1945 – trwy flynyddoedd mebyd Ransmayr ei hun. Fel yn achos gwaith Rushdie a Calvino, mae'r nofel yn ddameg am y broses o greu ac ail-greu mythau gwladol, ac amcan cywirol sydd iddi. Gofynnir cwestiynau anodd am foesoldeb darostwng poblogaeth orchfygedig wedi rhyfel ac effeithiau meddyliol a chorfforol hynny. Yr un pryd mae'r nofel yn herio'r Awstriaid ynghylch rhai o'u mythau cenedlaethol eu hunain, gan gynnwys eu hunanddelfryd o gymdeithas wladaidd, Alpaidd, anllygredig – un o fythau cenedlaethol yr Awstria fodern. Lle hunllefus yw Moor, a thrwy'r darlun dystopaidd a grëir ganddo, ceisia Ransmayr dynnu'r gwynt o hwyliau'r syniad bod Awstria, wedi iddi gael ei cheryddu'n deg am ei chamweddau, wedi ymgywiro'n genedl Ewropeaidd, barchus, lewyrchus. Mae hen ysgrifeniadau'r gorffennol trychinebus yn dal i ddod i'r fei'n gryf trwy arwyneb y palimpsest.

Diddorol iawn o safbwynt y tair nofel a drafodwyd – *Shame, Y Dinasoedd Anweledig* a *Morbus Kitahara* – yw eu bod yn ymdrin ag ymerodraethau, neu yn hytrach, â gwaddol ymerodraethau, ynghyd â sut y mae'r broses o ailysgrifennu hanes yn digwydd pan fo ymerodraethau'n dirywio neu'n datgymalu. Ymadawiad niweidiol o anniben yr Angrez, y Saeson, ag is-gyfandir India, a'r angen am fythau cenedlaethol newydd yn sgil yr holl flerwch a achoswyd gan hynny, sy'n dechrau'r broses wleidyddol a ddarlunnir mor hallt yn nofel Rushdie am Bacistan. Mae nofel Calvino hithau'n dangos pryder Kublai Khan bod ei ymerodraeth yn datgymalu (a chofier bod yr Eidal hithau wedi colli tiroedd helaeth wedi'r Ail Ryfel Byd). Y datgymalu hwnnw sy'n gwneud Khan mor eiddgar i glywed holl fythau grymus a lliwgar Marco Polo sy'n peri i diriogaeth ei ymerodraeth ymddangos yn real a solet iddo a rhoi'r ymdeimlad iddo o drefn, undod a rheolaeth. Ond dengys Calvino mai rhith yw'r cyfan. Yn wir, ar ddechrau'r nofel gwelwn yr Ymerawdwr ei hun yn sylweddoli'n bruddglwyfus mai rhith yw pob ymerodraeth. Yma, mewn ennyd o oleuni, dealla'r Khan bod ymerodraethau oll yn ddarfodedig ac mai dim ond mythau – megis storïau Marco Polo – sy'n eu cynnal dros dro:

> Dyma'r funud o anobaith pan ganfyddir bod yr ymerodraeth, a edrychai inni gynt yn gyfanswm ei holl ryfeddodau, yn draed moch heb derfyn a heb ffurf, bod y pydredd wedi mynd yn rhy ddrwg i'w wella gan ein teyrnwialen, a bod concro'n gelynion sofran wedi'n gwneud yn etifeddion i'w dinistr hir nhw. Dim ond yn hanesion Marco Polo y gallai Kublai Khan ddirnad, trwy'r muriau a'r tyrau a fyddai maes o law'n dymchwel, olion patrwm a oedd yn ddigon cain i osgoi cnoadau'r pry yn y pren.

> *È il momento disperato in cui si scopre che quest' impero che ci era sembrato la somma di tutte le meraviglie è uno sfacelo senza fine né forma, che la sua corruzione è troppo incancrenita perché il nostro scettro possa mettervi riparo, che il trionfo sui sovrani avversari ci ha fatto eredi della loro lunga rovina. Solo nei resoconti di Marco Polo, Kublai Kan riusciva a discernere, attraverso le muraglie e le torri destinate a crollare, la filigrana d'un disegno cosí sottile da sfuggire al morso delle termiti.* (13-4)

Yn yr un modd, ymwahaniad Awstria oddi wrth rym mwy yr Almaen ar ddiwedd yr Ail Ryfel Byd (heb sôn am ôl-effaith chwalu Ymerodraeth Awstro-Hwngari wedi'r Rhyfel Byd Cyntaf) yw cefndir portread Ransmayr o bentref Moor yn *Morbus Kitahara*. Wrth i'r wlad fach ymrithio allan o ddinistr ymerodraeth Natsïaidd Hitler, fe gwyd yr angen am greu mythau cenedlaethol newydd eto.

Gellid dadlau, felly, bod y nofelau hanes palimpsestaidd hyn, ar ryw ystyr, yn enghreifftiau o lenyddiaeth ôl-drefedigaethol wrth iddynt fanteisio ar y posibiliadau naratifol newydd sy'n dod i fod pan fo unrhyw ymerodraeth yn chwalu, gan ddatgelu'r broses o greu mythau cenedlaethol pan fo gwledydd newydd yn ymsefydlu. Roedd y dimensiwn hwn o ddiddordeb neilltuol i mi gan fod math newydd o nofel Gymraeg wedi ymddangos tua'r un cyfnod, un a ymdebygai mewn sawl ffordd i'r nofelau a drafodwyd uchod. Ar ddiwedd y 1980au, er enghraifft, ymddangosodd *Y Pla* gan Wiliam Owen Roberts, nofel y gellid yn hawdd ei galw'n nofel hanes balimpsestaidd am ei bod yn defnyddio pob math o dechnegau ffuglennol, ôl-fodernaidd i ddryllio delwau hanesyddol Cymru'r oesoedd canol. Yna o ddechrau'r 1990au cafwyd nofelau pellach gan Mihangel Morgan, Robin Llywelyn, Angharad Tomos ac eraill a oedd, er nad oeddent yn nofelau hanes fel y cyfryw, yn sicr yn chwarae mig â thraddodiad, gan gymylu'r ffin rhwng ffantasi a realiti a chan anniddigo disgwyliadau'r darllenydd. Fel yr wyf wedi dadlau mewn man arall, nid pawb a groesawodd y datblygiad newydd hwn yn ffuglen Gymraeg y 1990au.[4] I rai darllenwyr, roedd y technegau chwareus a ddefnyddid i dorri drych realaeth braidd yn ddyrys, ac roedd perygl y gellid dieithrio cynulleidfa'r nofel Gymraeg. I eraill, roedd y chwareustra – a'r modd parodïol yr ymdrinnid â rhai o fythau cysegredig y Cymry, er enghraifft – yn wleidyddol anghyfrifol mewn diwylliant yr oedd ei hunaniaeth yn ansad a'i iaith yn wynebu tranc. Fodd bynnag, o osod y nofelau hyn yng nghyd-destun trafodaeth Christine Brooke-Rose am hanes palimpsestaidd, gwelir yn eglur, nid yn unig bod yr awduron Cymraeg hyn yn rhan o symudiad ehangach mewn ffuglen ryngwladol ar ddiwedd yr ugeinfed ganrif, ond bod yr union chwareustra a gaed ganddynt yn codi o ymateb gwleidyddol i brofiad ôl-drefedigaethol: yn ymateb creadigol i chwalu hen naratifau hanesyddol ac i'r posibiliadau newydd a ddaw yn eu lle. Fel nofelau Rushdie, Calvino a Ransmayr, mae'r nofelwyr Cymraeg hyn hefyd yn ymdrin â'r gwaith palimpsestaidd o greu mythau cenedlaethol.

Yn y foment hanesyddol hon, yn fy marn i, y dylid gosod nofel gyntaf Robin Llywelyn, *Seren Wen ar Gefndir Gwyn*, nofel a enillodd y Fedal Ryddiaith yn yr Eisteddfod Genedlaethol yn y flwyddyn 1992. Dyma nofel, yn sicr, a anturiai i gyfeiriadau gwahanol, gan ddefnyddio technegau ffuglennol newydd a chynnig golwg amgen ar hanes Cymru. Canmolwyd hi i'r entrychion gan feirniaid yr Eisteddfod Genedlaethol ar y pryd, fel y gwelir yn eglur o *Gyfansoddiadau a Beirniadaethau* y flwyddyn honno. Ym marn un ohonynt, roedd hon yn nofel gwbl arloesol: 'Ni chafwyd dim byd tebyg yn y Gymraeg ers tro byd, os erioed,' meddai ef. Cytunai llawer o ddarllenwyr yn frwd fod yma nofel gynhyrfus a dychmygus a dorrai dir newydd yn y Gymraeg. Ond yr un pryd, cafwyd adwaith i farn ganmoliaethus y beirniaid amdani, ac i garfan o ddarllenwyr a oedd wedi arfer â nofelau realaidd, roedd byd ffantasïol, ôl-fodernaidd *Seren Wen ar Gefndir Gwyn*, ei chymeriadau a'i digwyddiadau cartwnaidd, ei phriod-ddull llafar radical, a'r ffaith ei bod wedi ei gosod mewn dyfodol a deimlai yr un pryd fel gorffennol, yn dipyn o sioc. Mynegodd y darlledwr, Gwilym Owen, er enghraifft, ei farn yn groyw ar dudalennau'r cylchgrawn *Golwg* (6.5.93) na allai wneud 'pen na chynffon' o'r llyfr, ac roedd yn argyhoeddedig mai '*con trick* llenyddol ar ran y panel beirniadol' oedd dyfarnu'r Fedal Ryddiaith iddo.

Er ei newydd-deb, mae *Seren Wen ar Gefndir Gwyn* yn cynnwys llawer iawn o elfennau cyfarwydd – dim ond eu bod wedi eu defnyddio mewn ffyrdd newydd, dyfeisgar. Hynny yw, palimpsest o nofel ydyw. Ar yr olwg gyntaf, mae'r gwaith wedi ei osod mewn dyfodol dieithr, a chawn yr argraff mai darllen ffuglen wyddonol yr ydym. Ceir cyfeiriadau, er enghraifft, at 'unedau ynni', a dyfeisiau technolegol megis 'cardiau geiriau', 'sgrins gwifrau', 'ffôn tôn' a oedd yn anghyfarwydd ar ddechrau'r 1990au (dim ond chwyldro technolegol yr ugain mlynedd diwethaf sy'n cyfrif eu bod yn ymddangos yn ddigon arferol erbyn heddiw). Mae yma lydnod a chanddynt lygaid trydan, heddgeidwaid awyr a gwylliaid gwifrau, ac yn rhithiol ar sgriniau y gwelir llawer o effeithiau'r taflegrau a ddefnyddir ym mrwydr dreisgar olaf y nofel, mewn darluniau sy'n ymdebygu i olygfeydd o ffilmiau *Star Wars*. Ac eto, byd annelwig yw hwn yn amseryddol. Mae yma elfennau sy'n teimlo'n ganoloesol. Cawn wybod bod digwyddiadau'r nofel wedi cychwyn yn sgil rhyw 'chwyldro papur'. Ac i gymlethu'r darlun ymhellach, erbyn presennol y nofel, mae'r holl ddigwyddiadau a ddarlunnir ynddi yn hen hanes.

Egyr y nofel wrth i glerc o'r enw Zählappell sy'n gweithio yn archifau ymerodrol Castell Entwürdigung fynd â cherdyn yn cynnwys yr hanes adref gydag ef ar ddamwain – a syrthio i gysgu'n ddifater wrth i'r hanes hwnnw gael ei adrodd. Pwysleisia'r enwau Almaenig ddieithrwch y fframwaith allanol. Cyfosodir hynny â'r hanes ei hun (hynny yw, o'r gorffennol) sy'n darlunio byd Cymraeg a thra Chymreig ei naws, byd lle mae Gwern Esgus, arwr y nofel, a'i gyfeillion, Tincar Saffrwm a Pererin Byd, yn brwydro dros ryddid gwlad fechan o'r enw Tir Bach yn erbyn grym gormesol Gwlad Alltud. Felly, er mai nofel ddyfodolaidd, i raddau, yw *Seren Wen ar Gefndir Gwyn*, mae hi hefyd yn ymdrin â'r syniad o orffennol ac â'r modd y dogfennir hanes – ac mae'r hanes hwnnw'n sôn am frwydr cenedl fach am ryddid oddi wrth rym ymerodraethol llawer mwy. Dengys hyn ei bod yn nofel sy'n perthyn yn agos i'r nofelau 'hanes palimpsestaidd' a drafodwyd uchod.

Yn sicr, teimlai llawer o ddarllenwyr adeg ei chyhoeddi mai dameg am Gymru oedd yma. 'Mae [Robin Llywelyn] wedi rhoi gwahoddiad penodol i bobl ddarllen ei nofelau fel alegorïau cenedlaethol,' meddai John Rowlands mewn ysgrif yn *Y Traethodydd*, ac mewn adolygiad ar y nofel yn *Llais Llyfrau* gofynnodd yn blwmp ac yn blaen: 'Ble ond Cymru yw Tir Bach?'[5] Meddai Bethan Mair Hughes hithau: 'Mae yma rywbeth sydd yn lled-adnabyddus; rhaid cofio bod hanfod hollol Gymreig i'r nofel, ac mai nofel am Gymro ac am Gymru ydyw rhywsut.'[6] Atgyfnerthir Cymreictod y nofel gan enwau Cymraeg rhywiog y cymeriadau, gan gynnwys y tri phrif gymeriad a enwyd eisoes, yn ogystal ag eraill megis Anwes Bach y Galon, Betsan Bawb, Talcan Creigia, Dei Dwyn Wya a Wil Chwil (enwau Cymreigaidd sy'n gwrthgyferbynnu ag enwau Almaeneg megis Befehlnotstand a Fischermädchen). Yn yr un modd mae Cymraeg llafar, cryf y naratif, sy'n llawn geiriau a phriod-ddulliau cyhyrog, yn ategu'r naws Gymreig draddodiadol:

> Rhwng y ddau yma'n mynd drwy'u pethau a'r dorf yn gwasgu arnon ni a'r mulod yn trio tori'r papur lliwiau toedd fawr ryfadd iddi gymryd awran go lew inni gyrradd neuadd Llwch Dan Draed a toedd ryfadd yn y byd wedyn fod hwnnw'n flin achos ma gas gynno fo gael ei gadw i witsiad.[7]

Ceir cyfeiriadau rhyngdestunol at lenyddiaeth Gymraeg (megis barddoniaeth Waldo Williams neu *Taith y Pererin*), yn ogystal ag adleisiau o chwedlau'r Mabinogion, a thrwy hynny lleolir byd dieithr y nofel mewn cefndir diwylliannol sy'n adnabyddus i'r gynulleidfa Gymraeg – neu i garfan o'r gynulleidfa honno, o leiaf. Hynny yw, er newydd-deb ei genre, mae'r nofel hefyd wedi ei llunio ar balimpsest llenyddol cyfarwydd.

Yn wir, gellid dadlau bod ynddi sawl palimpsest cenedlaethol, wrth i bortreadau o gynghreiriaid Tir Bach gael eu seilio'n chwareus ar fythau cenedlaethol adnabyddus. Ar Lydaw y seiliwyd y 'Winllan Bridd' yn y nofel, heb os, a chystrawen ffurfiol Cymraeg ei phobl y mae sŵn 'z' yn llifo trwyddi yn awgrymu hynny'n gryf. Ffrainc yw'r 'Winllan Fawr' lle caiff Gwern a'i gyfoedion fwyd a diod amheuthun, a pharodi ar Iwerddon yw'r 'Hirynys' y mae ei thywysog yn galw heibio yn y dafarn ar ei ffordd i'r gwaith. A dyna bortread yr awdur o India, 'Baratîr' y nofel, y mae enwau symbolaidd trigolion fel Bara Hati, Paty Nyhihy a Meranam Wt-he wedi eu trawsysgrifio o'r Hindi i'r Gymraeg. Gellid dweud mai gyrru myth y stereoteip cenedlaethol i eithafion a wneir yma a thrwy hynny ei wneud yn barodïol. Yn wir, dadleuodd Johan Schimanksi bod palimpsestau dychanol Gwledydd y Gynghrair, a'u natur or-bersonol, yn tanseilio'n eironig y syniad o genedl-wladwriaethau grymus, a'u bod felly'n rhan o agenda ôl-drefedigaethol y nofel:

> Ceir cenhedloedd o bob lliw a llun a'r cenhedloedd hynny fel pe baent yn rhy bersonol i fod yn real. Mae pawb yn gyfarwydd â'i gilydd. Mae yma fersiynau cywasgedig o'r cenedl-wladwriaethau mawrion (rhy fawr, fel mae llawer wedi dadlau) yn Ewrop. [...] Mae'r awgrym yn fath o critique ar y gyfundrefn Ewropeaidd sefydledig o genhedloedd mawr annibynnol.[8]

Symbol eironig pellach – symbol amwys, yn sicr – yw baner genedlaethol Tir Bach, sef y 'seren wen ar gefndir gwyn' sy'n rhoi i'r nofel ei theitl. Fel hyn y cawn ein cyflwyno gyntaf i'r arwyddlun rhyfedd hwn gan adroddwr ac arwr y nofel, Gwern Esgus, ac yntau ar fin ymgymryd â'i genhadaeth wrth-ymerodraethol dros ei wlad:

> Neuadd oedd hi erbyn dallt, a dim tyllau'n y waliau tu mewn i hon ond waliau wedi eu plastro a'u lliwio hefo murluniau o ryw gwffio a brwydro a'r Cyrff heb Enaid yn cael tres gan filwyr Tir Bach a Gwylliaid y Gwifrau a'u llydnod hynod yn ei gleuo hi hefyd o flaen byddinoedd Tir Bach a'r rheini'n codi banar seran wen ar gefndir gwyn Tir Bach uwchben maes y gad a nhwthau'n siwr o fod yn falch o gael curo'r gelyn yn lle cael eu lladd. Fues i'n hir yn astudio'r fanar Tir Bach yna'n trio canfod y seran wen ond yn fy myw allwn i mo'i gweld hi. (26)

Onid darlun o balimpsest sydd yma? Mae fel petai'r seren wen ynghudd dan wyneb y faner, er bod ei phresenoldeb i'w deimlo yno.

Mae'n arwyddocaol, yn sicr, fod Gwern, fel arwr y nofel a mab darogan Tir Bach, yn methu gweld arwyddlun ei wlad ei hun ar hyn o bryd yn y nofel – nid ydyw eto'n ymwybodol o'r ffaith mai ef sydd i arwain ei wlad i ryddid.

Yn wir, fel yn *Seren Wen*, mae themâu sy'n ymwneud â gweld, methu gweld a hyd yn oed weld yr anweledig, yn ganolog i bob un o'r nofelau a drafodwyd hyd yn hyn. Yn *Shame* Salman Rushdie y gynneddf bwysicaf sydd gan Sufiya Zinobia, arwres y nofel, yw'r ddawn sydd ganddi i *weld trwy*'r bobl ddrygionus a llwgr sy'n dinistrio Pacistan: trwy weld yr anweledig mae'n gallu canfod y digywilydd-dra yn nyfnderoedd eu bod, gan ei harwain i ddial arnynt a'u cosbi. Mae golwg goruwchnaturiol Sufiya yn un o fotiffau canolog y nofel. Rhai anweledig yw dinasoedd *Le città invisibili* Italo Calvino, wrth gwrs, a deillia pŵer arbennig Marco Polo o'r ffaith ei fod yn 'gweld' yr anweladwy. Ei allu i wneud y dinasoedd yn weladwy, trwy ei storïau, sy'n rhoi statws arbennig iddo gerbron yr Ymerawdwr Kublai Khan. Ac am nofel Christoph Ransmayr, *Morbus Kitahara*, daw'r teitl Japaneaidd annisgwyl hwnnw o hen enw ar gyflwr sy'n effeithio ar y gweld, cyflwr y mae'r prif gymeriad, Bering, yn dioddef ohono (*retinopathia centralis serosa* yn Lladin). Golyga hyn fod cysgodion tywyll yn ymddangos o flaen llygaid Bering gan gyfyngu a chulhau ei olwg yn gynyddol. Dyma ddull alegorïaidd Ransmayr o ddangos bod amgylchaidau caethiwus pobl Moor yn peri iddynt fynd yn fwyfwy cibddall, myfiol a phlwyfol. Mewn gair, mae thema gweld a methu gweld yn perthyn yn agos i ddealltwriaeth y nofelwyr hyn o hanes fel palimpsest, a dadleua pob un o'r nofelau mai gweld hanes cenedlaethol *o ran* yn unig a wnawn ar unrhyw foment, tra cuddir gwirioneddau eraill dan yr wyneb. Maent oll hefyd, trwy eu technegau blaengar, yn ceisio dod â rhai o'r gwirioneddau anweledig (neu anghlywedig) hynny i'r fei.

Er na ellir gweld amlinell y seren wen ar y cefndir gwyn yn nofel Robin Llywelyn, rhaid derbyn ei bod hi yno. Gwlad dan orthrwm grym mwy Gwlad Alltud yw Tir Bach, a gellir dweud bod y seren wen yn batrwm anweledig sy'n llechu dan wyneb palimpsest y faner, yn barod i ddod i fodolaeth pan fydd Tir Bach yn cael ei ryddhau. Dyna pam y gellid dweud bod y nofel hon, er ei bod yn darlunio methiant a marwolaeth ei harwr, Gwern Esgus, hefyd yn cynnig gobaith. Ar ddiwedd y nofel sonnir bod baner y seren wen ar gefndir gwyn yn dal i gwhwfan oddi ar dŵr Castell Entwürdigung, a'r arwyddlun cenedlaethol sydd ynddi, er ei fod yn anweledig, yn dal yno, wedi ei arysgrifio yn y palimpsest – ac yn barod, efallai, i gael ei ddwyn i'r wyneb yn y dyfodol.

Yn sicr, mae'n ddiddorol ystyried mai yn y flwyddyn 1992 y cyhoeddwyd *Seren Wen ar Gefndir Gwyn*. Bum mlynedd yn ddiweddarach, yn sgil refferendwm ar ddatganoli pwerau o San Steffan i Gymru, cafwyd canlyniad a arweiniodd – o drwch blewyn – at sefydlu'r Cynulliad Cenedlaethol yng Nghaerdydd, gan sicrhau'r mesur cyntaf o ymreolaeth genedlaethol i Gymru ers canrifoedd. Mae hanner cyntaf y 1990au, felly, yn ymddangos yn gyd-destun arwyddocaol i nofel ddychmygus ac arloesol Robin Llywelyn. Roedd yn adeg cwbl gymwys i ddefnyddio'r syniad o balimpsest wrth drin a thrafod posibiliadau hanes cenedlaethol. Golyga hyn fod *Seren Wen ar Gefndir Gwyn*, nid yn unig yn rhan gynhyrfus o symudiad llenyddol ar draws Ewrop a thu hwnt, ond hefyd yn ymateb ffuglennol Cymraeg i foment, er na wyddem hynny ar y pryd, pan oedd Cymru ar fin ei hailddiffinio ei hun fel cenedl.

Wrth gwrs, nid nofelwyr oedd yr unig ffigyrau diwylliannol â ymdriniai â'r materion hyn yng Nghymru'r 1990au. Mewn rhifyn o *Tu Chwith* a gyhoeddwyd wythnosau'n unig wedi cyhoeddi canlyniad refferendwm datganoli 1997, mawr oedd fy niddordeb o weld yr ymadrodd 'palimpsest history' yn cael lle blaenllaw mewn darlun gan yr artist, Iwan Bala.[9] Ac yntau wedi cydweithio â nifer o lenorion Cymraeg, rhai megis Iwan Llwyd, Menna Elfyn a Twm Miall, roedd Iwan Bala yn arlunydd yr oeddwn yn ymddiddori ynddo yn sgil y berthynas ffrwythlon a welwn yn ei waith rhwng celf weledol a'r gair ysgrifenedig. Enw'r darlun dan sylw ar dudalennau *Tu Chwith* yn 1997 oedd 'Private Bag: Iwan Bala', a darluniai nifer o elfennau (geiriau) wedi eu hamgáu oddi mewn i amlinell cwdyn syml, yn fodd o fynegi, fe ellid tybio, beth oedd yn bwysig i'r artist. Ymhlith y pethau hyn yr oedd elfennau Affricanaidd ('zebra' a 'Tŵr / Africa / tower'). Ond enwid yn y cwdyn preifat hefyd nifer o wrthrychau diriaethol a haniaethol – megis 'myth', 'drych', 'cario', 'mirror of our other' / 'drych ein arall', 're-invention', 'rupture', heb sôn am yr ymadrodd 'palimpsest history' ei hun.

Wn i ddim a oedd Iwan Bala yn gyfarwydd ag erthygl Christine Brooke-Rose o'r *London Review of Books* yn 1990. O ddilyn datblygiad ei waith trwy gydol y 1990au, ac yn enwedig wrth fynd i mewn i'r unfed ganrif ar hugain – sef union flynyddoedd sefydlu Cynulliad Cenedlaethol Cymru – gwelir bod y syniad o balimpsest yn ganolog i'w waith yntau hefyd. Yn wir, nododd ef hynny ei hun mewn cyfrol ddeng mlynedd yn ddiweddarach lle'r edrychai yn ôl ar ei yrfa fel arlunydd gan drafod rhai o'i fotiffau canolog. Yn *Hon, Ynys y Galon: Delweddu Ynys Gwales* sonia Iwan Bala am y modd y defnyddiodd ddelwedd ynys Gwales, yr ynys hudolus a ymddengys ym Mhedair Cainc y Mabinogi, dro ar ôl tro, wrth archwilio Cymru yn ei waith. 'Gwales: ynys ddychmygol ynteu arall-enw?' holodd, gan dynnu sylw at y ffaith mai 'dim ond trwy golli un llythyren y cawn yr enw Sacsonaidd yna, Wales'.[10] Dadlennol o safbwynt ein trafodaeth ni yw ei fod yn defnyddio'r ynys drosodd a throsodd yn ei waith fel math o balimpsest:

> Wrth feddwl am thema'r ynys yn fy ngwaith diweddar, daeth yn amlwg i mi bod y ddelwedd hon wedi bod gyda mi gydol fy ngyrfa fel artist [...]. Mae'n syndod gweld wrth edrych yn ôl ar waith y gorffennol sut mae cysgodion rhyw gof cynhenid yn y gwaith ei hun, pob llun yn cofio'r lluniau a ddaeth o'i flaen fel

petai, er i mi, yn ymwybodol o leiaf, anghofio. Mae pob llun – llwyddiannus neu beidio – yn aros yn y cof ac ar flaen y bysedd wrth i rywun weithio, fel rhyw palimpsest. Y cwbl mae rhywun yn ei wneud yw ychwanegu delwedd arall ar ben yr hen un. (18-19)

Cofiwn mai Gwales oedd yr ynys yn ail gainc y Mabinogi lle y treuliodd Manawydan a'r gwŷr eraill (ynghyd â phen Bendigeidfran) bedwar ugain mlynedd wedi'r rhyfel ag Iwerddon, a hwythau heb eisiau a heb heneiddio – hyd nes yr agorwyd y drws gwaharddedig ar Gernyw ac Aber Henfelen a datguddio'u holl golledion. Mae ynys Gwales, felly, yn amwys: mae'n wynfyd, ac eto'n cynrychioli math o hunan-dwyll neu anwybod amodol. Dihangfa dros-dro ydyw, cyn gorfod wynebu'r byd. A'r ddelwedd hon a archwiliodd Iwan Bala dro ar ôl tro wrth drafod hunaniaeth Gymreig yn y cyfnod wedi sefydlu Cynulliad Cenedlaethol Cymru o 1999 ymlaen. Yn wir, nid ef yn unig a ddefnyddiodd ynys Gwales fel palimpsest yn y cyfnod hwn: mae enw'r ynys yn britho gweithiau creadigol blynyddoedd cyntaf yr unfed ganrif ar hugain. Yn y flwyddyn 2003, enillodd Twm Morys Gadair Eisteddfod Genedlaethol Meifod 2003 am ei awdl, 'Drysau', awdl y mae chwedl ynys Gwales yn sylfaen iddi. Yn yr un flwyddyn lluniodd y cyfansoddwr, Pwyll ap Siôn, waith cerddorfaol sylweddol yn dwyn yr enw 'Gwales'. Ddwy flynedd yn ddiweddarach, pan lansiodd Cyngor Llyfrau Cymru ei siop lyfrau ar-lein yn 2005, 'Gwales.com' oedd yr enw a roddwyd ar y gwasanaeth hwnnw. A'r flwyddyn ganlynol, yn 2006, cyhoeddodd y bardd o Abertawe, Nigel Jenkins, gyfrol swmpus o farddoniaeth o'r enw dim byd llai na *Hotel Gwales*. Ai cyd-ddigwyddiad pur yw'r cyfeiriadau niferus hyn, tybed? Gellid dadlau mai tebygrwydd yr enw Cymraeg, 'Gwales', i 'Wales', fel y nododd Iwan Bala, a oedd i gyfrif am ei ddefnyddioldeb, wrth i'r wlad ddatganoledig newydd chwilio am enw addas iddi ei hun a bontiai rhwng y Gymraeg a'r Saesneg. Ynteu a oedd rhywbeth am gymeriad amwys y chwedl wreiddiol – y tyndra rhwng byw mewn limbo afreal a wynebu heriau'r byd go-iawn a geir ynddi – a ddarparai balimpsest addas i wlad fechan a oedd, am y tro cyntaf ers canrifoedd, yn gorfod gwneud penderfyniadau gwleidyddol am ei chŵys hanesyddol ei hun?

Y defnydd mwyaf trawiadol oll o ddelwedd ynys Gwales yn llenyddiaeth a chelfyddyd y cyfnod hwn (er ei fod yn ddiweddarach na'r gweithiau uchod), yw'r hyn a geir gan Catrin Dafydd yn ei nofel, *Gwales* (2017). Nofel yw hon sydd wedi ei gosod yng Nghymru'r 2050au, ac ynddi darlunnir ymgyrch mudiad tanddaearol o'r enw Poboliaeth i chwyldroi Cymru neo-ddemocrataidd y presennol a sefydlu gwladwriaeth Gymreig ar egwyddorion radical yn ei lle. Er gwaethaf yr elfennau o realaeth gignoeth a geir ynddi, Cymru alegorïaidd a ddarlunnir gan Catrin Dafydd hefyd, a honno, fel yr awgryma teitl y nofel, wedi ei chreu ar balimpsest ynys Gwales. Ond yn y nofel hon mae'r drws eisoes wedi ei agor ar Aberhenfelen, a holl ddioddefaint y byd go-iawn yn andwyo bywydau'r cymeriadau. Amcan lew (i bob golwg) y chwyldroadwyr yw ail-greu cymdeithas ddelfrydol trwy gau'r drws unwaith yn rhagor – ail-greu delfryd ynys Gwales, fel petai – gan roi bod i Gymru fwy cyfiawn a chyfartal.

Fodd bynnag, menter amwys, ar y gorau, yw'r fenter hon yn *Gwales*, ac amwys, yr un modd, yw cymhellion y rhai sydd am wireddu'r delfryd cenedlaetholaidd. Yn wir, mae naws besimistaidd, anarwrol i'r nofel, ac mae ei thôn yn dra gwahanol i'r math o chwareustra dychmygus a gafwyd yn rhai o nofelau Cymraeg y 1990au. Nid ymeimlad o bosibiliadau di-ben-draw a geir yn y nofel, ond yn hytrach ddadrithiad a braw. Trwy gyfrwng llythyrau'r prif gymeriad, Brynach Yang, at ei wraig, Morfudd, gwelir sut y mae'r gobeithion dechreuol am Gymru well – trwy 'weithredu sawl chwyldro cymunedol yng Nghymru dros y blynyddoedd nesa'[11] – yn cael eu dinistrio gan weithredoedd y chwyldroadwyr eu hunain, a down i ddeall sut y dinistrir Brynach Yang ei hun i'w canlyn. Mae'r broses o sefydlu cymuned ddelfrydol Gwales, gan ddechrau yng Nghaerfyrddin cyn ymledu dros Gymru gyfan, yn boenus, gynhennus a chynllwyngar, wrth i wahanol garfanau ymrafael am rym. Gwelir bod penderfyniadau cyfaddawdus yn anorfod wrth geisio sicrhau llwyddiant y chwyldro, a bod sinigiaeth, chwerwder a siom yn fygythiadau parhaus. Ac er gwaethaf amcanion gwleidyddol cymeradwy Poboliaeth, daw'r mudiad ei hun, maes o law, yn gyfrwng gormes ar y bobl.

Os oedd palimpsest cenedlaethol *Seren Wen ar Gefndir Gwyn*, a gyhoeddwyd cyn datganoli, yn cynrychioli proses o ymagor, ymryddhau a chwarae â holl bosibiliadau hanes a thraddodiad, tra gwahanol yw'r palimpsest a geir yn *Gwales*. Yma, y neges waelodol yw bod pris dynol drud i'w dalu wrth gyrchu gwynfyd i genedl. Yn wir, amheus dros ben yw'r syniad o wynfyd ynddi o gwbl. Ar ddiwedd *Seren Wen ar Gefndir Gwyn* mae'r syniad o balimpsest yn dal yn gryf gan fod amlinell y seren wen yn dal i orwedd dan wyneb y faner genedlaethol, yn barod, fe awgrymir, i ymddangos eto yn y dyfodol pan ryddfreinir y wlad. Ond yn nofel Catrin Dafydd – a ysgrifennwyd ddegawd a hanner wedi i ddatganoli Cymreig ddod i fod – mae palimpsest ynys Gwales fel petai'n cael ei wagio o unrhyw arwyddocâd o gwbl. Gwelir hynny'n eglur yn y gerdd anorffenedig a lunia Morfudd Yang tua diwedd y nofel, pan fo'n derbyn triniaeth mewn canolfan i alcoholiaid. Yn yr ychydig linellau a ysgrifenna Morfudd, ailadroddir y gair 'gwag', mewn rhyw ffurf neu'i gilydd, deirgwaith:

Methu_drafft2
Rhwng cloriau gobaith
doedd dim ond tudalennau gwag
a'r holl sibrydiadau yn ddim ond anadl cynnes ar bapur oer.
Ond glynais yn dynn yn y llyfr gwag
ac esgus i mi fy hun ei fod yn llawn geiriau darogan,
yn llawn dyfodol.

> Ond dim ond tudalennau gweigion
> oedd i'w gweled ar y gorwel…

Nid yw palimpsest y delfryd cenedlaethol – Gwales, yr ynys Fabinogaidd – yn cynnig sylfaen na gobaith i'r ferch o Gymraes. Mae *Gwales* fel petai'n dileu ei phalimpsest ei hun.

Mae llawer mwy i'w ddweud am nofel bwysig, ddeallus Catrin Dafydd. Ond o safbwynt y drafodaeth bresennol, does dim dwywaith ei bod yn perthyn yn agos – o ran uchelgais lenyddol a chrebwyll gwleidyddol – i'r nofelau hanes palimpsestaidd a drafodwyd uchod. Fel y dangosodd Christine Brooke-Rose, mae'r nofel fel ffurf erioed wedi bod yn ddrych i newidiadau cymdeithasol, diwylliannol a gwleidyddol. Rydym ninnau'n byw mewn cyfnod cythryblus ac anrhagweladwy – pan fo stormydd rhyngwladol yn crynhoi a rhyfel ofnadwy rhwng Rwsia ac Iwcrain yn ysgwyd cyfandir Ewrop. A thra bydd ailysgrifennu mythau cenedlaethol yn parhau'n rheidrwydd hanesyddol, diau y gwelwn nofelau palimpsestaidd pellach yn dod i fod sy'n ymdrin yn graff a dychmygus â'r broses honno.

Terfynaf â chyd-ddigwyddiad trist a ystyrid – petai'n cael ei roi mewn nofel – yn anghredadwy, gan mor chwerw-eironig ydyw. Gan alw i gof fan cychwyn ein trafodaeth, sef ymateb Christine Brooke-Rose i'r ffatwa yn erbyn Salman Rushdie dros ddeng mlynedd ar hugain yn ôl, syndod a sioc oedd clywed sut y trywanwyd Salman Rushdie yn ei stumog, ei wddw, ei law, ei frest, ei glun a'i lygad wrth iddo baratoi at ddarlith gyhoeddus yn Efrog Newydd ym mis Awst 2022. Yn ôl pob tebyg, roedd hynny'n gysylltiedig â ffatwa 1989. Wrth i mi dynnu'r erthygl hon i derfyn ym mis Gorffennaf 2023, gwrandewais ar gyfweliad gyda Rushdie ar y BBC lle y soniodd am sgil-effeithiau trawmatig yr ymosodiad arno, yn feddyliol a chorfforol. Mae ei freuddwydion bellach, meddai, yn rhai 'gorffwyll'. Yn adlais erchyll o'r thema 'gweld a methu-gweld' a drafodwyd yng nghyswllt holl nofelau palimpsestaidd yr erthygl hon, cadarnhaodd hefyd ei fod, o ganlyniad i'r trywanu, wedi colli ei olwg yn barhaol yn un o'i lygaid.

'Writers don't have much power,' cyfaddefodd, wrth fynnu y bydd yn dal ati i ysgrifennu. 'We don't have billions, and we don't have armies, and we don't have riches and threads. What we have is the ability to write about the world in a way that, if we're any good at it, might endure.'[12]

Erbyn hyn, fel y gwelir o'r fideo o'r cyfweliad hwnnw, mae Rushdie'n gwisgo sbectol y mae un o'i lensys yn glir a'r llall wedi ei duo. Ychwanegwyd haen arall at y palimpsesti ac mae fel petai yntau, yn awr, yn gymeriad alegorïaidd yn un o'i nofelau ei hun.

---

[1] Christine Brooke-Rose, Stories, *Theories and Things* (Cambridge University Press, 1991), 186.
[2] Salman Rushdie, *Shame* (Vintage, 1983), 87.
[3] Italo Calvino, *Le città invisibili* (Einaudi, 1972), 94.
[4] Gweler Angharad Price, *Rhwng Gwyn a Du: Agweddau ar Ryddiaith Gymraeg y 1990au* (Gwasg Prifysgol Cymru, 2002), 1-6.
[5] John Rowlands, 'Chwarae â Chwedlau: Cip ar y Nofel Gymraeg ôl-fodernaidd', *Y Traethodydd* (Ionawr 1996), 19 a hefyd 'Adolygiad ar Seren Wen ar Gefndir Gwyn', *Llais Llyfrau*, Gaeaf 1992, 15.
[6] Bethan Mair Hughes, 'Nid gêm *Nintendo* yw hyn, ond bywyd!' *Tu Chwith*, 1 (Ebrill / Mai 1993), 43.
[7] Robin Llywelyn, *Seren Wen ar Gefndir Gwyn* (Gomer, 1992), 52.
[8] Johan Schimanski, 'Genre a chenedl', *Tu Chwith*, 1 (Ebrill / Mai 1993), 40.
[9] Iwan Bala, 'Private Bag', *Tu Chwith*, 8 (Gaeaf 1997), 12.
[10] Iwan Bala, *Hon, Ynys y Galon: Delweddu Ynys Gwales* (Gomer, 2007), 17.
[11] Catrin Dafydd, *Gwales* (Y Lolfa, 2017), 231.
[12] https://www.bbc.co.uk/news/entertainment-arts-66170792; cyrchwyd Gorffennaf 2023.

Y Cymry yn yr Eidal

Roedd ail hanner yr unfed ganrif ar bymtheg yn gyfnod hollbwysig yn hanes llenyddiaeth y Gymraeg, ac nid oes gwadu gwerth a gogoniant y ddyneiddiaeth Brotestannaidd a ddaeth i fod ar yr adeg cythryblus a thyngedfennol pan ddaeth Cymru'n rhan o 'Anglia' y Tuduriaid yn sgil y Deddfau Uno. Ond dylid cofio hefyd am gyfraniad neilltuol y Catholigion i lenyddiaeth a meddylfryd Cymry'r cyfnod, cyfraniad a ddiystyriwyd i raddau helaeth. Ymylwyd Catholigion Cymreig ail hanner yr unfed ganrif ar bymtheg yn y lle cyntaf oherwydd yr egwyddorion Gwrth-ddiwygiadol na welai hanesyddiaeth ddiweddarach Cymru fawr o werth na gwaddol ynddynt. Ac fe'u hanghofiwyd am i'r mwyaf blaengar yn eu plith dreulio'u bywydau ymhell o dir Cymru, yn alltudion ar gyfandir Ewrop. Hyd yn oed wrth roi lle dyledus i ambell un megis Gruffydd Robert, Milan yn oriel anfarwolion llenyddiaeth Gymraeg, y duedd fu sôn amdano fel rhyw atodiad hynod i'w gymheiriaid Protestannaidd 'yn ôl yng Nghymru', ac i foli ysblander ei Ramadeg er gwaethaf y ffaith iddo gael ei gyfansoddi yn yr Eidal bell – yn hynodbeth eithriadol.

Gwneud cam â Chatholigion alltud oes Elisabeth I – heb sôn am hanes Cymru – a wna hyn. Roedd eu gweithgarwch nhw'n gynnyrch yr un mor annatod ac angerddol amgylchiadau Cymru'r oes ag ydoedd eiddo'r 'cewri' Protestannaidd, William Salesbury, William Morgan, Richard Davies neu, yn ddiweddarach, John Davies, Mallwyd. Dim ond wrth roi ystyriaeth ddyledus i hynny y gellir deall yn llawn ymateb cymhleth y Cymry i'r newidiadau gwleidyddol, crefyddol a diwylliannol carlamus a ddaeth yn ystod y degawdau wedi'r Deddfau Uno ac yn sgil y Diwygiad Protestannaidd. Mae hanes a chymeriad arbennig i'r gweithiau Cymraeg a gynhyrchodd y Catholigion alltud fil o filltiroedd o Gymru bryd hynny, a dim ond wrth eu harddel a'u coleddu y gallwn amgyffred gwir gyfoeth a chynnwrf y bennod ryfeddol hon yn hanes ein llenyddiaeth.

Pan ddyrchafwyd Elisabeth I yn Frenhines Lloegr ddiwedd 1558 a phasio'r Deddfau Unffurfiaeth ac Unbennaeth yn fuan wedyn, sylweddolai llawer o Gatholigion ymroddedig nad oedd ganddynt ddewis ond ffoi i gyfandir Ewrop i geisio lloches a chynhaliaeth – hyd nes yr adferid, fel y gobeithien nhw, yr hen ffydd yn Ynys Prydain. Gallai ymlynu'n gyhoeddus at Gatholigiaeth gostio'n ddrud iddynt. Cosbid yn llym y sawl na chydymffurfiai ag egwyddorion Eglwys Loegr, o garchar am flwyddyn am y trosedd cyntaf i gyhuddiad o deyrnfradwriaeth (ac oblygiadau angheuol hynny) am y trydydd. Roedd sefyllfa'r Catholigion a fu'n dal swyddi o bwys yn ystod teyrnasiad y Frenhines Mari yn neilltuol o anwadal, ac yn eu plith roedd nifer o Gymry.

Newydd gael ei benodi'n Esgob Bangor yr oedd Morys Clynnog (c.1525 - c.1580), er enghraifft, pan orseddwyd Elisabeth.[1] Roedd ei yrfa eglwysig wedi bod yn mynd o nerth i nerth yng nghyfnod Mari, ac yntau'n wedi bod yn gyfaill a chydweithiwr agos i'r Cardinal Reginald Pole, arweinydd Catholig mwyaf grymus Lloegr ar y pryd. Yn aelod o Gyngor Trent, sef y corff a sefydlwyd yn y 1540au i wrthweithio Protestaniaeth, i adfer statws y Pab a diwygio'r Eglwys Gatholig (man cychwyn yr hyn a elwir yn gyffredin yn Wrthddiwygiad), arddelai Pole adferaeth Gatholig ymosodol. Dan y Frenhines Mari cafodd ei ethol yn Archesgob Caer-gaint a daeth Morys Clynnog yntau'n aelod o'i lys ym Mhalas Lambeth ac yn ysgrifennydd personol iddo. Fel y gwelwn yn nes ymlaen, dylanwadodd adferaeth Gatholig ymosodol ei fentor yn drwm ar y Cymro.

Ar ei ffordd i Rufain i dderbyn bendith y Pab ar ei etholiad yn Esgob Bangor yr oedd Morys Clynnog pan chwyldrowyd cwrs ei fywyd gan gyd-ddigwyddiad hynod marw'r Frenhines Mari a'r Archesgob Pole yr un diwrnod (yr ail ar bymtheg o Dachwedd 1558). Yn sgil y newid disymwth yn y *régime*, felly, gorfodwyd Morys i aros yn alltud ar gyfandir Ewrop, ac mae'n dra thebygol na welodd mo'i famwlad byth wedyn.

Ychydig o wyddom am ei fywyd cynnar, er bod ei enw'n awgrymu cysylltiad amlwg ag ardal Clynnog Fawr yn Arfon. Fe'i haddysgwyd yng Ngholeg Eglwys Crist yn Rhydychen: mae cofnodion yn nodi iddo raddio yno yn 1548. Ac mewn dogfen yn llyfrgell y Fatican (*Vat. Lat. 137*), sonnir iddo dreulio cyfanswm o ddeuddeng mlynedd yn fyfyriwr ac yn ddarlithydd yn y gyfraith yn Rhydychen, gan gynnwys cyfnodau byr yn Fflandrys ac yn yr Eidal. Roedd y blynyddoedd hynny'n rhai cythryblus, fel y gwyddom, yn ymestyn o ddiwedd teyrnasiad Harri VIII, trwy deyrnasiad Edward VI pan ddwysawyd y diwygiadau crefyddol a gychwynnwyd gan Harri, hyd at adfer Catholigiaeth dan y Frenhines Mari yn 1553. Ond pan goronwyd Elisabeth I, ac yntau'n amharod i dderbyn amodau'r setliad Elisabethaidd, ffodd Morys Clynnog i ddinas Louvain yn Fflandrys, sef un o ganolfannau pwysig y Catholigion alltud ar gyfandir Ewrop.

Beth a wyddom am fywyd Morys yn Fflandrys o ddiwedd y 1550au ymlaen, felly? Mae tystiolaeth ar glawr iddo fod yn helpu ffoaduriaid Catholig yn ninas Brwsel yn 1560, ac yn Fflandrys hefyd y dechreuodd lythyru'n frwd ag awdurdodau'r Pab yn Rhufain, gan alw arnynt i ddiorseddu'r Frenhines Elisabeth trwy rym milwrol ac adfer Catholigiaeth yn y deyrnas. Mae copïau o'r llythyrau Lladin hyn – a ddarganfuwyd gyntaf gan G. J. Williams yn y 1930au – yn dal i'w gweld yn archifau'r Fatican heddiw, ac maent yn dangos yn glir fod efengyliaeth ymosodol mentor Morys, yr Archesgob Reginald Pole, wedi dylanwadu ar ymarweddiad gwleidyddol a chrefyddol ei gyfaill o Gymro hefyd. Ym mis Rhagfyr 1561, er enghraifft, ysgrifennodd Morys lythyr rhyfeddol at y Cardinal Morone, Uchel Noddwr Lloegr yn y Fatican, yn amlinellu cynllwyn ar gyfer ymgyrch filwrol dan arweiniaid Philip o Sbaen ('amddiffynnwr tanbaid' y ffydd Gatholig, meddai ef), i oresgyn Lloegr ac adfer yr hen ffydd yno, gan nodi na 'ellid dymuno dim yn fwy dychrynllyd i hereticiaid ac yn fwy dymunol i Gatholigion'.[2]

Pwysleisiodd fod gan Mari, Brenhines Gatholig yr Alban, hawl gyfiawn ar Goron Lloegr, ac nad oedd hynny'n wir am Elisabeth, ferch Anne Boleyn, am na chydnabyddid ysgariad Harri a Chatrin o Aragon (nid oedd Elisabeth, felly, yn ferch gyfreithlon i'w thad). Mae'r llythyr hwn hefyd yn rhoi cip ar gyflwr ac amgylchiadau'r ffoaduriaid hyn, wrth i Morys gwyno mor anodd a chwerw oedd yr amseroedd i Gatholigion alltud fel ef, a bod hynny 'ar gynnydd fwyfwy o ddydd i ddydd'.

Ysgrifennodd lythyrau pellach at Morone yn ystod y cyfnod hwn, ac fel y gwelir yn nes ymlaen, daliodd ati i lythyru â chynrychiolwyr y Pab trwy gydol degawdau hir ei alltudiaeth ar gyfandir Ewrop.

Yn Louvain hefyd ailgydiodd Morys yn ei astudiaethau academaidd, gan gofrestru, fel y gwnaeth llawer o'r alltudion Catholig, yn fyfyriwr ym Mhrifysgol Louvain. Ymhlith ei gydfyfyrwyr o Gymru ar y pryd y mae un y gellir gweld ei enw yng nghofrestr y brifysgol hyd heddiw, sef 'Griphius Robertius, arvonensis, pauper' (Gruffydd Robert o Arfon, tlotyn), a ymaelododd ar 10 Ionawr 1561. Teg casglu mai Gruffydd Robert oedd hwn, gŵr ifanc a ddaeth yn ddiweddarach yn llenor a gramadegydd o fri, yn un o feistri pennaf rhyddiaith Gymraeg mewn unrhyw ganrif.

Ymddengys fod cysylltiad personol agos rhwng Morys Clynnog a Gruffydd Robert. Yn wir, mae ymchwil diweddar M. Paul Bryant-Quinn wedi cynnig tystiolaeth gadarn bod cysylltiad teuluol rhyngddynt a bod Morys yn ewythr i Gruffydd.[3] Ymhellach: mae lle i gredu mai yng Ngholeg Eglwys Crist yn Rhydychen, fel Morys, yr addysgwyd yntau (mae enw rhyw Gruffydd Robert ymhlith y rhai a dderbyniwyd i'r coleg yn 1550), ac mae'n arwyddocaol i'r nai gael ei ethol yn Archddiacon Môn yn fuan wedi i'r ewythr gael ei benodi'n Esgob Bangor. Nid annisgwyl, felly, yw gweld bod y ddau ynghyd yn Louvain yn y blynyddoedd cynnar wedi coroni Elisabeth I. Ai yng nghwmni ei gilydd, tybed, y gadawsant Fflandrys a gwneud y siwrnai faith ar draws yr Alpau er mwyn cyrraedd Rhufain? Yn sicr, mae lle i gredu hynny gan fod eu henwau'n ymddangos yn llyfrau'r Ysbyty Seisnig yno yn 1562-63, sef y sefydliad enwog a hynafol a gynigiai loches i'r alltudion yn Rhufain. Dan yr enw 'Ysbyty'r Pererinion', bu'n noddfa i bererinion o Gymru a Lloegr trwy gydol yr oesoedd canol, a'i gofrestrau lliwgar yn dyst i lawer iawn o fynd a dod rhwng Cymru a'r Eidal ar hyd y canrifoedd.

Er mai fel yr 'Ysbyty Seisnig' ('English Hospice') yr adwaenid y lle hanesyddol hwn erbyn dyddiau Morys Clynnog a Gruffydd Robert, roedd hen anghydfod yn bodoli ynghylch ei wreiddiau a'i wir berchnogaeth. Mynnai traddodiad Cymreig, a ysgogwyd gan *Historia Regum Britanniae* Sieffre o Fynwy, mai eiddo Cadwaladr, brenin olaf y Cymry yn y seithfed ganrif, oedd yr Ysbyty, ac mai ei feddiannu'n ddiweddarach a wnaeth y Saeson. Hawliai'r un traddodiad Sieffreaidd mai Cymro oedd i fod yng ngofal y lle, ac roedd hynny'n parhau'n wir ganol yr unfed ganrif ar bymtheg: Cymro o'r enw Edward Carne o Ewenni ym Morgannwg a oedd yn warden yno ddiwedd y 1550au, ac yn y flwyddyn 1560 daeth Thomas Goldwell, cyn-Esgob Llanelwy, i gymryd ei le. Ond roedd traddodiad arall o eiddo'r Saeson yn mynnu mai'r Brenin Eingl-Sacsonaidd, Ine, a sefydlodd Ysbyty'r Pererinion yn y flwyddyn 727 ac mai gwag goel oedd y traddodiad Cymreig. Mae'n bwysig tanlinellu nad gwahaniaeth barn dibwys mo'r anghytundeb hwn. Yn wir, daliai i fod yn asgwrn cynnen rhwng yr alltudion Cymreig a Seisnig pan gyrhaeddodd Morys Clynnog a Gruffydd Robert yr Ysbyty yn 1563, a bu'n achos gwrthdaro llosg rhwng y Cymry a'r Saeson yn ystod y blynyddoedd heriol pan oeddent yn alltudion yn Rhufain, gwrthdaro a ddirywiodd i lefel trais corfforol erbyn y 1570au – fel y gwelwn maes o law.

Yn fuan wedi iddynt gyrraedd Rhufain, penodwyd y ddau newydd-ddyfodiad, Morys Clynnog a Gruffydd Robert, yn gaplaniaid yn yr Ysbyty, a hynny dan gymeradwyaeth Thomas Goldwell. Wedi'r cyfan, roeddent yn ddau ŵr addysgedig a oedd wedi dal swyddi eglwysig o bwys yn ystod cyfnod y Frenhines Mari. A phan ymadawodd Thomas Goldwell yn 1565, dyrchafwyd yr hynaf ohonynt, Morys Clynnog, yn warden yn ei le. Diddorol, yn sicr, yw'r disgrifiad canlynol o'i siambr yno gan ei fod yn rhoi cipolwg dadlennol inni ar amgylchiadau bydol y Cymry alltud yn Rhufain ynghanol y 1560au, a hefyd, yn y cyfeiriad at arfbais Cardinal Pole a'r 'map o Loegr', yn dangos nad oedd angerdd adferaethol Morys wedi gwanhau, er y pellter cynyddol rhyngddo a Llundain:

> In Mr Maurice his Chamber
> A ioyned bedstead of walnutt with postes railes and iron rode for curteines, a boord for the bedde head, a palarizzo, a long redd coveringe. 2 paire of sheets. 2 pillowberes. 2 pillowes. a chaire of woode with a small cayssime. a chaire of redde leather. 2 ioyned stooles. 3 tables. a worne straked carpet. 8 trestles. a painted cofer, a paire of andirons, a paire of belowes, a new presse, a candlestick of latine, a chest, a close stoole. A mappe of England. Cardinale Pole his armes. a chaire of newe boorde, a long presse with a blewe linen hanginge before it. a partisane.[4]

Nid oedd dyrchafu Cymry i swyddi mor ddylanwadol wrth fodd yr alltudion Seisnig yn Rhufain. Cwynent yn barhaus fod Morys Clynnog, fel warden, yn mwynhau moethau arbennig o gymharu â llymdra eu bywyd nhw, a'i fod yn camddefnyddio'i freintiau trwy ffafrio'i gyd-Gymry ar draul pawb arall. Meginwyd fflamau'r ddadl ynghylch gwreiddiau'r sefydliad o'r newydd, a phan benderfynwyd troi'r Ysbyty Seisnig yn Goleg yn ddiweddarach, a phenodi Morys Clynnog yn rheithor cyntaf arno, dwysaodd y cecru rhwng y Cymry a'r Saeson.[5]

Amcan y Coleg ar ei newydd wedd oedd cynnig addysg drylwyr i'r Catholigion alltud yn unol ag egwyddorion y Diwygiad Catholig, addysg a fyddai'n eu paratoi i fynd yn genhadon Reciwsantaidd yn ôl yn eu mamwlad. Erbyn diwedd 1578 roedd deugain myfyriwr wedi eu cofrestru yno, nifer o Gymry yn eu plith, gan gynnwys Morgan Clynnog, nai i Morys, Rhosier Smyth o Lanelwy, a dau alltud ifanc o'r enw Owen Thomas a Hugh Griffith. Ond ni fynnai'r gymuned Seisnig weld 'Coleg y Saeson', mwy na'r Ysbyty a fu yno gynt, dan reithoriaeth Cymro yr oedd ganddo ragfarn o blaid ei gydwladwyr ei hun ac yn eu herbyn nhw. Eu dadl nhw oedd bod y Cymry'n israddol iddynt yn yr hen wlad, ac nad oedd yn briodol iddynt, felly, lywodraethu arnynt dramor. Daliwyd i fwrw sen ar ymddygiad personol Morys Clynnog ac achwynwyd am ei bleidgarwch o blaid y Cymry drwodd a thro. Yno'n clustfeinio ar eu cwynion yr oedd gŵr o'r enw Anthony Munday, cyfaill i William Shakespeare a oedd wedi dod i Rufain, yn ôl pob sôn, i ysbïo ar y gymuned alltud ar ran y Frenhines Elisabeth. Ac yn y llyfr bywiog a ysgrifennodd am ei deithiau, *The English Romayne Lyfe* (1582), dyfynnodd Munday gyhuddiadau'r myfyrwyr Seisnig yn erbyn Morys Clynnog ar y pryd:

> If there be one bed better than another, the Welshman must have it; if there be any chamber more handsome than another, the Welshman must lodge there: in brief, the things of most account are the Welshman's at command. This maketh many of us to wish ourselves Welshmen because we would gladly have as good as they.

Cyhuddid y Cymry ymhellach o gyfeillachu'n rhy barod â phoblogaeth frodorol Rhufain (gan ddysgu Eidaleg, hyd yn oed), parodrwydd a brofai, meddai'r alltudion Seisnig, nad oeddent yn deyrngar i Loegr nac i'r genhadaeth Reciwsantaidd. Drwgdybid y Cymry hefyd o gynghreirio â'r Albanwyr a'r Gwyddelod yn Rhufain, ac o gynllwynio i godi yn erbyn y gymuned Seisnig yno (mae'n arwyddocaol iddynt wrthod gadael i'r Albanwyr ymuno â'r Coleg

Seisnig yn gyfan gwbl). Yn eu tro, mynnai'r Cymry mai nhw a gâi eu gormesu gan y Saeson. Yn fyr, aeth y gwrthdaro o ddrwg i waeth – tynnwyd cyllyll allan un dydd – nes i'r myfyrwyr Seisnig gael eu gwahardd o'r coleg yn llwyr am rai dyddiau yng ngwanwyn 1579, gan beri i'r Cymro, Hugh Griffith, roi llef fuddugoliaethus, yn ôl un adroddiad: 'Who now but a Welshman!'

Un gŵr a geisiodd gymodi rhwng y ddwy gymuned, gan achub cam Morys Clynnog fwy nag unwaith yn ystod yr helynt, oedd Owen Lewis (1533-1595), sef 'yr amlycaf o ddigon o'r alltudion Pabyddol Cymreig yn yr unfed ganrif ar bymtheg', yng ngeiriau R. Geraint Gruffydd.[6] Brodor o Falltraeth ym Môn oedd y cyfreithiwr disglair. Fe'i haddysgwyd yng Nghaer-wynt (roedd yno yn 1547), ymaelododd â Choleg Newydd, Rhydychen yn 1554, gan raddio yn y gyfraith ym mis Chwefror 1558, a bu'n Athro cyfraith eglwysig yno hyd at adeg coroni Elisabeth I. Ond cilio, fel ei gyd-Gatholigion, i gyfandir Ewrop fu ei hanes yntau. Ymaelododd â Phrifysgol Louvain yng ngwanwyn 1563, daeth yn Athro'r gyfraith ac yn ffigwr dylanwadol yng Ngholeg Douai yn ddiweddarach, yn ogystal ag yn Ganon eglwys gadeiriol Cambrai ac yn Archddiacon Hainaut. Buan y daeth ei ddisgleirdeb i sylw awdurdodau'r Fatican, a thua chanol y 1570au penododd y Pab Gregori XIII y gŵr o Fôn yn *referendarius utriusque signaturae*, a daeth yn gyfrifol yn y Fatican am yr holl faterion a oedd yn gysylltiedig â Chymru a Lloegr. Bu Owen Lewis yn rhan amlwg o'r trafodaethau adeg troi'r Ysbyty Seisnig yn Goleg (ceir tystiolaeth iddo roi anrhegion gwerthfawr i'r sefydliad hwnnw), ac ar anterth yr helynt rhwng y Cymry a'r Saeson ym mis Mawrth 1579 ysgrifennodd lythyr at y Pab yn amddiffyn ei gydwladwr, Morys Clynnog, gan fynnu mai 'henwr duwiol' ydoedd a oedd yn ysglyfaeth i genfigen y Saeson (*Vat. Lat. 12159, 114*). Ond nid oedd dylanwad un mor rymus ag Owen Lewis, hyd yn oed, yn ddigon i dawelu'r cythrwfl, ac yn y diwedd ymddiswyddodd Morys o'i reithoriaeth a daeth yr Iesuwyr i reoli yn ei le.

Ar yr olwg gyntaf, diddordeb anecdotaidd sydd i'r ffrwgwd hwn. Wedi'r cyfan, dyma ddwy genedl wedi eu dwyn ynghyd dan yr unto, a hynny mewn alltudiaeth hirdymor a oedd yn rhwym o beri straen feddyliol ac emosiynol. Ond mae i'r dadlau arwyddocâd ehangach. Gadewch inni gofio mai dyma'r union adeg pan oedd y Cymry gartref, yn wleidyddol, yn grefyddol ac yn ddiwylliannol, yn ymuniaethu fwyfwy â theyrnas Elisabeth I: trwy ddulliau uniongyrchol ac anuniongyrchol caent eu clymu'n dynnach at wladwriaeth Brotestannaidd Lloegr, a daeth honno, fel y gwyddom, yn broses ddiwrthdro. Yr un pryd, ac i'r gwrthwyneb, roedd y Catholigion alltud ar y cyfandir yn taer bwysleisio'r gwahaniaethau rhwng Cymru a Lloegr. Oherwydd eu hagenda grefyddol a gwleidyddol nhw, mynnent yn angerddol mai dwy genedl ar wahân oedd yma, a hynny o safbwynt iaith, hanes a chrefydd. Ni ddylai'r ffaith mai bychan oeddent mewn nifer, na'r ffaith eu bod yn mynegi'r safbwynt hwn ymhell o Gymru ar dir yr Eidal, nac ychwaith y ffaith na wireddwyd eu breuddwydion am adfer Catholigiaeth yng Nghymru, danseilio'r ffaith eu bod yn cynrychioli agwedd sylfaenol wahanol at 'Anglia' Elisabeth Tudur na'r hyn a ddisgrifir yn aml yn ein llyfrau hanes.

Atgyfnerthir y pwyslais hwn ar arwahanrwydd Cymru a Lloegr wrth fwrw golwg ar helynt arall a gododd rhyngddynt yn Rhufain ar y pryd. Gorweddai beddrod yn Eglwys Sant Pedr ac arno enw Caedwalla, hen frenin Wessex a gladdwyd yn Rhufain yn y seithfed ganrif, ond mynnai'r Cymry yn Rhufain mai enw Cadwaladr fab Cadwallon, brenin olaf y Brythoniaid (yn ôl Sieffre o Fynwy), a ddylai fod arno. Cofier bod Sieffre hefyd yn haeru mai Cadwaladr a sefydlodd yr Ysbyty Seisnig yn wreiddiol. Ymglymodd y ddadl ynghylch beddrod Caedwalla / Cadwaladr, felly, gyda holl gythrwfl y Coleg Seisnig, gan beri i'r Cymry a'r Saeson yn Rhufain fynd benben â'i gilydd o'r newydd – y tro hwn ynghylch enwi neu ailenwi beddrod. Unwaith eto, ceisiodd Owen Lewis ddefnyddio'i ddylanwad yn y Fatican er lles y Cymry: ganol mis Rhagfyr 1580 ysgrifennodd at un o uchel swyddogion y Pab, y Cardinal Guglielmo Sirleto (*Vat. Lat. 6193, II, 517*), yn mynegi ei ddiddordeb yn y beddrod gan bwysleisio'i gysylltiad personol â Chadwaladr (am iddo gael ei fedyddio yn eglwys hynafol Llangadwaladr, Môn). Argymhellai Lewis yn daer newid yr enw ar y beddrod, a chyflwynodd dystiolaeth o blaid rhoi enw Cadwaladr arno trwy gyfeirio at *Historia Regum Britanniae*. Dylid nodi nad er mwyn tynnu blewyn o drwyn y Saeson yn Rhufain yn unig yr oedd y Catholigion Cymreig mor angerddol ynghylch hyn: roedd rhoi enw Cadwaladr ar y beddrod Rhufeinig yn atgyfnerthu eu gobeithion crefyddol a gwleidyddol. Yn ôl Sieffre, roedd Myrddin wedi proffwydo y byddai dod ag esgyrn Cadwaladr yn ôl o Rufain i Brydain yn help i gael gwared ar y Sacsoniaid, gan adfer grym y brenhinoedd Brythonaidd (hynny yw, Cymreig) o'r newydd. Trwy 'leoli' yr esgyrn hynny yn Rhufain, felly, gallai Owen Lewis a'i gyd-Gymry alltud gynllunio i'w dychwelyd i Gymru er mwyn dechrau'r broses o ddiorseddu'r Frenhines Elisabeth a dymchwel ei gwladwriaeth Seisnig-Brotestannaidd.

Methiant fu'r lobïo – mae'n siŵr bod awdurododau'r Fatican wedi hen alaru ar y cecru parhaus – ond mae ymgyrch Owen Lewis yn ddadlennol ac o ddiddordeb hanesyddiaethol. Tra defnyddiai'r Protestaniaid o Gymry *Historia* Sieffre i ddilysu hawl y Tuduriaid ('Cymreig') ar Goron Lloegr ac i gyfiawnhau *status quo* gwleidyddol a chrefyddol Cymru dan lywodraeth Elisabeth I, defnyddiai'r Catholigion Cymreig yr un testun yn union i herio'r sefyllfa honno, i bwysleisio dieithrwch Seisnig y Frenhines, ac yn y pen draw i danseilio ei gwladwriaeth Brotestannaidd. Gan y Cymry alltud yn yr Eidal, felly, cafwyd dehongliad Catholig arbennig o waith dylanwadol Sieffre o Fynwy, a'r dehongliad hwnnw yn tynnu'n groes i hanesyddiaeth Brotestannaidd yr oes, ac wedi ei ysbrydoli gan syniadau amgen am bresennol a dyfodol Cymru mewn cyfnod trothwyol.

Er gwaethaf y sen a fwriwyd arno'n bersonol, a'r rhwystredigaethau ar bob tu (heb sôn am ei ymddiswyddiad o reithoriaeth y Coleg yn Rhufain), ni ildiodd Morys Clynnog i anobaith. Fel y bu'n llythyru o Louvain ym mlynyddoedd cyntaf ei alltudiaeth gyfandirol, daliodd ati yn Rhufain i lythyru â'r Pab ac i gynllwynio'n erbyn gwladwriaeth Elisabeth. (Cofiwn fod map o Brydain ar wal ei ystafell, yn ogystal ag arfbais y milwriaethus Gardinal Pole.) Mor gynnar â 1567 roedd wedi ysgrifennu llythyr angerddol *yn Gymraeg* at un o'r gwŷr amlycaf yn llys Elisabeth, Syr William Cecil, yr Ysgrifennydd Gwladol. Nid oes unrhyw dystiolaeth fod Cecil yn medru'r Gymraeg, er ei fod o dras Cymreig, ond defnyddiodd Morys apêl emosiynol yr iaith i geisio darbwyllo Cecil i gefnu ar y Frenhines heresïol ac i ystyried 'yn ddyfn, beth a eill ag y sydd yn debig i ganlyn: os yscymunir y frenhines a'i barnu yn gam feddiannes o'r deyrnas'.[7] Nid oes unrhyw dystiolaeth i Cecil ymateb i'r llythyr rhyfeddol hwn – yn Gymraeg nac mewn unrhyw iaith arall. Ond nid oedd Morys yn un i roi'r gorau iddi. O'i alltudiaeth bell, parhaodd â'i gynllwynion i adfer Catholigiaeth yn ei wlad ei hun, ac mewn cyfrol drom yng nghasgliad llawysgrifau'r Fatican (*Arch. Arm. lxiv, rhif 28*), ceir dalennau niferus yn ei lawysgrifen gain ac urddasol, nifer ohonynt mewn cyflwr brau a heb eu cyhoeddi, sy'n dystiolaeth o'i sêl yn erbyn Elisabeth I. Mae sawl un o'r memoranda hyn at awdurdodau'r Fatican yn cynnwys cyfarwyddyd Cymraeg ar y flaenddalen – er enghraifft, 'At y Pab Cyngor i ddal y deyrnas yn y ffydd' ac 'At y Pab: Cyngor yn canlyn y cyntaf' – a'r rheiny, o bosibl, wedi eu cyfeirio at Owen Lewis y disgwyliai iddo eu trosglwyddo'n bersonol i ddwylo'r Pontiff.

Golygwyd a chyfieithwyd un o'r llythyrau hyn (o'r flwyddyn 1575) gan T. J. Hopkins a Geraint Bowen, ac mae'n ddogfen gyffrous a dadlennol sy'n datgelu llawer am obeithion y Catholigion Cymreig, nid yn unig am ddyfodol eu crefydd, ond eu cenedl hefyd.[8] Yn fras, amcan Morys oedd cael y Pab Gregori XIII i hwylio'i lynges (yn cynnwys chwe mil o wŷr arfog), o borthladd Rhufain yn Civitavecchia,, ar hyd arfordir Sbaen a Phortiwgal a Ffrainc gan godi milwyr ac arfau ychwanegol ar y ffordd, a glanio o'r diwedd ar lannau afon Menai. A'i hiraeth yn amlwg yn ei ddisgrifiadau daearyddol o 'hoffusaf wlad fy nhadau', a chan bwysleisio hunaniaeth wahanol y Cymry, sef 'brodorion Ynys Prydain' a siaradai 'iaith wahanol i'r gweddill Saesneg', mynnodd wrth y Pab fod gan ei gydwladwyr ymlyniad ffyddlon at yr hen ffydd, fel y cadarnhai 'llawer o ysgrifeniadau gan awduron hen a diweddar'. Yn wir, roedd gan y Cymry, meddai, hen gerddi a ddaroganai iddynt 'ryddid a phopeth da o ddinas Rhufain'. Golygai hyn y câi byddin y Pab groeso a chefnogaeth yng Nghymru, ac esboniodd Morys wedyn sut y gellid cyrchu trwy fynyddoedd Eryri tuag at ganolbarth Lloegr, cyn mynd ymlaen i Lundain i ddiorseddu Elisabeth unwaith ac am byth a choroni Mari o'r Alban yn frenhines yn ei lle.

Afraid dweud na wireddwyd cynllwyn milwrol Morys; un o blith nifer o gynllwynion tebyg oedd hwn (gan gynnwys yr ymgais ofer dan arweiniad Thomas Stukeley i gychwyn gwrthryfel yn Iwerddon yn 1578). Ond mae ei lythyrau at y Pab yn ddadlennol. Wrth restru ei ddadleuon dros gychwyn yr ymgyrch o Gymru yn benodol, pwysleisir drwodd a thro hunaniaeth wahanol Cymru a Lloegr, yn hanesyddol, yn ddiwylliannol, yn ieithyddol ac yn grefyddol, gan dynnu ar dystiolaeth o hen lawysgrifau'r Cymry i ategu'r dadleuon. O ystyried hyn yn rhan o weithgarwch ehangach y Catholigion Cymreig alltud, mae'n cynnig golwg wahanol inni ar safbwynt gwleidyddol y Cymry tuag at wladwriaeth Lloegr yn y cyfnod wedi'r Deddfau Uno. Yn sicr, nid yw'r naratif cyffredin i Gymru ildio'n gymharol ufudd i amodau a gofynion newydd gwladwriaeth Brotestannaidd, Lundain-ganolog Elisabeth I yn mynegi'r cyflawn wir, o roi sylw dyledus i feddylfryd y Cymry yn yr Eidal.

Nid cynllwynio ymgyrchoedd milwrol o'i glannau oedd unig ymwneud Morys Clynnog a'i gyd-Gymry alltud ag etifeddiaeth eu mamwlad. Mae agwedd lenyddol hollbwysig i'w gweithgarwch hefyd. Gwyddent fod y Protestaniaid yn prysur ddefnyddio'r argraffwasg i gyhoeddi gweithiau crefyddol i'r Cymry yn eu hiaith eu hunain, ond roedd yn anghyfreithlon i'r Catholigion wneud hynny (er bod tystiolaeth bod gwasg argraffu ddirgel wedi bodoli yn Ogof Rhiwledyn ar ben y Gogarth ger Llandudno). Aethant hwythau ati yn yr Eidal, felly, i gynhyrchu 'gwrthwenwyn', chwedl Owen Lewis, i weithgarwch y Protestaniaid. Ym mlynyddoedd cynnar ei arhosiad yn Rhufain roedd Morys Clynnog ei hun wedi cyfieithu gwaith Catholig defosiynol i'r Gymraeg dan y teitl *Athrawaeth Gristnogawl*, gwaith y dangosodd M. Paul Bryant-Quinn ei fod yn un o'r addasiadau cyntaf mewn unrhyw iaith o gatecism Lladin gan Diego de Ledesma.[9] Gan fod enw Morys Clynnog yn absennol o gofnodion yr Ysbyty Seisnig yn Rhufain rhwng Mehefin 1566 ac Ebrill 1568, un awgrym yw ei fod wedi teithio i Milan yn y cyfnod hwn, lle yr hwyliwyd yr *Athrawaeth Gristnogawl* trwy'r wasg yn argraffdy Vincenzo Girardone. Erbyn hynny roedd ei nai a'i gyfaill, Gruffydd Robert, wedi mynd i'r ddinas honno i wasanaethu yn llys yr Archesgob Carlo Borromeo, a cheir rhagair gan Gruffydd i'r *Athrawaeth* lle dywed na allai ar ei galon, o 'weled trysor mor werthfawr yn yr iaith Gymraeg', ond peri ei brintio. Er gwaethaf heriau cludo'r gwaith yn anghyfreithlon i Gymru a'r perygl bywyd wrth geisio'i ddosbarthu ymhlith darllenwyr, mae'n amlwg i gopïau o'r *Athrawaeth Gristnogawl* gyrraedd y Cymry, gan i Brotestant o'r enw Lewis Evans, er enghraifft, ysgrifennu pamffled yn ymateb i'r 'Small Trifling Treatise [...] Written by one Clinnock at Rome, and Printed at Millain, and Lately Spread Secretly Abroad in Wales' yn y flwyddyn 1571. Dagrau pethau yw mai un copi yn unig o *Athrawaeth* Morys Clynnog sydd wedi goroesi hyd ein dyddiau ni, a chedwir hwnnw bellach yn Llyfrgell Newberry yn Chicago.

Nid dyma unig gais y Cymry yn yr Eidal i gynhyrchu llenyddiaeth Gymraeg Gatholig a fyddai'n gwrthweithio effaith cyhoeddiadau Salesbury a'i gyd-Brotestaniaid. Yn 1579 ysgrifennodd Owen Lewis ddau lythyr (*Reg. Lat. 2020, II, 430-1*), yn gofyn i Lyfrgellydd y Pab am gant neu ddau o ddarnau aur tuag at gyhoeddi tri chyfieithiad Cymraeg pellach gan y Cymry yn yr Eidal, sef (i) cyfieithiad o gatecism San Pedr Canisius, *Summa Doctrinae Christianae*; (ii) traethawd 'Ynghylch Unbennaeth Esgob Rhufain'; a (iii) thraethawd 'Ynghylch Sagrafen ac Aberth yr Allor'. Gwaetha'r modd, llythyrau Owen Lewis yw'r unig dystiolaeth sydd gennym o fodolaeth y cyfieithiadau hyn (er bod lle i gredu i'r cyntaf gael ei gyhoeddi maes o law ym Mharis gan Rosier Smyth). Er gwaethaf dylanwad y Cymro o Fôn, rhaid derbyn mai aflwyddiannus fu'r ymdrech i sicrhau'r nawdd a fyddai wedi rhoi bod i weithiau llenyddol Catholig pellach yn y Gymraeg, ac wedi dyfnhau ein dealltwriaeth o gyflawniadau cymuned y Cymry yn yr Eidal.

Serch hynny, saif un gwaith o ansawdd cwbl eithriadol sy'n sicrhau lle anrhydeddus iddynt ym mhantheon llenyddiaeth Gymraeg yr oesoedd. A hwnnw yw Gramadeg Cymraeg Gruffydd Robert y dechreuwyd ei gyhoeddi ym Milan yn 1567, sef yr un flwyddyn ag y cyhoeddwyd *Testament Newydd* William Salesbury.[10] Soniwyd eisoes i Gruffydd Robert, rywbryd ynghanol y 1560au, adael Rhufain a mynd i ddinas Milan i weithio i'r Archesgob Carlo Borromeo, nai ifanc y Pab Pïws IV. Ac yntau'n un o wŷr mwyaf blaenllaw Cyngor Trent, roedd Borromeo'n gryf o blaid cyfuno egwyddorion y Diwygiad Catholig â rhai o egwyddorion y Dadeni Dysg, ac yn hynny o beth roedd yn adlewyrchu awydd y Fatican i gynyddu grym Catholigiaeth trwy gynnwys ynddi ddysg fwyaf blaengar yr oes. Yr Eidal oedd crud y Dadeni, wrth gwrs; roedd ei llysoedd a'i phrifysgolion yn gyrchfan i ddyneiddwyr o Ewrop benbaladr, ac yn ei alltudiaeth yn y wlad honno roedd Gruffydd Robert yn byw ac yn bod yn ddaearyddol agos at olion dysg a chelfyddyd yr hen Rufain.[11] Yn sicr, mae ei ramadeg Cymraeg ysblennydd yn drwm dan ddylanwad syniadau'r Dadeni, ac mae nifer o ysgolheigion wedi nodi ei ddyled i weithiau Eidalaidd o'r cyfnod megis *Prose della volgar lingua* Pietro Bembo (1525) a *De le lettere* Claudio Tolomei (1547).[12]

Yn y gweithiau hyn, fel yng Ngramadeg Cymraeg Gruffydd Robert ei hun, gwelir yr awydd dyneiddiol i gyfoethogi'r iaith gyffredin a'i gwneud yn offeryn cymwys i fynegi dysg. Rhydd y Cymro bwyslais arbennig ar ddadansoddi iaith a'i chyfundrefnu, ar fathu a benthyg geiriau er mwyn cynyddu ei eirfa, ar ddulliau o'i mynegi'n urddasol ac effeithiol, yn ogystal ag ar grefft cerdd dafod. Mae'r iaith Gymraeg yn cael ei chyfosod a'i chymharu ag ieithoedd eraill Ewrop ganddo, a dymuniad dyneiddiol yr awdur drwodd a thro yw dyrchafu ei famiaith yn gydradd â'r ieithoedd modern hynny.

Mae ei weledigaeth yn eglur o'r cychwyn. Yn yr anerchiad i William Herbert, Iarll Penfro ar ddechrau'r gwaith, mae'r Gymraeg yn cael ei phersonoli ganddo. Hynny yw, y Gymraeg ei hun sydd yn siarad, gan gwyno am ei thlodi a'i bod 'heb bris gan neb arnaf trwy dir Cymru, na chwaith ddim gennyf mewn sgrifen a ffrwyth ynddo i hyfforddi mewn dysg a dawn fy ngharedigion bobl'.* Sonia'r Gymraeg wedyn iddi deithio trwy wledydd Ewrop (Sbaen, Ffrainc, Fflandrys a'r Almaen, a thrwy'r Eidal hyd Calabria), gan 'ymofyn ymhob lle am gyflwr, braint a helynt yr ieithoedd sydd tu draw i hynny'. Ac wrth gymharu ei sefyllfa ei hun ag ieithoedd eraill Ewrop, yr iaith ei hun sy'n gofidio bod y Cymry 'mor ddiddarbod amdanaf i'.

Dyfais rethregol a elwir mewn Groeg yn *prosopopoeia* yw'r personoli hwn. Defnyddid hi gan hen awduron clasurol Groeg a Rhufain i atgyfnerthu safbwynt a dylanwadu ar gynulleidfaoedd. Trwy roi nodweddion anthropomorffig i syniadau neu egwyddorion, gallai awduron ddwyn perswâd ar eu cynulleidfaoedd i ystyried rhyw haniaeth neu'i gilydd (cysyniad neu egwyddor, dyweder), mewn modd diriaethol, a thrwy hynny ei dirnad â'r synhwyrau yn ogystal â'i hamgyffred â'r deall. Trwy bersonoli'r

---

* Er cyfleustra, mae orgraff Gruffydd Robert wedi ei diweddaru yn y dyfyniadau a geir yma.

haniaethau gellid uniaethu â nhw fel 'cymeriadau', gan ddilyn eu hynt a'u helynt ar daith benodol, er enghraifft. A dyna'n union a wna Gruffydd Robert. Ar ddechrau ei Ramadeg mae, nid yn unig yn gwahodd ei ddarllenwyr i ddeall cyfyngder yr iaith Gymraeg, ond i gydymdeimlo â hi yn ei thrallod, yn ogystal â dilyn ei phererindod dyneiddiol trwy wledydd eraill Ewrop. Mae'n dechneg drawiadol, a phrin ydyw ymhlith gweithiau llenyddol Cymraeg eraill y cyfnod. Ond roedd bri ar y *prosopopoeia* yn Eidal y Dadeni. Roedd peintwyr Eidalaidd y cyfnod yn ei defnyddio'n gyson, a gellir ei gweld ar waith mewn gweithiau o bwys megis ym murluniau enwog Giotto yng Nghapel y Scrovegni yn Padua, dyweder, neu yn ffresgo Lorenzetti o 'Lywodraeth dda a drwg' y Palazzo Pubblico yn Siena, yn ogystal ag yn 'Rhinweddau' Botticelli yn Fflorens. Roedd Raffael yntau wedi gwneud defnydd helaeth o bersonoli yn ei ffresgos enwog yn y Palas Apostolaidd yn y Fatican, a byddai'r gweithiau hynny yn dal yn drawiadol eu newydd-deb pan gyrhaeddodd Gruffydd Robert yntau Rufain ddechrau'r 1560au. Ac er na ellir profi iddo eu gweld, mae'r defnydd o bersonoli a geir ynddynt yn gyd-destun Eidalaidd dadlennol i'w ddefnydd ef o *prosopopoeia* ar ddechrau ei Ramadeg.

Dyfais glasurol arall a ddefnyddir gan Gruffydd Robert yw dyfais y sgwrs. Ffurf ymddiddan sydd i'r Gramadeg, ac mae sgwrs y ddau Gymro alltud, 'Gr' a 'Mo', am Gymru a'r iaith Gymraeg, fel y'i ceir ynddo, yn digwydd mewn gwinllan Eidalaidd, 'tan frig y gwinwydd'. Yma maent yn hiraethu am eu mamwlad, ac er mwyn 'bwrw'r amser heibio yn ddifyr, ag yn llawen, wrth ochel y tes hirddydd haf', maent yn myfyrio am yr hyn y gellir ei wneud dros Gymru, er eu bod ymhell oddi wrthi. Does dim dwywaith na allai'r sgwrs sy'n sail i'r Gramadeg fod wedi deillio o sgyrsiau go-iawn rhwng Gruffydd ('Gr') ei hun a'i ewythr, Morys Clynnog ('Mo'): mae'n debyg bod gan yr Ysbyty Seisnig ei winllan ei hun ar gyrion Rhufain! Ond mae'r ffurf sgyrsiol hefyd yn gonfensiwn llenyddol arwyddocaol, ac mae sawl beirniad wedi nodi bod yma gysylltiad â gweithiau pwysig eraill o gyfnod y Dadeni, megis *Il Cortegiano* ('Gŵr y Llys') gan Castiglione (1528), gweithiau a ysbrydolwyd yn eu tro gan ddeialogau Socrataidd awduron clasurol fel Plato.

Fel dyfais y *prosopopoeia*, mae dyfais y sgwrs hithau'n fodd o dynnu darllenwyr i mewn i'r gwaith a'u cael i uniaethu â'r syniadau a gyflwynir ynddo, a cheir cyffyrddiadau barddonol a synhwyrus yn y sgwrs sy'n cynyddu'r elfen realaidd ynddi. Yng ngeiriau agoriadol y Gramadeg, sonia 'Gr' a 'Mo' mewn arddull delynegol hyfryd iddynt encilio i'r winllan i gysgodi rhag 'gwres annosbarthus' y dydd. Treuliant gryn dipyn o amser yn disgrifio'r hin a'r amgylchfyd naturiol o'u cwmpas, ac nid mân siarad segur mo hyn. Yma eto, mae cyfatebiaeth rhwng gwaith Gruffydd Robert ac arferion artistiaid gweledol Eidalaidd y cyfnod. Roedd arlunwyr y Dadeni Dysg wedi dechrau darlunio cefndir eu paentiadau gyda gofal a manylder er mwyn rhoi dyfnder a realaeth i'w gwaith, a Brunelleschi ac eraill wedi bod yn defnyddio hyn i ddwysáu'r defnydd o bersbectif yng nghelfyddyd y dydd. Ym Milan ei hun, cartref Gruffydd Robert am fwyafrif ei alltudiaeth, bu dau o brif artistiaid y Dadeni, sef y pensaer Donato Bramante, a 'dyn y Dadeni' ei hun, Leonardo Da Vinci, yn arloesi â'u defnydd o berspectif: yn eglwys Santa Maria presso San Satiro creodd Bramante aps ffug trwy ei ddefnydd cynnar o dechneg *trompe l'oeil*, techneg sy'n seiliedig ar ddealltwriaeth o bersbectif darluniadol. Ac yng ngwasanaeth ei noddwr uchelgeisiol, Ludovico Sforza, Dug Milan, comisiynwyd Da Vinci yntau i beintio murlun 'Y Swper Olaf' yn neuadd fwyta cwfaint newydd Santa Maria delle Grazie, murlun sydd bellach yn fyd-enwog oherwydd ei ddefnydd trawiadol o bersbectif y pwynt diflannol. Trwy ddarlunio'r cefndir yn fanwl, rhoddid dyfnder i ddarlun, chwyddid ei effaith dri-dimensiwn a thrwy hynny cynyddid ei realaeth, er mwyn i'r gynulleidfa uniaethu'n fwy rhwydd â chynnwys y paentiad.

Unwaith eto, er na ellir profi i Gruffydd Robert weld rhai o'r gweithiau hyn, dyma'r amgylchfyd celfyddydol y byddai ef wedi tystio iddo pan oedd yn yr Eidal. Digon yw nodi, efallai, ei fod yntau'n cymryd gofal mawr wrth ddarlunio'r cefndir ar ddechrau ei Ramadeg. Sylwn, er enghraifft, fod elfen weledol gref yng ngeiriau 'Gr' isod, a'r pwyslais ar oleuni'n galw i gof dechneg *chiaroscuro* artistiaid y Dadeni:

> Ond yma, mae cangau a dail a gwinwydd i'n cadw rhag pelydr yr haul, a'r gwynt arafaidd o'r gogledd yn oeri, ag yn difyllu y rhodfa a'r eisteddfa hon, fel na bo cyn flined arnom ganol dydd, ag a fu y dyddiau aeth heibio.

Ceir yr un pwyslais gweledol gan 'Mo' wrth iddo sôn am 'y fangre lle'r ydym', gan gyfeirio at 'y dail gwyrddleision yn gysgod rhag y tes' a'r 'awel hon o'r gogleuwynt yn chwythu tan frig y gwinwydd'. O safbwynt cyfansoddiad yr olygfa, felly, rhydd Gruffydd Robert ffocws arbennig ar leoliad sgwrs 'Gr' a 'Mo', a thrwy hynny, crëir gofod diffiniedig, synhwyrus ar gyfer drama'r ymddiddan. A hynny'n union a wnâi arlunwyr Eidalaidd fel Giotto: yn ei 'Annunciazione' ef, dyweder, gosodir cyfarchiad yr Angel o fewn fframwaith *loggia* fodern er mwyn tynnu'r llygad at ddrama'r digwyddiad ac i ddangos ei arwyddocâd cyfoes. Trwy'r disgrifiadau naturiolaidd, manwl o'r lleoliad, daw sgwrs 'Gr' a 'Mo' hithau yn endid synhwyrus, dramatig, real y gwahoddir y darllenydd i ymwneud gorff ac enaid ag ef.

Trawiadol hefyd, wrth graffu ar leoliad yr ymddiddan, yw sut y mae Gruffydd Robert yn cyfosod y winllan â lleoliad arall, sef y Gymru bellennig yr hiraetha'r ddau sgwrsiwr amdani. Darlunnir honno hefyd â synwyrusrwydd telynegol wrth iddynt gyfeirio'n atgofus at y 'tai gleision hafaidd', at 'lawr dŵr rhedegog mewn glyn ag irgoed', at 'ddyffryn llysieuog', 'ael doldir meillionnog' a 'chadlas o fedw, neu o ynn planedig'. Mae presenoldeb Cymru'n rhan allweddol o gyfansoddiad y darlun, a chrëir perthynas gyfochrog rhyngddi a'r Eidal. Os yw Cymru'n rhagori ar yr Eidal o ran ei hin gymhedrol a hyfrydwch ir ei golygfeydd, nodir yr un pryd ei bod yn eisiau mewn ffyrdd eraill, hynny yw, yn ei gofal am ei mamiaith. O ran hynny, fe awgrymir, yr Eidal sy'n rhagori. Yn nhermau celfyddyd weledol, felly, gellid dweud bod y naill wlad a'r llall yn creu persbectif atmosfferig ar ei gilydd, a hynny oddi mewn i ddimensiwn cymharol, Ewropeaidd y gwaith.

Cynhwysa Gruffydd Robert nodweddion realaidd yn yr ymddiddan er mwyn cynyddu'r elfen realaidd ymhellach, er enghraifft mewn cyffyrddiadau llafar, mewn sangiadau ac ebychiadau ac aralleiriadau, a hefyd yn yr amrywio cyweiriau a geir, yn yr elfen ddychanol a'r hiwmor, ac yn y cyfeiriadau at ddiwylliant a materion cyfoes. Mae'n bwysig nodi mai technegau llenyddol yw'r rhain. Fel yn y disgrifiadau manwl o'r lleoliad cefndirol, maent yn bywiogi'r gwaith ac yn ei wreiddio mewn sefyllfa real, ddramatig, a thrwy hynny yn rhoi ymdeimlad o ffresni a chyfoesedd i'r deunydd crai a drafodir.

O gofio mai bywyd amlieithog oedd bywyd dyddiol Gruffydd Robert yn yr Eidal, ac yntau'n symud rhwng Cymraeg, Saesneg, Lladin ac Eidaleg yn ddyddiol, nid yw'n syndod ei fod yn cyfeirio yn y Gramadeg at gyfieithu fel dull o gyfoethogi'r Gymraeg. Gan bwyso a mesur y dull gorau o 'transladu i'r gymraeg estronawl ieithoedd', rhydd gynnig ei hun ar gyflawni hynny trwy gyfieithu darn o ryddiaith am henaint gan yr areithiwr clasurol, Cicero, *De Senectute*. Cynhwysir hwn yn y Gramadeg fel esiampl y gellid ei hefelychu, yn ymgorfforiad ymarferol o'r egwyddorion a gyflwynwyd. Yn wir, gellid dweud mai dyna yw'r Gramadeg drwyddo draw. Os y myfyriodd Gruffydd Robert yn hir ar gyfansoddiad a chelfyddyd yr iaith Gymraeg, rhoddodd yr adnabyddiaeth honno ar waith yn ymarferol hefyd. Mae ei ddawn ysgrifennu'n gwneud ei ryddiaith ddisglair a chyhyrog yn bleser ei darllen hyd heddiw, fel y gwelir o'r darn canlynol o'r prolog:

> Canys yr ydoedd ganddynt yn eu hiaith eu hunain i gyfeddach ac i ymgynghori â hwynt ramadegwyr celfydd, ymresymwyr ystrywgar, areithwyr ymadroddus, ddadleuwyr parablddoeth, ffilosoffyddion dyfnddysg, feddygon cywrain, gyfreithwyr ardderchog, ddinaswyr pwyllog, ryfelwyr enwog, a gwŷr godidog ymhob celfyddyd, gradd a threigl [...] fel y gallent gael, pan chwenychent, wybodaeth am bob peth a ddymunent, a chlywed dyledus enwau pob cyfryw beth gan bawb yn ei gelfyddyd ei hun. A ninnau sydd heb yr un o'r rhain gennym...

Mae gan Gruffydd Robert feistrolaeth arbennig ar eirfa, cystrawennau, rythm a soniaredd iaith, ac mae perthynas geiriau a chymalau â'i gilydd yn synhwyrus ac ysgogol. Yn wir, mae ei ysgrifennu'n canu yn y glust, ac mae'n bwysig cofio nad i'w darllen yn dawel mewn myfyrgell yn unig y bwriadwyd gweithiau fel y Gramadeg hwn, ond hefyd i'w darllen yn uchel i eraill. Yn ogystal â bod yn waith ysgolheigaidd o bwys, felly, mae'r Gramadeg yn *tour de force* llenyddol, yn glasur o ryddiaith Gymraeg. Ac mae'r elfen gelfyddydol gref sy'n rhedeg trwyddo'n dangos yn eglur nad yr un oedd ei grwsâd ef â gramadegwyr cyfrwng Lladin y cyfnod, megis Siôn Dafydd Rhys neu John Davies, Mallwyd. Os oedd yn annisgwyl, ar yr olwg gyntaf, i Gruffydd Robert ysgrifennu ei Ramadeg yn y Gymraeg, ac yntau'n byw mor bell o Gymru, mae'n bwysig cofio nad at ysgolheigion eraill yn unig yr anelid y gwaith, ond yn hytrach at y Cymry llythrennog (a'u gwrandawyr) yn eu cyfanrwydd. Mae ei apêl yn ehangach nag apêl ysgolheigaidd yn unig, a'i genhadaeth yn amgen. Cofiwn mai cynnyrch un o arweinwyr y Diwygiad Catholig ydyw; ffrwyth llenor a alltudiwyd ar sail egwyddorion cryf. Mae ynddo felly weledigaeth ddiwygiol sy'n ceisio cywiro'r *status quo* yng Nghymru – ac nid dim ond yn ieithyddol. Mae iddo gic grefyddol a gwleidyddol hefyd. Cyfansoddwyd ef, fel petai, ar groes-gongl i realiti gwleidyddol y

Gymru Duduraidd. O reidrwydd, o safbwynt Cymro sydd am dynnu'n groes i wladwriaeth 'Anglia' yr ysgrifennai Gruffydd Robert. Ffrwyth ei ddyheu a'i ddychymyg yw'r Gymru Gymraeg sy'n cael ei harddel ganddo – gwlad sy'n gallu cymryd ei lle'n anrhydeddus yng nghymanwlad ddyneiddiol Ewrop, a gwlad y cred ef sydd 'yn abl i gystadlu â'r rhai gorau' ymysg gwledydd modern eraill.

Nid truth gwleidyddol mo'r Gramadeg, wrth reswm, ond fe'i lluniwyd mewn ymateb i sefyllfa wleidyddol benodol. Cywiriad ydyw: mynegiant o realiti y dyheir amdano ac o ddelfryd ysbrydol sy'n tynnu'n groes i ffeithiau materol, ac mae hyn yn ei wneud yn wahanol i weithiau cyfoedion llenyddol ac ysgolheigaidd Gruffydd Robert yng Nghymru. Yng ngofod dychmygus y Gramadeg, a'i annel ddyheadol, hawdd gweld perthynas rhyngddo a chreadigaethau dychmygus a diwygiol eraill ei gyfnod, gan gynnwys ei ragflaenydd, *Utopia* gan Thomas More (1516), gwaith arall o luniwyd gan awdur mewn alltudiaeth, heb sôn am weithiau diweddarach megis 'Christianopolis' Johann Valentin Andreae (1619) a *New Atlantis* Francis Bacon (1626).

Manteisiodd Gruffydd Robert, felly, ar holl ryddid y llenor i greu ac i arddel delfryd Cymraeg yn y cyfnod heriol hwn wedi'r Deddfau Uno pan oedd hunaniaeth wleidyddol y Cymry yn y fantol. Mae natur arbennig ei Ramadeg yn deillio o'i amgylchiadau personol, yn awdur Catholig alltud yn yr Eidal, ac ni ellir gorbwysleisio'r ffaith na allai'r clasur Cymraeg hwn fod wedi ei lunio yng Nghymru Brotestannaidd Elisabeth I. Mae'n greadigaeth unigryw sy'n haeddu lle o bwys yn hanes ein llenyddiaeth, fel y cydnabu Saunders Lewis pan ddywedodd mai 'prin fod unrhyw lyfr argraffedig arall yn holl lenyddiaeth ein cenedl ni yn bwysicach na'r llyfr hwn.'[13] (Mae'n ddweud go bryfoclyd o gofio iddo gael ei gyhoeddi yn yr un cyfnod â Beibl 1588!)

O gofio mai bychan oedd nifer y Cymry, a'r llawysgrifau Cymraeg, y gallai ymgynghori â nhw yn ei alltudiaeth, mae camp

Gruffydd Robert yn fwy rhyfeddol byth. Ac er na fyddai ei gyd-ddyneiddwyr Protestannaidd wedi cydymdeimlo â'i safbwyntiau crefyddol, roeddent, serch hynny, yn barod i gydnabod mawredd ei gyfraniad fel ysgolhaig a llenor. Yn ôl y Protestant, Maurice Kyffin, er enghraifft, roedd 'yn ddarn o waith dysgedig yng nghelfyddyd gramadeg, mor buraidd, mor lathraidd, ag mor odidog ei ymadroddiad, na ellir dymuno dim perffeithiach yn hynny o beth', a thalodd y meddyg, Siôn Dafydd Rhys, wrogaeth iddo yn ei ragarweiniad hir a lliwgar i'w ramadeg Cymraeg-Lladin ei hun, gan alw Gruffydd Robert yn 'bendefig mawrddysgedig' a'i Ramadeg 'y llyfr gorau a wnaethpwyd erioed yn y Gymraeg'.[14] Ac mae'n arwyddocaol mai perchennog y copi ohono a geir yn Llyfrgell Genedlaethol Cymru oedd John Dee, seryddwr Elisabeth I.

Pytiog yw'r wybodaeth am Gruffydd Robert ym mlynyddoedd olaf ei fywyd. Gwyddom iddo ysgrifennu llythyr at ei gyfaill, Rhosier Smyth a drigai ym Mharis, yn 1596 (neu cyn hynny), yn sôn am fwriad i anfon llyfrau ato, ond tywyll yw gweddill hanes y gŵr na wyddom pryd y bu farw na pha le y cafodd ei gladdu yn y ddinas y daethom i gysylltu ei enw â hi am byth. Er hynny, mae ei ramadeg blaengar ac arloesol, a'i ryddiaith ragorol, yn gofeb anrhydeddus a pharhaol iddo. Yn yr un modd, trist o aneglur yw amgylchiadau olaf ei ewythr, Morys Clynnog. Er ei holl ddyheu a'i holl hiraethu am ei famwlad, marw'n alltud fu ei hanes yntau. Gwyddom o lythyrau Eidaleg a ysgrifennodd Thomas Goldwell o ddinas Reims yn ystod haf 1580 bod nifer o alltudion yn ceisio dychwelyd yn ddirgel i Brydain yn y blynyddoedd hynny, ac mewn dogfen o eiddo gŵr o'r enw Robert Parsons (*Vat. Lat. 3494*), adroddir bod Morys Clynnog wedi bod yn hwylio o Ffrainc i gyfeiriad Sbaen yn ystod gaeaf 1580-1, gyda'i fryd, gellir tybio, ar ddychwelyd i'w famwlad, ond iddo foddi, yn drist iawn, 'in mare Britannicum'.

Am Owen Lewis o Fôn, derbyniodd ef maes o law swydd bwysig Ysgrifennydd yr Esgobion yn y Fatican, a daeth yn asiant i Mari,

Brenhines yr Alban. Fe'i dyrchafwyd yn Esgob Cassano (yn nheyrnas Napoli) ym mlwyddyn cyhoeddi Beibl William Salesbury a William Morgan yn 1588, a bu'n brysur â'i waith eglwysig am weddill ei fywyd. Ym mis Mehefin 1591 fe'i hetholwyd yn llysgennad y Pab yn y Swistir, a bu sôn am ei ddyrchafu'n Gardinal ar derfyn ei fywyd, ond bu farw Owen Lewis cyn i hynny ddigwydd, ar 14 Hydref 1595. Ac yn y Coleg Seisnig (o bob man), codwyd cofeb i'r Monwysyn hwn na chafodd hyd yn hyn, yng ngeiriau R. Geraint Gruffydd, 'na chofiant cyflawn, na dehongliad cwbl foddhaol ar ei yrfa liwgar ac enigmatig'.

Gyda marwolaethau Morys Clynnog, Gruffydd Robert ac Owen Lewis fe gollodd y Cymry yn yr Eidal eu dynameg Gymreig. Dychwelodd rhai o'r Cymry alltud, megis Morgan Clynnog, i'w mamwlad yn y dirgel, yn offeiriaid Reciwsantaidd. Treuliodd eraill fel Rhosier Smyth, Hugh Griffith a Robert Owen weddill eu bywydau ar y cyfandir. Fodd bynnag, mae'n glir nad troednodyn yn hanes llenyddiaeth y Gymraeg mo weithgarwch Catholigion Cymreig alltud oes Elisabeth I, ac yn sicr, ni ddylid anwybyddu eu gwaddol ar draul cyflawniadau mwy 'tyngedfennol' y dyneiddwyr Protestannaidd. Fel y soniwyd ar ddechrau'r ysgrif hon, barn sydd wedi ei seilio ar ddarlleniad Protestannaidd o hanes Cymru (a'i llenyddiaeth) yw honno. Gobeithio bod yr ysgrif hon wedi dangos, i'r gwrthwyneb, bod hanes y Catholigion Cymreig yn cynnig dehongliad gwahanol i ni o ymateb y Cymry i gyfnewidiadau gwleidyddol a chrefyddol ysgubol yr unfed ganrif ar bymtheg. Ac os barnwyd eu dyheadau 'iwtopaidd' (a benthyg geirfa Thomas More), yn fethiant gwleidyddol a chrefyddol, yna barn hanesydd yw honno – neu o leiaf farn sy'n dibynnu ar yr argyhoeddiad mai yn ôl dylanwad, yn hytrach na champ, y mae mesur llwyddiant. O dafoli cyflawniad y Cymry yn yr Eidal mewn termau llenyddol, yn annibynnol ar felin-dreiglo amseryddol yr hanesydd, gellid dadlau iddynt – a Gruffydd Robert yn flaenaf yn eu plith – lwyddo i wireddu trwy ddychmygu. Ar yr union adeg pan lyncwyd hunaniaeth wleidyddol y Cymry gan Loegr Duduraidd, aethant ati i ddychmygu Cymru amgen, a honno wedi ei hysbrydoli gan werthfawrogiad o dreftadaeth y gorffennol ac argyhoeddiad o bosibiliadau'r dyfodol. Yn yr Eidal bell, defnyddiodd y Cymry hyn yr iaith Gymraeg yn sail huawdl a grymus i ddechrau adeiladu gwlad fodern a allai, trwy ewyllys a nodded, gymryd ei lle yn anrhydeddus ochr yn ochr â chenhedloedd eraill Ewrop.

---

[1] Ceir y crynodeb gorau o hanes bywyd Morys Clynnog gan Geraint Bowen yn 'Morys Clynnog (1525-1580/1)', *Trafodion Cymdeithas Hanes Sir Gaernarfon* (1966), 72-97.

[2] Golygwyd a chyfieithwyd y llythyr hwn gan T. J. Hopkins a Geraint Bowen yn 'Llythyr Morys Clynnog at y Cardinal Morone, 1561', *Cylchgrawn Llyfrgell Genedlaethol Cymru*, Cyfrol XIV, rhif 4 (Gaeaf 1956), 497-501.

[3] M. Paul Bryant-Quinn, 'Dyddiadau a Chefndir Gruffydd Robert, Milan: Gwybodaeth Newydd', *Cylchgrawn Hanes Cymru / Welsh History Review*, 29/4 (2019), 532–61.

[4] D. Tecwyn Lloyd, 'Alltudion o Gymru yn Rhufain', *Ysgrifau Catholig*, I (1961), 24.

[5] Mae holl hanes y gwrthdaro wedi'i gofnodi mewn dwy erthygl sylweddol yng nghylchgrawn y Coleg Seisnig, *The Venerabile*. Gweler (i) Anthony Kenny, 'From Hospice to College', *The Venerabile*, XX (Tachwedd 1961), 171-196; a (ii) Godfrey Anstruther, 'Owen Lewis', *The Venerabile*, XXI (Mai 1962), 274-294.

[6] R. Geraint Gruffydd, 'Dau Lythyr gan Owen Lewis', *Llên Cymru*, ii (1952-53), 45.

[7] Thomas Jones, gol., *Rhyddiaith Gymraeg. Yr Ail Gyfrol: Detholion o Lawysgrifau a Llyfrau Printiedig 1547-1618* (Gwasg Prifysgol Cymru, 1956), 23-4.

[8] T. J. Hopkins a Geraint Bowen, 'Memorandwm Morys Clynnog at y Pab, Gregori XIII yn 1575', *Cylchgrawn Llyfrgell Genedlaethol Cymru*, XIV, 1-34.

[9] M. Paul Bryant-Quinn, *'Cymaint Serch i Gymru': Gruffydd Robert, Morys Clynnog a'r Athrawaeth Gristnogawl (1568)*, (Canolfan Uwchefrydiau Cymreig a Cheltaidd Prifysgol Cymru, 1998).

[10] G. J. Williams, gol., *Gramadeg Cymraeg Gruffydd Robert* (Gwasg Prifysgol Cymru, 1939).

[11] Gweler Ceri Davies, 'Dyneiddwyr Cymru ac Ewrop', *Cof Cenedl VII*, gol. Geraint Jenkins (Gomer, 1992), 39.

[12] T. Gwynfor Griffith, *Avventure linguistiche del Cinquecento* (Le Monnier, 1961) ac 'Italian humanism and Welsh prose', *Yorkshire Celtic Studies*, vi, 1–26; a Heledd Hayes, 'Claudio Tolomei: A major influence on Gruffydd Robert', *The Modern Language Review*, cyf. 83, rhif 1 (Ionawr 1988), 56-66.

[13] Saunders Lewis, 'Gruffydd Robert', *Ysgrifau Dydd Mercher* (Gomer, 1945), 56.

[14] Garfield H. Hughes, gol., *Rhagymadroddion 1547-1659* (Gwasg Prifysgol Cymru, 1976). Daw'r dyfyniad o eiriau Maurice Kyffin o dudalen 92 a'r dyfyniad o eiriau Siôn Dafydd Rhys o dudalen 69.

Taith ar yr Orient Express:

Cymro, Bwlgariad a'r 'pared rhwng y ddeulanc'

'Rhyw feddwl' yr oedd T. H. Parry-Williams, mewn ysgrif o'r enw 'Borshiloff' yn 1946, y buasai ef 'yn hoffi mynd am drip ar y trên dwyreiniog hwnnw', wedi iddo ddarllen nodyn yn y papur newydd am ailgychwyn gwasanaeth yr Orient Express wedi'r Ail Ryfel Byd.[1] Roedd y rhyfel wedi rhoi stop am gyfnod ar y trên moethus a deithiai ar draws cyfandir Ewrop rhwng Paris ac Istanbwl, ond yn 1946, a'r trên ar fin ailafael yn ei deithiau tua dwyrain Ewrop, denwyd Parry-Williams gan y posibiliadau crwydrol a gynigiai. Yn hynny o beth, cydiai mewn traddodiad anrhydeddus. Ers ei daith gyntaf yn 1883 mae'r Orient Express wedi ysbrydoli llu o lenorion ac artistiaid, yn fwyaf adnabyddus, efallai, nofel Agatha Christie, *Murder on the Orient Express* (1934), sydd wedi'i throsi'n sawl ffilm. Mae'r trên wedi serennu mewn llu o lyfrau a straeon eraill hefyd, ynghyd â rhaglenni teledu a ffilmiau (o ffilm James Bond i *102 Dalmatians*), cerddoriaeth bop a chlasurol, a hyd yn oed gemau cyfrifiadurol. Yn wir, mae'r Orient Express bellach yn destun sawl cofiant, gan gynnwys *The Life and Times of the World's Most Famous Train* (1978) gan E. H. Cookridge.

O gofio bod gan T. H. Parry-Williams, 'ddagrau i enwau'r byd', fel y mynegodd yn ei gerdd, 'Santa Fe', nid syndod yw clywed i'r trên a gysylltai enwau rhamantus dinasoedd Ewrop megis Fienna, Bwdapest a Bwcharest ddal ei sylw. Ac roedd yntau'n grwydrwr o fri. Bu ar deithiau anturus i Dde America ugain mlynedd ynghynt yn 1925 ac yna i Ogledd America ddeng mlynedd wedyn, a diau ei fod yn teimlo erbyn 1946, wedi blynyddoedd caethiwus y rhyfel, ei bod yn bryd anturio eto.

Ond peri iddo grwydro at ei orffennol a wna darllen am yr Orient Express yn y lle cyntaf. Yn yr ysgrif dan sylw, felly, dechreua T. H. Parry-Williams hel atgofion am ei gyfnod yn fyfyriwr ym Mhrifysgol Freiburg yn yr Almaen rhwng 1911 ac 1913. Ac enw un dyn yn benodol sydd ar flaen ei feddwl, sef yr enw sy'n rhoi teitl mor drawiadol i'r ysgrif, 'Borshiloff'.

Bwlgariad oedd Borshiloff, ac yntau'n fyfyriwr yn Freiburg yr un pryd â Parry-Williams. Yn wir, cydletyent yn yr un tŷ, a gwnaeth y Bwlgariad argraff ddofn a pharhaol ar y Cymro o Ryd-ddu. Wrth ddarllen am ailgychwyn rhedeg yr Orient Express dros ddeng mlynedd ar hugain yn ddiweddarach, felly, awydd cyntaf T. H. Parry-Williams yw dal y trên 'a galw yn Sofia ar y ffordd, i holi hynt Borshiloff'.

Ond cyn i ninnau lamu ar fwrdd y trên a dilyn Parry-Williams ar ei grwydriadau i brifddinas Bwlgaria, gadewch inni fynd ar wibdaith fer arall yn gyntaf, a honno'n cymryd enw – yn hytrach na llwybr yr Orient Express – yn fan cychwyn. Pan oeddwn innau'n fyfyrwraig dros ddeng mlynedd ar hugain yn ôl, cefais fy ysbrydoli gan gyfrol arbennig a oedd yn dwyn yr enw *Orientalism*,[2] cyfrol a gyhoeddwyd yn wreiddiol yn 1978 ond a oedd yn dal i fod â lle blaenllaw mewn trafodaethau llenyddol yn ystod y 1990au. Hon oedd cyfrol fwyaf dylanwadol yr ysgolhaig o Balesteina, Edward W. Said (1935-2003), gŵr a fu'n Athro ym Mhrifysgol Columbia yn yr Unol Daleithiau, a gydsefydlodd gerddorfa Israelaidd-Balesteinaidd y West-Eastern Divan gyda'i gyfaill Iddewig, Daniel Barenboim, ac a oedd yn un o ladmeryddion enwocaf achos y Palestiniaid yn fyd-eang.

Yn ei weithiau ysgolheigaidd yn gyffredinol pwysleisiai Said y syniad bod gwleidyddiaeth yn rhan ganolog o holl weithgarwch dynoliaeth, gan gynnwys llenyddiaeth ac ysgolheictod. Yn y gyfrol *Orientalism* yn benodol dadleuodd yn groyw a chofiadwy mai syniad gwleidyddol-ddiwylliannol a grëwyd gan y gorllewin oedd 'y dwyrain' a'i fod yn deillio o berthynas imperialaidd anghytbwys. Ym marn Said, roedd holl sefydliadau'r gorllewin – yn egwyddorion economaidd a chymdeithasol, yn greadigaethau diwylliannol ac yn sefydliadau addysgol – yn rhwym yn y broses o hyrwyddo rhagfarnau hiliol y gorllewin yn erbyn y dwyrain. Crynhodd brif nodweddion yr Orientaliaeth hollbresennol hon fel a ganlyn:

> It is [...] a *distribution* of geopolitical awareness into aesthetic, scholarly, economic, sociological, historical and philological texts; it is an *elaboration* not only of a basic geographical distinction (the world is made up of two unequal halves, Orient and Occident) but also of a whole series of 'interests' which, by such means as scholarly discovery, philological reconstruction, psychological analysis, landscape and sociological description, it not only creates but also maintains. (12)

Ym marn Said, felly, nid oedd a wnelo Orientaliaeth – sef darluniau gorllewinol o'r 'dwyrain' – ddim oll â'r dwyrain go-iawn. Llurguniad ydoedd, cocyn gwellt y gallai'r gorllewin ei ddiffinio ei hunan yn ei erbyn. Ac yn y broses o gamgynrychioli yr arall, siaradai'r gorllewin o safle o fraint a thrahâ *ar draws* ac *ar ran* y dwyrain. Meddai ef:

> Orientalism is premised upon exteriority, that is, on the fact that the Orientalist, poet or scholar, makes the Orient speak, describes the Orient, renders its mysteries plain for and to the West. He is never concerned with the Orient except as the first cause of what he says. (20-1)

Defnyddiodd Edward Said y syniad hwn i ailddarllen rhai o weithiau canonaidd Ewrop ac America, rhai ffeithiol yn ogystal â dychmygol, a'u hailasesu yn gynnyrch Orientaliaeth a oedd wedi ei gwreiddio mor ddwfn yn ein diwylliant fel na sylwem arni:

> My analysis of the Orientalist text therefore places emphasis on the evidence, which is by no means invisible, for such representations as representations, not as 'natural' depictions of the Orient. This evidence is found just as prominently in the so-called truthful text (histories, philological analyses, political treatises) as in the avowedly artistic (i.e. openly imaginative) text. (21)

Trwy brocio, dadansoddi a chynnig ailddarlleniadau treiddgar, dangosodd Said sut y camgynrychiolid y dwyrain yn y testunau parchedig hyn, a bod hynny'n adlewyrchu ideolegau trefedigaethol, gan atgyfnerthu'r berthynas anghyfartal a fodolai eisoes rhwng y gorllewin a'r dwyrain. Ymhlith y priodweddau honedig Orientalaidd y sylwodd arnynt yr oedd yr ecsotig, yr anrhesymegol, y rhamantus, y creulon a'r di-hid. A dangosodd Said dro ar ôl tro sut y cysylltid 'y dwyreinwyr' fel hiliogaeth (boed o Asia, y Dwyrain Canol neu Ogledd Affrica), â nodweddion fel diogi, synwyrusrwydd, anghyfrifoldeb, cnawdolrwydd, plentyneiddiwch a chyfriniaeth. Dull gwleidyddol oedd hwn, meddai, o fychanu cyfran helaeth o boblogaeth y byd, a thrwy hynny ei rheoli ac, yn wir, ei dirymu.

Er bod cyfrol Said wedi hen ennill ei phlwyf erbyn i mi ddod ar ei thraws yn fyfyriwr, roedd ei syniadau canolog, a'r dulliau a ddefnyddiai i ailddehongli ac aildafoli clasuron llenyddol, yn newydd i mi ac yn cynnig posibiliadau cynhyrfus. Gwerthfawrogwn weledigaeth wleidyddol Said. Ond yn fwy na hynny teimlwn hefyd fod yma gynsail ar gyfer ailddarlleniadau tebyg a allai dynnu sylw at arallu carfanau eraill mewn llenyddiaeth, megis y pobloedd Celtaidd, dyweder, neu ferched (hanner y ddynoliaeth). Cynyddodd yr ymdeimlad o gyffro wrth i mi yn raddol ddod ar draws gweithiau beirniaid eraill ym maes ffeminyddiaeth ac ôl-drefedigaethedd a wnâi waith tebyg i Said, ac wrth imi ddysgu mwy am ddulliau o 'ddadadeiladu' testunau llenyddol i ddatgelu eu tueddiadau a'u rhagfarnau – boed ymwybodol neu beidio.

Ond gydag *Orientalism* y dechreuodd y cyfan. Ac wrth weld T. H. Parry-Williams yn crybwyll enw'r Orient Express ar ddechrau ei ysgrif, 'Borshiloff', aeth fy meddwl yn syth yn ôl at ganfyddiadau cyfrol arloesol Said. A dyna pryd y lloriwyd fi gan siom. Wrth ddarllen 'Borshiloff' deuthum yn raddol i sylweddoli bod darlun Parry-Williams o'i gyfaill Bwlgaraidd yn glynu'n agos at lawer o'r ystrydebau Orientalaidd a nodwyd gan Said. Dadrithiad chwerw oedd sylweddoli bod y cydletywr dengar a ddarluniwyd gan un o fy hoff lenorion Cymraeg, nid yn unig yn ddiog a synhwyrus, ond hefyd yn anghyfrifol, yn gnawdol, yn blentynnaidd ac yn llawn o ryw ddirgelwch cyfrin. Roedd Borshiloff yn greadigaeth Orientalaidd ronc, a T. H. Parry-Williams, nid yn unig yn arddel yr un rhagfarnau bychanol at y dwyreiniwr ag y soniodd Said amdanynt, ond hefyd, trwy ei waith creadigol, yn elwa arnynt yn gelfyddydol. Yn wir, trwy ei gelfyddyd, roedd yn eu grymuso.

Prin y gallwn gredu'r peth. Ond roedd y dystiolaeth yno ar ddu a gwyn. O'r dechrau cyntaf gwelir y rhagfarnau ar waith. Dyna'r brawddegau agoriadol hynny, er enghraifft, pan grybwyllir enw Borshiloff gyntaf oll. Mewn darn grymus o ryddiaith rethregol, yr hyn a wna Parry-Williams wrth agor ei ysgrif yw pwysleisio'i ddieithrwch, gan gryfhau yr un pryd ein rhagdybiaethau diwylliannol wrth ddod wyneb yn wyneb ag enw mor ecsotig. Gan ddyfynnu'r cyflwyniad cyntaf hwnnw lle mae'r broses o arallu'n dechrau:

> Bwlgariad oedd Borshiloff [...]. Hynyna o eglurhad ar unwaith, rhag i neb dybied fy mod yn mynd i sôn am rai agweddau ar ddiwinyddiaeth rhyw gyfandirwr a gafodd dermau newydd ar hen athrawiaethau, neu am ryw athronydd estron a ddarganfu enw newydd ar yr Anwybod Mawr, neu am ryw gomed o fardd tramor a gyfrifir – am ychydig gan ychydig – yn bencampwr uwchlaw pawb arall, neu am ryw gadfridog aliwn ac anghyfraith a goruwchddynol a ymenwogodd drwy achosi mwy o lanastr ac o alanastra buddugoliaethus na'r gweddill o'i wehelyth, neu am gyfarwyddwr ffilmiau a...; ond dyna ni'n ddigon clir bellach ar y pwynt yna. (11)

Hyd yn oed cyn inni gyfarfod Borshiloff, y dyn, mae Parry-Williams yn prysur bwysleisio ei arwahanrwydd trwy eiriau fel 'cyfandirwr', 'estron', 'tramor', 'aliwn ac anghyfraith', a hyd yn oed 'goruwchddynol' a 'wehelyth'. Ac wrth i bob un o'r awgrymiadau hyn ynghylch perchennog yr enw dieithr gael ei nacáu, cynyddir y dirgelwch sydd ynglŷn ag ef.

Dim ond yn nhrydydd paragraff yr ysgrif yr ymrithia'r Borshiloff go-iawn i'r blaendir. Ond hyd yn oed wedyn mae'r disgrifiad corfforol ohono a gawn gan Parry-Williams yn atgyfnerthu'r ymdeimlad cychwynnol. 'Gŵr ifanc barfog a mwstasiog ydoedd,' meddir, 'gyda gwallt a llygaid duon', ac i danlinellu'r olwg ecsotig sydd arno defnyddir gair benthyg o'r Ffrangeg i gyfleu rhyw ddengarwch balch ac arwynebol: 'Tipyn o *élégant*' ydoedd, esbonnir wrthym. Â'r awdur yn ei flaen wedyn i gyfleu natur ddiog, anghyfrifol a dipyn yn ddi-hid y Bwlgariad. Clywn ei fod yn siarad Almaeneg sydd 'yn slanglyd ar dro', ac mae'n 'gwneud sbort am ben ei gwrs addysg' (hyn oll ar y dudalen gyntaf). Ymhellach: dywedir wrthym fod Borshiloff 'ymhell ar ôl' gyda'i thesis ym maes y gyfraith. Mae iddo natur braidd yn anwadal ac anymroddedig, ac ar ôl iddo grwydro o brifysgol i brifysgol esbonnir wrthym mai'r rheswm y daeth i dawelwch cymharol Prifysgol Freiburg yn ardal y Fforest Ddu oedd i geisio 'magu digon o ddiwydrwydd i ennill ei *Diplom*'. Pan gyflawnid hynny, eglurir wedyn, câi Borshiloff fynd adref i Sofia 'lle'r oedd ei dad yn ŵr amlwg yn y gyfraith' – awgrym clir o nepotistiaeth, ac y byddai swydd gyfleus yn barod iddo pan ddychwelai adref, er gwaethaf ei holl afradlonedd.

Wrth ddarllen ymlaen cawn ar ddeall mai'r hyn sy'n gyfrifol am arafwch Borshiloff â'i astudiaethau prifysgol yw ei natur synhwyrus (sef un o nodweddion canolog portreadau Orientalaidd o'r dwyreiniwr, ym marn Edward Said). Mynega Parry-Williams y synwyrusrwydd hwnnw'n fwyaf trawiadol trwy ddelwedd y mandolin sy'n ymddangos fwy nag unwaith yn yr ysgrif. Wrth i'r Cymro orwedd am y pared â'i gydletywr yn hwyr y nos, mae'n gwrando'n 'synfreuddwydiol' ar y nodau 'hiraethus a lleddf' a ddaw iddo wrth i'r Bwlgariad 'thrymio tiwn' ar yr offeryn tramorol. Ac yn union wedyn, fel pe i awgrymu cysylltiad â'r mandolin, sonnir wrthym am natur bechadurus Borshiloff.

Fodd bynnag, nid ymddengys fod Borshiloff yn euog o unrhyw bechod penodol. Nid yw'n 'gythraul cas', meddir. Ac nid yw ychwaith yn '[d]wyllwr nac enllibiwr na chybydd'. Nid 'rhyferthwy cythreuldeb' sydd ynddo, meddir wrthym wedyn, ond 'pechadurusrwydd mwyn'. Yn wir, mae gan y Bwlgariad rinweddau amlwg ar yr wyneb, rhai a restrir yn ormodieithol trwy dri ansoddair yn y radd eithaf, ac yntau y 'clenia'n fyw a'r mwyaf llednais a llariaidd dan haul'. Serch hynny, nodir yn ddiamwys ei fod yn 'bechadur mawr'. Nid yn unig hynny. Eir ymhellach. Er mai gŵr ifanc o ran oedran ydyw, eglura Parry-Williams wrthym fod Borshiloff yn 'hen bechadur' (12). Hynny yw, mae ei bechod yn mynd y tu hwnt i'w fodolaeth unigol. Mae'n gynhenid iddo. Pechadurusrwydd ei hil ydyw. Ac er mwyn gwneud hynny'n gwbl eglur, darllenwn mai gwraidd ei bechod yw ei synwyrusrwydd cnawdol, nodwedd a gyferbynnir yn agored ag ymarweddiad y 'llanc digon ofnus ei ysbryd' o Gymru sy'n cydletya ag ef, llanc y mae ei 'ymarweddiad yn ddigon difeius ar y cyfan' (13).

Eir ati wedyn i ymhelaethu'n frwd ar synwyrusrwydd cyngreddfol y dwyreiniwr, Borshiloff. Nodir ei fod yn 'gwario'i ieuenctid i ofera'n foethus, i afradloni'n hapus ac i ymostwng i holl ddeniadau cnawd a byd'. Ac nid yw, meddir, yn 'ymesgusodi' am ei afradlonedd, nac yn 'crugo dim na byddai wedi bod yn fwy ystig ac ymroddgar' gyda'i astudiaethau. Yn hytrach, mae ei synwyrusrwydd yn fath o blentyneiddiwch greddfol a digywilydd: 'Felly'r oedd-hi ac felly mynnai ef iddi fod.' A chrynhoir holl ymarweddiad diofal Borshiloff trwy dadogi arno gwpled gwirebol: 'Cymryd ei siawns a dawnsio / Cymryd y byd fel y bo.' I gloi, er mwyn darlunio'i ddiffyg crefyddolder, dywedir yn blaen 'mai trindod ei addoliad ef oedd *Wein, Weib, und Gesang*, sef Gwin, Geneth a Chân'.

Creadur pur fydol yw'r Bwlgariad, felly, yn un a allai, o adael iddo, arwain y diniweityn ifanc o Ryd-ddu i golledigaeth lwyr.

Wrth i'r ysgrif fynd yn ei blaen, daw'n gynyddol amlwg nad yno i'w gynrychioli ei hun y mae Borshiloff, ond yn hytrach y dwyrain yn ei gyfanrwydd. Yn wir, mae Parry-Williams fel petai'n annog y darlleniad hwnnw. Cofiwn, er enghraifft, mai trên 'dwyreiniog' yr Orient Express sy'n peri iddo hel atgofion am y Bwlgariad yn y lle cyntaf (11), ac yn nes ymlaen pwysleisir bod Borshiloff yn hanu 'o ororau'r dwyrain agos' (14). A sylweddolwn yn raddol mai swyddogaeth yr elfen 'ddwyreiniol' hon a ymgorfforir gan Borshiloff yw bod yn fodd i wir arwr yr ysgrif ei ddiffinio ei hun trwy gyferbyniad, sef yr awdur 'gorllewinol' o Gymro. Yn wir, darlunia Parry-Williams ei hun yn agored yn y termau hynny, yn 'llanc o'r mynyddoedd a oedd yng ngolwg Môr Iwerydd', ac yn 'ŵr ifanc encilgar a myfyriol, a'i isfeddyliau ddydd a nos yn ymgrynhoi o gylch ei fro fach yn y gorllewin' (13). Pan drafodir y pared sydd rhwng y ddeulanc yn eu llety yn Freiburg, 'fel rhyw ffin sylweddol rhwng gorllewin a dwyrain' (13) y disgrifir y pared hwnnw. Ac er mwyn gwneud y rhaniad daearyddol yn gwbl eglur, ymhelaetha Parry-Williams ar y ffaith fod y ffin ddaearyddol hefyd yn cynrychioli byd o wahaniaeth o ran ysbryd ac anian (heb sôn am ddiwylliant a hanes):

> Dau fyfyriwr oeddem, fel petai, mewn mwy nag un ystyr; a'n myfyrdodau oedd prif 'ganolfur y gwahaniaeth' rhyngom. [...] Er mor gyfagos oeddem, yr oeddem ar wahân ac yn wahanol. (14)

Ar ddiwedd yr ysgrif, wrth i Parry-Williams grybwyll unwaith eto sŵn mandolin Borshiloff yn torri ar draws y nos yn Freiburg, tra bo'r ddau fyfyriwr yn eu priod ystafelloedd yn hiraethu am adref, canolbwyntir unwaith yn rhagor ar y rhaniad rhwng dwyrain a gorllewin, pan ddywed fod 'y naill ohonom am ehedeg yn ôl tua'r dwyrain, a'r llall yn ôl tua'r gorllewin, at ei briod bobl a'i bethau' (16).

Mae'n amlwg, felly, bod deuoliaeth y gorllewin a'r dwyrain yn thema ganolog yn yr ysgrif, gyda Parry-Williams yn cynrychioli'r naill ochr a Borshiloff yn cynrychioli'r llall. Ond nid perthynas gytbwys sydd rhyngddynt. O bersbectif y gorllewinwr y darlunnir y dwyreiniwr, wedi'r cwbl, ac mae'r ystrydebau Orientalaidd grymus a ddefnyddir yn rheoli ac yn cyfyngu'r darlun hwnnw, gan ei wneud yn iswasanaethgar i amcan fwy cyffredinol yr awdur, sef ei bortreadu ei hun yn ei holl gymhlethdod. Cynrychioli'r pegwn arall i brofiad a phersonoliaeth yr awdur yw swyddogaeth ddwyreiniol Borshiloff. Yng ngeiriau Said a ddyfynnwyd yn gynharach: 'He [yr awdur gorllewinol] is never concerned with the Orient except as the first cause of what he says.'

Gwelir hynny ar waith droeon yn yr ysgrif, wrth i synwyrusrwydd bydol y Bwlgariad gael ei gyferbynnu ag ofnusrwydd goddefol y Cymro. Wrth i'r ddau ddod wyneb yn wyneb â'i gilydd yn y lletty, wedi i 'gong pryd-bwyd canol-dydd a'r hwyrbryd' ganu, clywn y byddai'r 'olwg honno' ar Borshiloff yn lled-ddychryn Parry-Williams, wrth i'r Bwlgariad 'ysgafn-anwylo'i fwstás, ei ddannedd yn fflachio'n wyn, y llygaid yn fwy na llydan-agored a'i air cyfarch yn foneddigaidd felys ar ei fin'. Er gwaethaf 'sirioldeb ysgafala' Borshiloff, cyffesa Parry-Williams fod arno 'hanner ofn yr wyneb hwnnw', a'i fod yn 'ofnus-eiddigus' wrth synio am 'ehangder profiad cyfoethog' ei gydfyfyriwr, er eu bod yr un oed. Mae fel petai'r naill, y dwyreiniwr, yn destun sydd eisoes wedi ei ysgrifennu'n llwyr, tra bo'r llall, y gorllewinwr, megis dalen lân. Tra bo 'direidi' ac 'afradlonedd' y dwyreiniwr yn 'hen', noda Parry-Williams mai 'baban oeddwn i' (14-15).

Ymgorffora Borshiloff yr arall na all Parry-Williams ganiatáu iddo'i hun fod. Ac ar anterth ei ymwneud â'r gŵr o ddwyrain Ewrop, ceir y disgrifiad hwn o Borshiloff sydd fel petai'n ymgorfforiad o *Orientalism* Edward Said:

Sut bynnag, yr oedd ei wyneb dengar ef, yn yr holl arweddau arno, yn ystod y cyfarfyddiadau sydyn ac ysbeidiol hynny yn amlygiadau clir o hen ddireidi ac afradlonedd, o hen ofera a ffolineb, yn ddiedifar a dibenyd – a'r holl weithgareddau masweddol hyn wedi eu cywasgu'n gryno-gynhyrfus o fewn cwmpas ychydig flynyddoedd ifainc mewn gwlad estron. (15)

Does dim dwywaith nad oes elfen o eiddigedd yn ymateb y Cymro piwritanaidd i synwyrusrwydd dibryder y dwyreiniwr. Serch hynny, fe geir moeswers derfynol. Ar ddiwedd yr ysgrif, ni all Parry-Williams ymatal rhag barnu ymddygiad afradlon ac anghyfrifol Borshiloff mewn termau moesol, a hynny pan awgryma y byddai 'moesolwr craff' yn gweld ar wegil y Bwlgariad olion 'o flino a syrffedu ar "eilunod gwael y llawr", o edifeirwch ac ymostyngiad'. Yn fwy penodol, gwêl arwyddion o 'geisio cefnu ar rywbeth' ar ei war, ac nid yw'r ychwanegiad ffug-ostyngedig – 'fy nychymyg i ond odid' – sef un o driciau rhethregol cyfarwydd Parry-Williams, yn mennu dim ar awdurdod y casgliad moesol (16). Mae'r gorllewinwr wedi dehongli corff a moes y dwyreiniwr yn ôl ei werthoedd ei hun – ac yn ei gael yn brin. Roedd Edward Said yn llygad ei le. P'un a yw'r llurguniad yn ymwybodol ai peidio, rhaid derbyn bod rhagfarnau dwfn ar waith yn y modd y mae'r ysgrif, 'Borshiloff', yn dirnad ac yn mynegi perthynas y dwyrain a'r gorllewin.

Un nodyn wrth-fynd-heibio i gloi: hynod ddiddorol, yng nghyd-destun cefndir yr ysgrif, yw nodi bod Said yn trafod ffiloleg, gwyddor tarddiad ieithoedd, yn faes canolog i dwf Orientaliaeth: 'Almost without exception,' ysgrifennodd, 'every Orientalist began his career as a philologist.' (98) Hynny yw, ers ei dechreuadau fel gwyddor yn y ddeunawfed ganrif trwy waith Syr William 'Oriental' Jones, sicrhaodd ffiloleg Ewro-ganolog fod y dwyrain – a'r iaith Sanscrit yn arbennig – yn allweddol i'r modd yr astudid hanes ieithyddol y gorllewin. Wrth iddi dyfu'n wyddor dra pharchus yn ystod y bedwaredd ganrif ar bymtheg, yn bwnc i'w astudio mewn prifysgolion ledled Ewrop, daethpwyd i gategoreiddio'r dwyrain, felly, yn rhywbeth syml a digyfnewid a ddefnyddid yn fan cychwyn ar gyfer archwilio holl gymhlethdod ieithyddol Ewrop. Yng ngeiriau Said:

> From the outset, then, Orientalism carried forward two traits: (1) a newly found scientific self-consciousness based on the linguistic importance of the orient to Europe, and (2) a proclivity to divide, subdivide, and redivide its subject matter without ever changing its mind about the Orient as being always the same, unchanging, uniform and radically peculiar subject. (98)

Cofiwn mai astudio ffiloleg wrth draed yr Athro Rudolf Thurneysen, yr ieithegydd Celtaidd enwog, yr oedd T. H. Parry-Williams pan oedd ym Mhrifysgol Freiburg yn 1911-13. Yn hynny o beth, felly, câi'r Cymro o Ryd-ddu ei hyfforddi a'i addysgu o ddydd i ddydd mewn gwyddor a oedd â chysylltiad ffurfiannol â'r meddylfryd Orientalaidd. A oes ryfedd, felly, fod 'Borshiloff' Parry-Williams yn gynnyrch Orientaliaeth remp?

*

A dyna lofruddio T. H. Parry-Williams cyn iddo hyd yn oed gamu ar fwrdd yr Orient Express. Mae'n ffaith ddiymwad, fodd bynnag, na fyddai neb wedi arswydo'n fwy at y fath lofruddiaeth nag Edward Said ei hun. Os mai amcan ganolog (ac angenrheidiol) ei gyfrol, *Orientalism*, oedd datgelu'r ideolegau sydd yn ymhlyg mewn llenyddiaeth, gan godi ein hymwybyddiaeth ynghylch grym ideolegau o'r fath, ni honnai Said am eiliad y dylid datrys a dihysbyddu arwyddocâd gwaith llenyddol wrth wneud hynny. Er iddo sefydlu a hyrwyddo technegau darllen dadadeiladol a dynnai sylw at y cynddelwau a'r rhagfarnau a oedd yn rhan o wead llenyddiaeth ac a roddai arfogaeth i'r darllenydd gwestiynu mawredd honedig y clasuron, dull oedd hynny i Said ddangos bod sawl ffordd o ddarllen testunau llenyddol. Ni fynnai weld y dehongliad amgen (dehongliad Orientalaidd, er enghraifft), yn cael ei orseddu yn lle'r hen fel yr un 'cywir', a thrwy hynny lesteirio ymatebion pellach. Yn wir, brawychai wrth y modd y daethpwyd i ddefnyddio dulliau theori lenyddol i ddarganfod camweddau syniadol ar ran awduron y gorffennol, a defnyddio'u gweithiau'n dystiolaeth o droseddau meddyliol damniol. Gresynai'n fawr at dwf y math hwn o ddiwylliant beio mewn astudiaethau llenyddol, ac mewn ysgrif yn dwyn y teitl 'Secular Criticism' a ddefnyddiodd yn gyflwyniad i'w gyfrol, *The World, the Text and the Critic*,[3] tynnodd Said sylw o'r newydd at beryglon tafoli testun llenyddol fel petai'n wrthrych sy'n annibynnol ar effeithiau'r byd a roes fod iddo. Meddai ef:

> 'Textuality' is the somwhat mystical and disinfected subject matter of literary theory. Textuality has therefore become the exact antithesis and displacement of what might be called history. [...] As it is practiced in the American academy today, literary theory has for the most part isolated textuality from the circumstances, the events, the physical senses that made it possible and render it intelligible as the result of human work. (3-4)

Mynnai Said fod pob testun yn rhywbeth *bydol*; dyna'r 'seciwlar' sydd ganddo yn nheitl ei ysgrif. Hynny yw, pwysleisiai fod y gwaith llenyddol, yn syml, wedi ei wreiddio yn y byd:

> My position is that texts are worldly, to some degree they are events, and, even when they appear to deny it, they are nevertheless a part of the social world, human life, and of course the historical moments in which they are located and interpreted. (4)

I Said, nid problem i'w datrys, neu gymlethdod i'w anwybyddu, yw tyndra'r berthynas greiddiol a chymhleth rhwng testun a byd. Mae'n amod arbennig llenyddiaeth ei hun, a dylid ei gydnabod ac ymhyfrydu ynddo. Os mai ei bydolrwydd sydd yn gwneud llenyddiaeth yn ideolegol, yr un bydolrwydd sy'n gwneud pob testun llenyddol yn unigryw, wrth i awdur effro ymateb i holl gymlethdod y byd a'r ideolegau niferus sy'n gweithredu arnom fel bodau cymdeithasol.

Yn wir, maentumiodd Said mai grymoedd allanol bydol a gymhellai unrhyw awdur i ysgrifennu yn y lle cyntaf a bod cyfyngu darlleniad i ddadansoddi testunol yn unig yn gwneud cam â llenyddiaeth. Soniwyd eisoes ei fod yn gweld perthynas annatod rhwng llenyddiaeth a gwleidyddiaeth, a gresynai, er enghraifft, wrth weld mor amharod oedd llawer o arddelwyr theori lenyddol i ymhél o ddifrif â gwleidyddiaeth ymarferol. Ni hidiai ryw lawer am derminoleg a phriod-ddull astrus llawer o astudiaethau theoretig chwaith, gan hawlio bod ieithwedd o'r fath yn creu hollt rhwng beirniaid 'proffesiynol' y prifysgolion, a gweddill y gymdeithas a fodolai y tu hwnt i furiau'r academi. Dyma 'the triumph of the ethic of professionalism' (4), yn ei farn ef, a godai wahanfur rhwng beirniadaeth lenyddol diwedd yr ugeinfed ganrif a'r cyhoedd yn ehangach. Ymgroesai Said rhag hyn am ei fod yn arwain at sefyllfa, meddai, lle'r ysgrifennai'r beirniaid ar gyfer ei gilydd, gan lesteirio unrhyw gysylltiad gyda chymdeithas yn ei chyfanrwydd.

Fel y soniwyd uchod, anelai Said yn hytrach at feirniadaeth a fyddai'n barod, nid yn unig i fynd i'r afael â gwneuthuriad (testunoldeb) llenyddiaeth, gan ddatgelu'r ideolegau a'r technegau rhethregol a oedd yn rhan ohoni, ond hefyd i gydnabod amwysedd a chymlethdodau a pharadocsau'r llenyddiaeth honno. Elfennau annatod celfyddyd oeddent, meddai, ac ni ellid mo'u datrys trwy ddod i gasgliadau terfynol a thaclus:

The realities of power and authority – as well as the resistances offered by men, women, and social movements to institutions, authorities, and orthodoxies – are the realities that make texts possible, that deliver them to their readers, that solicit the attention of critics. I propose that these realities are what should be taken account of by criticism and the critical consciousness. (5)

I grynhoi safbwynt Said: mae pob testun llenyddol gwerth ei halen yn blethwaith cyfoethog o ymateb awdur i'r byd, yn llawn ideoleg a rhagdybiau a rhagfarnau y mae'n bwysig ein bod yn ymwybodol ohonynt ac yn talu sylw iddynt. Ond maent hefyd yn llawn paradocsau a blerwch a nodweddion anystywallt eraill, a'r pethau hyn sy'n tystio i fydolrwydd y testun, gan wneud llenyddiaeth yn llenyddiaeth yn hytrach nag unrhyw gynnyrch arall.

Nid Said oedd yr unig feirniad yn y cyfnod hwn i resynu at y tueddiad cynyddol i wneud testunau llenyddol yn llawforynion i safbwyntiau theoretig unplyg. Mewn cyfrol o'r enw *The Singularity of Literature*[4] a gyhoeddwyd ar ddechrau'r unfed ganrif ar hugain, rhoddodd y beirniad llenyddol, Derek Attridge, yntau bwyslais arbennig ar yr elfennau unigryw mewn llenyddiaeth ac ar y ffaith ei bod wedi'i gwreiddio yn holl gymhlethdod aflonydd iaith a bywyd, gan rybuddio na ellid bob amser ei ffitio'n daclus i gategorïau deongliadol parod. Ei ddadl ef oedd bod testunau llenyddol yn cynnwys croestyniadau sy'n gomedd ymateb syml ac yn cymell, yn hytrach, ddarlleniadau amrywiol, gwrthgyferbyniol hyd yn oed. Ac fel Said, gwrthwynebai Attridge yntau yr hyn a alwodd yn 'literary instrumentalism', sef yr awydd i ddefnyddio llenyddiaeth i fynegi gwirioneddau eraill:

What I have in mind could be crudely summarized as the treating of a text (or other cultural artifact) as a means to a predetermined end: coming to the object with the hope or the assumption that it can be instrumental in furthering an existing project, and responding to it in such a way as to test, or even produce, that usefulness. The project in question may be political, moral, historical, biographical, psychological, cognitive, or linguistic. (7)

Atgyfnerthwyd y tueddiad hwn, ym marn Attridge, gan bwyslais cynyddol prifysgolion y gorllewin ar ddysg fel rhywbeth sydd i'w baceidio yn gasgliad o nwyddau defnyddiol i'w werthu yn y farchnad:

> This shift to an increasingly instrumental approach to literature is, of course, part of a more general, globally experienced increase in the weight given to the values of the market-place, to the success ethic, to productivity as a measure of worth. (9)

A chadw pwyslais Said ac Attridge, felly, ar gymhlethdod cynhenid gweithiau llenyddol, a'u rhybudd ynghylch llurgunio llenyddiaeth wrth geisio gwneud iddi fynegi safbwyntiau unplyg (waeth pa mor gyfiawn y safbwyntiau hynny), gadewch inni ddychwelyd at ysgrif T. H. Parry-Williams. Er dangos yn eglur bod 'Borshiloff' yn drwm dan ddylanwad Orientaliaeth, a chydnabod y byddai ein dealltwriaeth ohoni'n llawer tlotach heb y mewnwelediad hwnnw, teg holi yr un pryd a oes mwy iddi na hynny? A fyddai dehongliadau eraill – rhai cyferbyniol, hyd yn oed – yr un mor ddilys? A ellir arbed ein hawdur rhag cael ei lofruddio ar yr Orient Express?

*

Yn y dehongliad Orientalaidd a gynigiwyd uchod rhoddwyd llawer o bwyslais ar y gwahaniaethau rhwng Parry-Williams a Borshiloff (cefndir, hil, cymeriad, profiad, ac yn y blaen), gwahaniaethau y cyfeirir atynt gan yr awdur ei hun. Ond petaem yn edrych o safbwynt gwahanol, sylweddolir cymaint o debygrwydd sydd rhyngddynt hefyd. Gan nodi'r pethau amlwg yn y lle cyntaf, mae'r naill a'r llall yn fyfyrwyr yn Freiburg. Mae'r ddau'n alltudion o'u mamwlad. Maent yn ifanc. Maent yn gyfoedion. Maent yn ddynion. Mae'r ddau hefyd (er na nodir hynny'n agored yn achos y Cymro), wedi bod mewn nifer o brifysgolion eraill ac yn tynnu at derfyn eu hastudiaethau, yn ymbaratoi'n feddyliol i wynebu cyfrifoldebau byd gwaith. Ac wrth gwrs, mae'r ddau'n byw ochr yn ochr â'i gilydd yn union yr un llety yn Freiburg. Yn wir, gellid dadlau mai'r tebygrwydd rhyngddynt a'u hamgylchiadau yw un ffaith fawr sylfaenol, ond absennol, yr ysgrif gyfan. Mae'n ffaith mor amlwg, nis crybwyllir.

Unwaith y cydnabyddir y tebygrwydd rhyngddynt, daw nodweddion cyffredin pellach i'r amlwg. Gwnaethpwyd yn fawr yn y drafodaeth uchod o bwyslais Parry-Williams ar natur bechadurus Borshiloff (pechadurusrwydd a gyferbynnir â'i ddiniweidrwydd ei hun). Ond o ddarllen yn nes, noder bod y Cymro, mewn sylw wrthfynd-heibio, yn ei alw ei hun hefyd yn bechadur 'yn wyneb y Ddeddf' (13). Mae nodweddion cyffredin eraill yn cysylltu'r ddau. Clywn, er enghraifft, nad yw'r Cymro na'r Bwlgariad yn perthyn i gorfforaethau cleddyfgar y myfyrwyr Almaenaidd, rhai ohonynt yn ddiotgar. Ac os oes gwahaniaeth yn ymarweddiad allanol y ddau – y Bwlgariad yn hunanhyderus a'r Cymro'n ofnus – nodir hefyd fod tebygrwydd dyfnach yn eu huno, sef eu natur fyfyrgar: 'Dau fyfyriwr oeddem,' meddir, cyn ychwanegu, 'mewn mwy nag un ystyr' (14).

Yn bennaf oll, esbonnir eu bod, ill dau yn eu hystafelloedd cymdogol, yn myfyrio am eu dwy famwlad, dwy wlad a oedd mewn sefyllfaoedd cymharol debyg ar y pryd. Pan gyfarfu Parry-Williams â Borshiloff yn Freiburg tua 1911-12, roedd Bwlgaria ar drothwy Rhyfel Cyntaf y Balcanau a'i gwelodd yn ymryddhau o reolaeth Twrci am y tro cyntaf ers canrifoedd. Roedd Cymru hefyd yn meddu ar egin mudiad cenedlaethol erbyn hynny, ac roedd hithau o fewn dwy flynedd i gael ei thynnu i ryfel erchyll, sef y Rhyfel Byd Cyntaf. Dwy wlad dan reolaeth hirhoedlog ymerodraethau mwy oedd mamwlad y Bwlgariad a'r Cymro alltud fel ei gilydd yn 1911-12, a'r ddwy ar drothwy cyfnod o ryfela gwaedlyd ac o newidiadau cenedlaethol. Pwysleisir wrthym hefyd fod y ddau ohonynt yn unedig yn eu hiraeth am adref. Mewn golygfa dyner a thelynegol sy'n dod â'r ysgrif i ben, a distawrwydd yn disgyn 'ar y tŷ a'r dref ac ar bawb a phopeth' gyda'r nos, cawn ddarlun o'r ddau fel ei gilydd yn gorwedd yn eu 'priod ystafelloedd' tra bo 'cainc fach hiraethus' y mandolin yn peri i'w meddyliau grwydro'n ôl at eu cynefin. A dyma pryd y dywedir wrthym fod y 'pared rhwng y ddeulanc' yn cwympo – ac y daw'r Cymro a'r Bwlgariad yn un yn eu halltudiaeth:

> Yr wyf yn bur sicr ei fod yntau yr adeg honno yn deisyfu cael 'adenydd colomen', fel y byddwn innau; y naill ohonom am ehedeg yn ôl tua'r dwyrain, a'r llall yn ôl tua'r gorllewin, at ei briod bobl a'i bethau. Er ein bod am y pared â'n gilydd, mewn mwy nag un ystyr, ni byddai mur na phared rhyngom y pryd hynny. Ac i'r un fan yr oeddem ein dau am fynd, wedi'r cwbl. I'r un fan yr â pawb wrth fynd yn ôl. (16)

Dau hanner un undod ydynt yn y darn pwysleisiol hwn – yn y frawddeg ddiwethaf, yn enwedig, sef brawddeg olaf yr ysgrif gyfan. Yn eu hysfa i ddychwelyd adref, mae Borshiloff a Parry-Williams yn un â 'phawb' sydd yn dymuno 'mynd yn ôl'. Perthyn i undod dynoliaeth y maent.

Yn y darlleniad a gyflwynwyd yn rhan gyntaf yr erthygl hon, gwelwyd bod sail gadarn dros ddadlau mai ysgrif sy'n pwysleisio'r gwahaniaeth rhwng dwyreiniwr a gorllewinwr yw 'Borshiloff'. Ond o edrych arni o bersbectif gwahanol, gwelir hefyd bod modd – mewn ffordd yr un mor argyhoeddiadol – gynnig darlleniad croes i hynny. Wrth roi corff y naill a'r llall am y pared â'i gilydd yn eu llety yn Freiburg, ac yna ar anterth yr ysgrif ddarlunio'r pared hwnnw'n syrthio, cyflëir mewn ffordd gynnil – ac eto drawiadol –

yr hyn sy'n eu gwahaniaethu, yn ogystal â'u hundod sylfaenol.

Priodol, yn sicr, fyddai galw i gof gyfnod llunio'r ysgrif. Yn 1946 roedd holl drigolion Ewrop yn wynebu'r anrhaith a achoswyd gan chwe blynedd o frwydro gwaedlyd ac o rwygiadau gwleidyddol a chenedlaethol chwerw. Yn erbyn cefnlen o'r fath, roedd y sôn am ailgychwyn rhedeg yr Orient Express yn symbol o obaith am ail-greu hen gysylltiadau, ac adfer cymod a threfn. Er mor ymddangosiadol ffwrdd-â-hi yw'r modd y crybwylla Parry-Williams y trên ar ddechrau'r ysgrif, mae'r sylw a rydd iddo'n gwbl allweddol. Erbyn llunio 'Borshiloff' yn 1946 roedd yntau wedi byw drwy ddau ryfel byd. Bu'n wrthwynebydd cydwybodol yn y cyntaf ohonynt, cyfnod a oedd gyda'r tywyllaf yn hanes ei fywyd, a theimlodd i'r byw y rhwyg a grëwyd ar draws y cyfandir yn sgil y gyflafan. Erbyn 1946 dwyshawyd y rhwygiadau a'r creithiau a fodolai eisoes, ond ychwanegwyd atynt gan erchyllterau hil-laddiadol yr Ail Ryfel Byd na ddôi Ewrop byth i ddygymod â nhw.

Wrth ddarllen am y trên a groesai'r cyfandir drylliedig, efallai nad yw'n syndod mai greddf gyntaf Parry-Williams yw dychwelyd yn feddyliol at ei gyfnod yn Freiburg (1911-13), cyfnod a ddisgrifia ar dudalen gyntaf yr ysgrif fel yr 'hen adeg solet a sefydlog cyn i dynged wneud stremp a slachdar o bethau' (11). Mae yna berthynas o'r cychwyn rhwng yr ysgrif â'r ddau ryfel byd, felly, ac mae'r sôn am 'ystafelloedd cymdogol' y Bwlgariad a'r Cymro yn drist o eironig wrth sylweddoli bod yma ddau ŵr ifanc a fyddai wedi bod yn elynion trwy gydol y cyntaf o'r rhyfeloedd hynny a thrwy fwyafrif yr ail yn ogystal. Hyn, er gwaethaf y ffaith a nodir yn eglur yn yr ysgrif nad oedd Borshiloff, mwy na Parry-Williams, yn 'awchus am greithiau ymladd-cleddyfau'.

Eironi chwerw pellach, o gofio pryd y lluniwyd yr ysgrif, yw ei bod wedi ei lleoli yn yr Almaen, gwlad y gelyn gorchfygedig, gwlad a oedd mor hoff gan Parry-Williams, a gwlad a oedd newydd gael ei rhannu, lai na blwyddyn cyn ysgrifennu 'Borshiloff', rhwng dwyrain a gorllewin. Yn hynny o beth, mae holl drasiedi Ewrop yr ugeinfed ganrif yn rhan o wead yr ysgrif.

Ar hyd y blynyddoedd ers dyddiau Freiburg, cyfaddefa Parry-Williams sut y bu'n meddwl am Borshiloff bob tro y clywai grybwyll enw prifddinas Bwlgaria:

> Yn ystod y blynyddoedd maith ar ôl i mi ddychwelyd oddi yno, byddai Borshiloff yn dyfod i'm cof yn syth bob tro y clywn sôn am Sofia neu weled enw'r dref, er na chlywais ddim yn ei gylch, yn fyw na marw, byth er pan nad oedd ond pared rhwng y ddeulanc ohonom. (13)

Wrth ailymweld ag ef trwy ei atgofion – ac wrth glywed atsain cân hiraethus y mandolin yn ei gof – cais T. H. Parry-Williams bontio'r gagendor a rwygwyd gan hanes rhyngddo a'i gydletywr gynt. Am fynd yn ôl yn wir, a hynny mewn mwy nag un ystyr, y mae Parry-Williams yn yr ysgrif dyner a chyfoethog hon. Er gwaethaf pob trais a thywallt gwaed, ei ddymuniad yw camu ar fwrdd yr Orient Express atgyweiriedig 'i holi hynt Borshiloff', a thrwy hynny, yn ei gof archolledig ei hun, gyfannu dwyrain a gorllewin Ewrop o'r newydd.

---

[1] T. H. Parry-Williams, 'Borshiloff', *Myfyrdodau* (Gwasg Aberystwyth, 1957), 11-16.
[2] Edward W. Said, *Orientalism* (Pantheon Books, 1978; adargraffiad Penguin, 2003).
[3] Edward W. Said, *The World, the Text and the Critic* (Harvard University Press, 1983; adargraffiad Vintage 1991).
[4] Derek Attridge, *The Singularity of Literature* (Psychology Press, 2004).

Sturm und Drang

yn Sir Drefaldwyn

Ar yr wythfed ar hugain o Awst 1749 yn ninas Frankfurt am Main ganed Johann Wolfgang von Goethe, un o lenorion enwocaf yr Almaen. Yn un o saith o blant, roedd yn fab i deulu dosbarth canol tra chyfforddus eu byd, ac yn ei hunangofiant swmpus, *Dichtung und Wahrheit* ('Barddoniaeth a Gwirionedd'), ceir disgrifiadau manwl a lliwgar o amgylchiadau plentyndod Goethe ac yn arbennig y pwyslais mawr a roddid gan ei rieni ar addysg fel sylfaen i lwyddiant mewn bywyd. Roedd yr Johann ifanc yn ddarllenydd brwd ac roedd ganddo feddwl chwim a chwilfrydig. Fe'i hyfforddwyd mewn gramadeg a rhifyddiaeth ar yr aelwyd, yn ogystal â Groeg a Lladin, Ffrangeg a Saesneg, a derbyniodd wersi cerddorol ar yr harpsicord. Gan fod y plant yn hoff o chwarae â sioe bypedau a oedd yn eiddo i'w nain, dechreuodd ymddiddori mewn perfformiadau dramatig yn gynnar, diddordeb a gynyddodd pan roddodd ei daid docyn iddo a ganiatâi iddo fynd i'r theatr yn Frankfurt pryd bynnag y dymunai. Pan oedd yntau'n dal yn ei arddegau dechreuodd gyfansoddi dramâu syml. Ond er bod doniau'r Goethe ifanc yn amrywiol a niferus, ei wir ddiléit oedd trin geiriau, a chynyddu, nid lleihau, a wnaeth yr ysfa hon wedi iddo gael ei yrru i'r brifysgol yn Leipzig yn 1765, yn un ar bymtheg oed, i astudio'r Gyfraith. Buan y daeth yn amlwg na fyddai'r Johann ifanc yn bodloni'r uchelgais yrfaol a oedd gan ei dad ar ei gyfer (gobaith Johann Goethe yr hynaf oedd y byddai ei fab disglair yn dod yn un o geffylau blaen gweinyddol ei ddinas enedigol lewyrchus). Yn lle ymroi'n llwyr i'w astudiaethau yn y gyfraith, gwell ganddo oedd llenydda, ac ymhél â llenorion ac artistiaid, ac roedd wrth ei fodd yn ymagor yn y cyfnod ffurfiannol hwn i ddylanwadau a syniadau newydd am gymdeithas a chelfyddyd.

Lle gwahanol iawn i ddinas brysur a chosmopolitaidd Frankfurt yw ail fan cychwyn yr erthygl hon, sef cwm distaw a phrydferth Maesglasau sy'n gorwedd ar y ffin rhwng sir Feirionnydd a sir Drefaldwyn. Dyma gwm sydd 'ymhell o firi pobl', yng ngeiriau John Breese Davies, lle 'pair y tawelwch i ddyn feddwl ei fod wedi gadael y byd cyffredin ymhell, bell yn ôl.'[1] Ac yma, yn union yr un cyfnod â Goethe, y magwyd y llenor, y cyfieithydd a'r bardd, Hugh Jones, Maesglasau, awdur, ym marn O. M. Edwards, yr emyn gorau yn yr iaith Gymraeg, sef 'O, tyn y gorchudd yn y mynydd hyn'.

Ganed Hugh Jones gwta dri mis ar ôl Johann Wolfgang von Goethe, ac fe'i bedyddiwyd yn eglwys Mallwyd ar y pedwerydd ar hugain o Dachwedd 1749. Ond yn groes i'w gymheiriad o'r Almaen, ni ysgrifennodd Hugh Jones hunangofiant, a rhaid dibynnu'n bennaf am fanylion ei fywyd ar yr wybodaeth a gafwyd gan Morris Davies mewn erthygl yn *Y Traethodydd* yn 1876, sef gŵr a fagwyd ar fferm Pennantigi, dros y mynydd am Faesglasau.[2] Roedd Morris Davies yn 90 oed pan luniodd yr erthygl, ac roedd wedi cyfarfod â Hugh Jones yn ei ieuenctid. Bu hefyd yn sgwrsio amdano â llawer o drigolion ardal Dinas Mawddwy, rhai a'i cofiai yn athro a llenor yn lleol.

Gan bwyso ar dystiolaeth Morris Davies, felly, gwyddom mai Hugh oedd y pumed o naw o blant William ac Elisabeth Jones o Gwm Glan Mynach ger Mallwyd. Bu'r teulu'n byw am rai blynyddoedd yn ardal Llanwddyn ym Maldwyn, cyn symud i Faesglasau pan oedd Hugh tua deuddeg oed. Gan eu bod yn perthyn i ddosbarth y rhydd-ddeiliaid ac yn gymharol dda eu byd, roedd gan William ac Elisabeth ddigon o fodd i sicrhau peth addysg i'w plant – gwell addysg na llawer o'u cyfoedion, o leiaf – a phan oeddent yn ddigon hen i allu cerdded y pedair milltir yno o Faesglasau ac yn ôl bob dydd, anfonwyd y plant i gael eu dysgu gan gurad eglwys Mallwyd. Roeddent hwythau, yn ôl pob tebyg, yn blant galluog. Bu'r plentyn ieuengaf, Dafydd, ym Mhrifysgol Rhydychen lle cafodd ei urddo'n offeiriad, a daeth un arall o'r meibion, maes o law, yn dad i'r bardd a'r llenor, 'Erfyl'. Ac un o ferched y teulu, Jane, oedd nain y cerddor a'r cyfansoddwr, Owain Alaw, Pencerdd, golygydd y casgliad pwysig o alawon Cymreig, *Gems of Welsh Melody* (1860).

O oedran cynnar roedd Hugh Jones yntau'n ddarllenydd brwd

ac yn awyddus i gynyddu ei wybodaeth ymhob math o feysydd. Yn ogystal â meistroli'r Gymraeg a'r Saesneg yn drwyadl, dysgodd Ladin a Groeg iddo'i hun, ac yn nes ymlaen, mae'n debyg iddo lunio llyfr Cymraeg am rifyddiaeth. Mae sôn iddo yn ddyn ifanc ddod ar draws mesurwyr tir wrth eu gwaith yng nghyffiniau Maesglasau ac iddo ddysgu crefft mesur tir oddi wrth y rheiny. Ond fel Goethe, llenyddiaeth a cherddoriaeth oedd ei brif ddiléit. Ymddiddorai yn nhraddodiad barddol cyfoethog ei fro, gan ymhél â'r gynghanedd. Dechreuodd farddoni ei hun yn ifanc, gan lunio penillion a rhigymau i gofnodi digwyddiadau a throeon trwstan y fferm a'r fro o'i hamgylch. Roedd hefyd yn gerddor medrus a dderbyniodd hyfforddiant gan y cyfansoddwr o Ddolgellau, Ioan Rhagfyr (awdur yr emyn-donau 'Cemmaes', 'Dyfroedd Siloah' a 'Sabbath') a chyfansoddodd yntau emyn-dôn o'r enw 'Capel Cynon'. Roedd ganddo lais canu 'ystwyth, mwyn, hynod am ei bereidd-dra', yn ôl Morris Davies, a phan fyddai ef a Ioan Rhagfyr yn cyfarfod byddent 'yn wastad mewn hwyl, ac wrth eu bôdd; ac os dygwyddai tôn gânu yn dda, dywedent, "Dyna hi yn ffrïo".' (221)

Er ei fod yn byw mewn cwm tawel a gweddol anghysbell, felly, 'nid rhyw lyfrbryf anghymdeithasol, meudwyaidd' mo Hugh, ond 'llanc siriol, nwyfus, ac ysgafn-galon'.[3] Fel Goethe, fe'i denwyd gan ei ddiddordeb mewn cerdd a chân i fyd y ddrama, a phan oedd yn dal yn ei arddegau aeth ati i gyfansoddi anterliwtiau i'w perfformio gan drigolion lleol, gan ddefnyddio geiriau, campau corfforol a cherddoriaeth i ymdrin yn smala ag arferion y dydd, i ddychanu ffigyrau a chymeriadau lleol ac i lambastio gormeswyr cymdeithasol. Gwaetha'r modd, nid yw'r gweithiau dramatig hyn gan Hugh Jones wedi goroesi. Pan ddaeth y dramodydd ifanc dan ddylanwad y Diwygiad Methodistaidd, trodd ei gefn ar ei holl gyfansoddiadau cynnar a'u dinistrio'n llwyr. Yng ngeiriau Morris Davies:

[E]drychai ar ei gynhyrchion adloniadol fel oferedd a maswedd, a dywedir ei fod, yn sgil ei edifeirwch am ei ysgafnder gynt, wedi casglu ynghyd bob copi a oedd ar gael o'r anterliwtiau a'u llosgi'n ulw. (122)

Ychydig a wyddom am amgylchiadau'r dröedigaeth hon, ond effeithiodd yn barhaol ar fywyd a gwaith Hugh Jones. Roedd achosion Methodistaidd eisoes wedi eu sefydlu yn ardaloedd Llanbrynmair a Darowen yn sir Drefaldwyn, heb fod nepell o Faesglasau, wedi i Howel Harris fod yno'n pregethu. Buan y lledodd dylanwad y Diwygiad. Gwyddom fod aelodau eraill o deulu Hugh Jones wedi troi at Fethodistiaeth yn yr un cyfnod, a thua phedair ar bymtheg oed oedd yntau pan chwyldrowyd ei fywyd gan argyhoeddiad crefyddol. Diddorol yw nodi bod Goethe yr un adeg wedi dioddef afiechyd a barodd iddo orfod adael ei astudiaethau prifysgol a dychwelyd adref at ei rieni yn Frankfurt. Yn union yr un pryd â Hugh, felly, dechreuodd yntau bensynnu'n ddwys ynghylch crefydd a dechrau arddel Cristnogaeth efengylaidd angerddol – er na pharhaodd hyn yn hir yn ei achos ef.

Dyma ddau ddyn ifanc, felly, wedi asbri eu hieuenctid yn mynd trwy brofiad ysgytwol pan oeddent ar drothwy'r ugain oed, profiad a barodd iddynt ddechrau myfyrio o ddifrif ynghylch eu hoedl eu hunain, eu lle yn y greadigaeth a'u perthynas â Duw. Effeithiodd yr ystyriaethau hyn, yn anochel, ar gwrs eu creadigrwydd: yn achos yr Almaenwr a'r Cymro fel ei gilydd, esgorodd profiadau personol dwys dechrau'r 1770au ar ddau waith llenyddol hynod ddiddorol y daethpwyd i gysylltu eu henwau â nhw am byth. Sôn yr wyf am nofel gynnar Goethe, *Die Leiden des jungen Werthers* ('Gofidiau Werther Ifanc'), a gyhoeddwyd yn y flwyddyn 1774, a llawlyfr crefyddol Hugh Jones, *Cydymaith i'r Hwsmon* a gyhoeddwyd yn yr un flwyddyn. Er mor annhebyg i'w gilydd ydynt ar yr olwg gyntaf, nid dau waith anghymharus sydd yma. Yn hytrach, mae'r ddau glasur bychan yn gynnyrch yr un amgylchedd – yn syniadol, yn grefyddol ac yn gymdeithasol. Cynnyrch yr un *Zeitgeist* ydynt, ac mae'r atseiniau rhyngddynt yn ddadlennol.

Yn y flwyddyn 1772, wedi i'r ddau gyw llenor – y naill yn Almaenwr bwrgais a'r llall yn Gymro gwladaidd – fynd trwy brofiadau personol ac ysbrydol ysgytwol, ymadawodd y ddau â'u cynefin a mynd i fyw, dros dro, i le cwbl newydd. Yn sgil y dadleoli hwnnw a'r profiadau cythryblus o'i gylch, aeth y ddau ati i roi mynegiant ar ddu a gwyn i'w teimladau a'u synfyfyrion am fywyd a marwolaeth. Cynhyrchodd y naill nofel angerddol, led-hunangofiannol, tra cyfansoddodd y llall fyfyrdod telynegol, lled-hunangofiannol. Ond mae yna lawer yn gyffredin rhyngddynt, a mwy na dim ond cyd-daro amseryddol yn eu cysylltu.

Mynd ar fusnes cyfreithiol i dref fechan Wetzlar ryw ddeng milltir ar hugain i'r gogledd o Frankfurt a wnaeth Goethe. Er mai am ychydig fisoedd yn unig y bu yma, cafodd yr ymweliad effaith dyngedfennol arno – yn bersonol ac yn llenyddol. Ei anffawd fawr ar y daith oedd iddo syrthio mewn cariad â gwraig ifanc o'r enw Charlotte Buff a oedd eisoes wedi dyweddïo â dyn arall. Trwy gydol yr haf hwnnw dyfnhaodd teimladau Goethe am Charlotte i'r fath raddau nes i'r cyfan fynd yn drech nag ef, a gadawodd Wetzlar mewn anobaith a thorcalon. Dros y misoedd dilynol cofnododd ei holl drallod ar ddu a gwyn, gan ddefnyddio'r cyfan yn sail i nofel epistolaidd am ddyn ifanc, teimladwy o'r enw Werther sy'n syrthio mewn cariad â merch o'r enw Charlotte. Yn y nofel, fel yn hanes Goethe, mae Charlotte eisoes wedi dyweddïo ac ar fin priodi, a swm a sylwedd y gwaith yw cyfres o lythyrau angerddol a chyffesol a ysgrifenna Werther at ei gyfaill, Wilhelm. Wrth i'r nofel fynd rhagddi dros gyfnod o flwyddyn a hanner, trechir Werther yn raddol gan ei obsesiwn â'r wraig ifanc nad yw ar gael. Erbyn diwedd y nofel, ac yntau heb allu gweld unrhyw ddyfodol iddo'i hun, gofynna am fenthyg dau bistol gan Charlotte ac Albert a chyda'r rheiny fe'i saetha ei hun yn ei ben. Mae'n marw'n drasig rai oriau'n ddiweddarach, gan adael Charlotte hithau ar dorri ei chalon.

Er gwaethaf y diweddglo tywyll, bu Werther yn *bestseller* llenyddol o'r funud y cyhoeddwyd hi. Gwirionodd y cyhoedd Almaeneg ar arddull rywiog a thelynegol y nofel, ei thryblith o emosiynau, ei disgrifiadau cofiadwy o fyd natur, ynghyd â'r ymchwil synhwyrus am ystyr sydd ynddi – heb sôn am ffawd drist y ddau gariad na-allai-fod, Werther a Charlotte. Yn bump ar hugain oed, daeth Goethe yn enwog dros nos, ac aeth ei nofel yn fwy na stori rhwng dau glawr. Yn wir, daeth yn ffenomen ddiwylliannol. Aethpwyd ati i fasnachu nwyddau, gan gynnwys llestri Meissen a phersawr, dan frand 'Werther'. Dechreuodd rhai o ddynion ifanc yr Almaen wisgo côt las a gwasgod felyn, yn union fel y gwnâi Werther ei hun. A chafodd y *Werther-Fieber* ('twymyn Werther') yma effaith fwy difrifol hefyd, gydag adroddiadau am rai gwŷr ifanc, yn sgil eu treialon eu hunain, yn dilyn esiampl arwr y nofel a chyflawni hunanladdiad, gan adael copi o'r gyfrol wrth eu hymyl yn eu horiau olaf. Yn y cyfamser lledodd enwogrwydd y nofel trwy Ewrop; mae'n debyg bod copi o'r cyfieithiad Ffrangeg ym meddiant Napoleon Bonaparte pan lawnsiodd ei ymgyrch filwrol yn yr Aifft rai blynyddoedd yn ddiweddarach a'i bod ymhlith ei hoff lyfrau.

Mewn gair, roedd Werther wedi dal ysbryd yr oes, a llais a phryderon ei phrif gymeriad yn ymgorffori agweddau ar gymdeithas Ewropeaidd y 1770au. Yn y lle cyntaf, roedd yn nodweddiadol o ysbryd *Empfindsamkeit* ('Teimladwyedd'), sef term a ddefnyddir i ddisgrifio math o gelfyddyd a roddai bwyslais ar deimlad fel y mynegiant mwyaf dilys o fywyd, gan baratoi'r ffordd at agweddau ar y mudiad Rhamantaidd. Roedd *Werther* hefyd yn un o weithiau diffiniol y mudiad *Sturm und Drang* ('Tymestl a Thwrw'), wrth ddarlunio ymgodymu angerddol ac eithafol yr unigolyn â chyfyngiadau bywyd, yn enwedig confensiynau llednais cymdeithas – agwedd arall bwysig ar Ramantiaeth, maes o law. Gorseddai *Empfindsamkeit* a'r *Sturm und Drang* ill dau y profiad goddrychol (*emotio*) uwchlaw dim, gan adweithio yn erbyn gorbwyslais yr Oleuedigaeth ar reswm a deall (*ratio*), yn ogystal â gorddibyniaeth celfyddyd Faróc ar reolau ffurf. Roedd yr oes ddiwydiannol fodern ar wawrio. Roedd byd natur eisoes yn dod yn fath o ddihangfa. Ac roedd yr hen strwythurau – gan gynnwys dogma grefyddol sefydledig – yn gwanhau.

Daeth unigolyddiaeth newydd i fod, ac yn y *Sturm und Drang*, yn enwedig, dyrchafwyd yr unigolyn gwrthryfelgar (a hwnnw'n ifanc a gwrywaidd, gan mwyaf) yn arloeswr dull newydd, mentrus o brofi bywyd, yn un a ymwrthodai â chysuron a chredoau sefydledig er mwyn canfod ei lwybr ei hun tuag at iachawdwriaeth ysbrydol. Mynegi gwefr a dryswch y cyfnod trothwyol hwn a wna nofel Goethe. Magwyd Werther yng ngwerthoedd yr Oleuedigaeth, ond gwrthryfelodd yn eu herbyn, ac mae'r nofel yn darlunio ymdrech seithug a thrasig Werther i geisio canfod ystyr bywyd trwy'r teimlad a'r synhwyrau yn unig. Gellid dadlau mai crefydd wedi ei dadleoli sydd yma, i raddau, a does dim dwywaith nad oedd dimensiwn ysbrydol ond anniwinyddol y gwaith yn rhan fawr o'i apêl i gynulleidfa'r oes, y genhedlaeth iau yn enwedig.

Gan droi at *Gydymaith i'r Hwsmon* Hugh Jones Maesglasau, dyma destun sydd, ar yr olwg gyntaf, am y pegwn arall â nofel garlamus a thrasig Goethe, gan ei fod yn ymwneud â threfn y byd naturiol ac ymostyngiad i arfaeth Duw. Eto, mae'r ddau waith yn debycach i'w gilydd nag yr ymddengys ar yr olwg gyntaf, ac o durio dan yr wyneb, gwelir bod ganddynt lawer o nodweddion cyffredin. Fel y soniwyd eisoes, daethant i fod yn union yr un pryd a than amgylchiadau tebyg. Yn yr un flwyddyn ag yr aeth Goethe i Wetzlar, gadawodd Hugh Jones yntau gwm Maesglasau gan ddilyn troed y porthmyn, fel llawer o Gymry ar y pryd, i Lundain lle cafodd swydd yn athro ysgol. Yn y ddinas swnllyd a chythryblus honno, yn yr ychydig oriau segur a oedd ganddo, aeth ati i gwblhau ei gyfrol lenyddol gyntaf. Ac fel y nododd yn ei ragymadrodd, roedd hynny'n orchwyl digon heriol i un a oedd wedi arfer â llonyddwch a thawelwch ei gwm genedigol:

Hefyd rwy'n addef fod y fangre lle rwy'n awr yn preswylio yn lle mwy anghyfleus i ymarfer fel hon, na phe buaswn yn cartrefu mewn gwlad ddistaw, allan o sŵn a chythryfwl y byd.[4]

Er hynny, gellid dweud bod y pellter o gefn gwlad Maesglasau, ynghyd â hiraeth yr alltud am ei gynefin, wedi rhoi awch arbennig i ysgrifennu telynegol hyfryd Hugh Jones yn y gwaith hwn. Cyfrol o ryddiaith grefyddol yw'r *Cydymaith* sy'n defnyddio bywyd yr amaethwr, yn ogystal â darluniau o fyd natur a chylch y tymhorau, yn ddamhegion am y bywyd Cristnogol. Ysbrydolwyd hi i raddau gan destunau Saesneg megis *Husbandry Spiritualized* y Piwritan, John Flavel (1669), neu weithiau crefyddol John Preston a Christopher Harvey. Serch hynny, mae i'r *Cydymaith* ffresni arbennig – ac yn sicr, mae'n wahanol i unrhyw lenyddiaeth Fethodistaidd Gymraeg arall o'r cyfnod hwn. Trawiadol o'r dechrau yw'r ymdeimlad o newydd-deb sydd ynddi wrth i'w hawdur yn ei ragymadrodd bwysleisio ei 'ieuengctyd' ei hun a thynnu sylw at ei genhadaeth fentrus yn argraffu'r gwaith lle 'nad oedd y Printiwr yn deall Cymraeg' (8). Ategir hyn yng ngeiriau'r 'llyfr drosto'i hun' ar ddechrau'r gyfrol:

> Mi fum yn anniben yn dyfod o Lunden,
> Y Saeson ni fynnen fy nghorphen ô Ngwasg;
> Ond rhydd-did pan gefais, yn gynta ag y gellais,
> I Gymru y pwyntiais o'r Printwasg.

Nid yw'r *Cydymaith*, efallai, mor drawiadol o wreiddiol ag ydoedd *Werther* pan ymddangosodd y nofel honno o'r wasg yn Leipzig yn yr un flwyddyn, ac yn sicr, nid yr un fframwaith syniadol-ddiwinyddol sydd i'r ddau waith. Gwaith proto-Ramantaidd yw *Werther* sy'n darlunio ymchwil unigolyn am ystyr mewn byd lle'r oedd newidiadau cymdeithasol yn amharu ar gredoau sefydledig. I'r gwrthwyneb, crëwyd y *Cydymaith* oddi mewn i fframwaith diwinyddol cadarn – gwerslyfr Protestannaidd ydyw, i raddau helaeth. Eto, cynnyrch dychymyg llenyddol eu hoes yw'r ddau waith. Ac yn sicr, mae ynddynt nifer o elfennau tebyg sy'n werth eu harchwilio ymhellach.

Yn y lle cyntaf mae *Werther* a'r *Cydymaith* ill dau yn gyfuniad arbennig o ysbryd ymchwilgar yr Oleuedigaeth, yn ogystal â phwyslais *Empfindsamkeit* a'r *Sturm und Drang* ar deimlad. Felly, er mai rheswm yw sail dull damhegol *Cydymaith i'r Hwsmon* (mae 'deallgar' yn un o eiriau cyntaf y gwaith), ac er mai rheswm sy'n cyflyru Werther i archwilio'i feddyliau ei hun yn drwyadl er mwyn canfod yr allwedd i fywyd, mae adroddwr y ddau waith hefyd yn llwyr ymwybodol o gyfyngiadau rheswm, a'r ddau fel ei gilydd yn arddel emosiwn a synwyrusrwydd wrth geisio dirnad ystyr bod. Gwelir hynny'n gwbl eglur ar ddechrau'r ddwy gyfrol. Egyr Hugh Jones ei ragymadrodd i'r *Cydymaith*, er enghraifft, trwy ddyrchafu'r hyn a ddysgir trwy fyfyrio ar y byd naturiol yn hytrach nag ar y dysg a geir mewn llyfrau. Dyma'r syniad dylanwadol mai'r byd naturiol yw'r llyfr amgen y gellir ei ddarllen er mwyn canfod y Tragwyddol ynddo:

> Rhyw un deallgar a ofynnwyd iddo, pa fodd y daethe i gymmaint o wybodaeth heb ddeall ieithoedd dysgedig, na darllen nemmawr o lyfrau: I'r hyn yr attebodd, fod llyfr ym mha un y byddai ef arferol a darllen yn wastadol yn cynnwys ynddo dair dalen: Nefoedd, Daear, a Dwfr, a'r creaduriaid ynddynt megis llythrennau, yn nodi pethau anweledig. (7)

Yn yr un modd, yn un o'i lythyrau cyntaf, gwelwn Werther yn datgan wrth ei gyfaill y dymuna, am y tro, fod yn rhydd o lyfrau printiedig:

> Rwyt yn gofyn a ddylet anfon fy llyfrau ataf? – Gyfaill, rwy'n

erfyn arnat yn enw Duw, gad fi'n rhydd oddi wrthyn nhw. Dydw i ddim am gael fy arwain, fy nghymell, fy nhanio mwyach, a'r galon hon fel y mae yn byrlymu ddigon ohoni ei hun...

Du fragst, ob Du mir meine Bücher schicken sollst? – Lieber, ich bitte Dich um Gottes willen, laß mir sie vom Halse! Ich will nicht mehr geleitet, ermuntert, angefeuert sein, braust dieses Herz doch genug aus sich selbst...[5]

Mae'r ddau waith yn ymdeimlo'n gryf â chyfyngiadau'r deall, ac yn awgrymu mai â'r galon a'r synhwyrau y gellir amgyffred y gwirioneddau mwyaf. Ac o ganlyniad, mae perthynas dyn a natur wyllt yn ganolog i'r *Cydymaith* ac i *Werther* fel ei gilydd, gan y pwysleisir mai trwy gyfrwng y naturiol yr adwaenir y goruwchnaturiol. Ymhellach: ceir cyfatebiaethau cryf yn y modd y mae Hugh Jones a Goethe yn disgrifio golygfeydd o fyd natur, gan danlinellu cysylltiad enaid dyn â'r amgylchedd naturiol. Dyma, er enghraifft, agoriad cyfrol Hugh Jones lle y disgrifir hyfrydwch y gwanwyn yn synhwyrus a manwl, a lle y pwysleisir bod Duw, y Creawdwr, yn hollbresennol yn ei ganol:

Wele'r gauaf a aeth heibio, y gwlaw a basiodd, ac a aeth ymmaith; gwelwyd y blodau ar y ddaear, daeth amser i'r adar i ganu: y dydd sydd beunydd yn ymestyn, a'r haul yn mynych ymddangos allan o babell y ffurfafen, ac nid ymgudd dim oddiwrth ei wrês ef.

Y ddaear, oedd galed, oerllyd ac afrywiog amser gauaf, yn awr a dry yn feddal a thirion, trwy dynerwch yr hin, a chynhesrwydd yr haul: Wele'r goedfron yn glasu a'r gerddi'n blodeuo, a'r holl greadigaeth yn adnewyddu, er dechreuad y tymmor hyfryd hwn.

Gwel yma, o fy enaid! wrthddrychau ac arwyddion eglur yn Llyfr nattur, o gyflwr a moddau dyn cadwedig, yn amser ei ail greadigaeth o newydd yng Nghrist Iesu... (9)

Ar ddechrau nofel Goethe, yn ei ail lythyr at Wilhelm, mae Werther yntau yr un mor angerddol wrth fynegi ei deimladau am hyfrydwch y gwanwyn, ac mae yntau'n canfod presenoldeb yr Hollalluog ynghanol harddwch naturiol y greadigaeth:

Mae llawenydd gogoneddus wedi meddiannu fy holl enaid, fel y boreau melys o wanwyn sydd yn boddhau fy nghalon yn llwyr. Rwyf ar fy mhen fy hun ac yn ymhyfrydu yn fy mywyd yn y fro hon a grëwyd ar gyfer eneidiau fel f'un i. [...] Pan fo'r tes yn f'amgáu yn y cwm hyfryd hwn a'r haul uchel yn gorwedd uwch tywyllwch dudew fy nghoedwig a dim ond ambell belydryn yn treiddio i'r cysegr mewnol, a minnau wedyn yn gorwedd yn y glaswellt tal wrth y nant ddisgynnol, ac, a minnau mor agos at y ddaear, yn rhyfeddu at liaws amrywiol y gweiriach; pan fwyf yn teimlo'n nes at fy nghalon holl fynd a dod y byd bach sydd rhwng y bonion, ffurfiau aneirif a diamgyffred y pryfed a'r gwybed mân, ac yn teimlo presenoldeb yr Hollalluog a'n creodd ar ei ddelw ei hun, a theimlo anadl y Serchog Un sydd yn ein suo-garïo a'n cadw mewn dedwyddwch tragwyddol...

Eine wunderbare Heiterkeit hat meine ganze Seele eingenommen, gleich den süßen Frühlingsmorgen, die ich mit ganzem Herzen genieße. Ich bin allein und freue mich meines Lebens in dieser Gegend, die für solche Seelen geschaffen ist wie die meine. [...]Wenn das liebe Tal um mich dampft und die hohe Sonne an der Oberfläche der undurchdringlichen Finsternis meines Waldes ruht und nur einzelne Strahlen sich in das innere Heiligtum stehlen, ich dann im hohen Grase am fallenden Bache liege und näher an der Erde tausend mannigfaltige Gräschen mir merkwürdig werden; wenn ich das Wimmeln der kleinen Welt zwischen Halmen, die unzähligen unergründlichen Gestalten der Würmchen, der Mückchen näher an meinem Herzen fühle and fühle die Gegenwart des Allmächtigen,

> *der uns nach seinem Bilde schuf, das Wehen des Alliebenden, der uns in ewiger Wonne schwebend trägt und erhält...* (3-4)

Gwelir yn eglur o'r ddau ddyfyniad hwn bwyslais y ddau awdur ar urddas emosiwn, ar brofiad goddrychol, yn ogystal ag ar enaid yr unigolyn. Gwelir hefyd bod y ddau waith yn olrhain proses ddadansoddol o hunanymchwilio a hunanfynegi – rhywbeth yr ydym yn ei gymryd yn ganiataol mewn llenyddiaeth ers dyddiau Rhamantiaeth ond a oedd yn ddatblygiad cymharol newydd yn 1774. Roedd yn elfen ganolog yn y *Sturm und Drang* ac yn rhan o bwyslais y mudiad hwnnw ar yr athrylith naturiol-ddwyfol.

Fel y gwelir hefyd, tebyg yw'r eirfa gyfoethog, yr ymadroddion rhywiog a'r delweddau trawiadol a ddefnyddir gan y ddau awdur, yn ogystal â rhythmau cryf y dweud. Trwy gydol y *Cydymaith* ceir yn arddull Hugh Jones atseiniau o Feibl William Morgan, ac yn yr un modd ceir adleisiau cryf o Feibl Martin Luther yn yr Almaeneg a ddefnyddia *Werther*. Mae'r blas Beiblaidd hefyd yn cydblethu ag adleisiau o symlrwydd llên werin yn y ddau waith, ieithwedd yr oedd Hugh Jones yn gyfarwydd â hi o fro ei febyd, ac un yr oedd Goethe wedi dod i ymddiddori ynddi yn sgil ei gyfeillgarwch ag un o hyrwyddwyr mawr llenyddiaeth werin Almaeneg, yr athronydd, Johann Gottfried Herder. O edrych ar eu cystrawennau gwelir cyfatebiaethau pellach: mae Hugh Jones a Goethe ill dau yn defnyddio arddull salmaidd, rhapsodaidd bron, er mwyn mynegi eithafrwydd emosiynol neu ymatebion synhwyrus cryf. Ar ddechrau 'Myfyrdodau yn yr Haf', er enghraifft, ysgrifenna Hugh Jones:

> Deuwch a gwelwch weithredoedd Duw, yr hwn sydd yn Coroni'r flwyddyn a'i ddaioni [...]. Draw y gwelir y dolydd gwyrddlas yn gorwedd gan gnwd, a'r meusydd yn cau i fyny o yd, i lenwi ein hysguboriau ag ystôr, erbyn tymmhestloedd gauaf

a llymder gwanwyn. O! na bae i ddynion fellu drysori iddynt eu hunain sail dda erbyn yr amser sydd i ddyfod. (26-27)

A thebyg yw arddull Werther ryw ddiwrnod godidog o Fehefin:

Y mae fy nyddiau mor hapus â'r dyddiau a geidw Duw ar gyfer ei seintiau [...]. Mor rhyfeddol: sut y deuthum yma gan edrych i lawr o'r bryniau tua'r dyffryn prydferth, a sut yr atynnwyd fi gan bopeth o'm cwmpas. – Y goedwig acw! – O, gan ymochel yn ei chysgod! – Copa'r mynydd! – O, a'r olygfa ohono draw tua'r pellter! Y bryniau ymddolennog a'r dyffrynnoedd cynefin!

Ich lebe so glückliche Tage, wie sie Gott seinen Heiligen ausspart. Es ist wunderbar: wie ich hierher kam und vom Hügel in das schöne Tal schaute, wie es mich rings umher anzog – Dort das Wäldchen! – Ach, könntest Du Dich in seine Schatten mischen! – Dort die Spitze des Berges! – Ach, könntest Du von da die weite Gegend überschauen! – Die ineinandergeketteten Hügel und vertraulichen Täler! (25)

Gellid mynd ymlaen i amlhau dyfyniadau fel hyn, gan roi enghreifftiau dirifedi o debygrwydd y ddau waith i'w gilydd o ran arddull, naws a chynnwys, gan sôn, dyweder, am y ddeuoliaeth amseryddol sy'n thema gyffredin ynddynt (amser daearol yn erbyn tragwyddoldeb); yr ysu am wynfyd ysbrydol sy'n treiddio trwyddynt (a'r ymwybyddiaeth o bechod sy'n sail i'r ysu); yr ymdriniaeth grefyddol â'r byd naturiol; yr awydd am gymundeb unigolyddol â'r Hollalluog; y pwyslais ar y distadl, y syml a'r naturiol fel cyfrwng Gwirionedd; yr arddull homiletig; ac wrth gwrs, y dathliad gorawenus o rym gorchfygol cariad – sef yr emosiwn a ysbrydolodd y ddau waith yn y lle cyntaf: cariad Duw at ddyn yn achos y *Cydymaith*, a chariad dyn at gyd-ddyn yn achos *Werther*. Yn ychwanegol at y pethau hyn, mae'r ddau waith hefyd yn nodweddiadol o'u cyfnod yn y modd y maent yn ymrafael â chyfyngiadau ffurf lenyddol, wrth i ysbryd y *Sturm und Drang* ddod i'r fei yn y modd y maent yn gwrthryfela yn erbyn ffurfiau sefydledig, gan ffafrio ffurfiau mwy 'rhydd' neu uniongyrchol yn eu lle. Y llythyr personol yw'r cyfrwng mynegiant a ddewisir gan Werther, wedi'r cyfan: dyma'r ffurf sy'n cynnig y rhyddid mwyaf iddo wrth iddo archwilio ei brofiad a'i deimladau ei hun yn fanwl gyffesol. Mae *Cydymaith i'r Hwsmon* hefyd yn anwybyddu ffiniau llenyddol gan gymysgu rhyddiaith a barddoniaeth am yn ail, a chan amrywio, er mwyn mynegi gwahanol ddimensiynau profiad, ffurf a mydr y farddoniaeth hefyd. Yn wir, gellid mynd mor bell â dadlau bod naws ddramatig i'r modd y mae'r farddoniaeth yn tarfu ar y rhyddiaith ar adegau o deimlad neu argyhoeddiad neilltuol yng ngwaith y llenor o Faesglasau, yn adlais o'i anterliwtiau dirmygedig. Yn sicr, mae hybridedd ffurf *Cydymaith i'r Hwsmon* yn adlewyrchu grym emosiwn yn union fel y gwna llythyrau rhapsodaidd *Werther*.

Nodwyd eisoes mai'r gwahaniaeth canolog rhwng y ddau waith yw eu fframwaith diwinyddol. I Hwsmon Hugh Jones mae'r ffordd at iachawdwriaeth yn eglur: o ddilyn Crist, cedwir yr unigolyn rhag mynd ar gyfeiliorn, ac mae'r ymwybyddiaeth o ras a chariad Duw yn llywodraethu gydol y daith, yn nod ac yn waredigaeth. Mae gan yr Hwsmon, wedi'r cwbl, *Gydymaith*. Nid yw'r sicrwydd hwnnw yn bod i Werther. Ceisia ef greu ei grefydd ei hun o gariad bydol: diwinyddiaeth y synhwyrau a'r galon yn unig sydd ganddo, ac mae hynny'n ei arwain i ddinistr – ac at ei hunanladdiad unig ar ddiwedd y nofel. Ac mae'n rhyfedd meddwl mai'r stori dywyll a thrasig honno sy'n dal i ddal ei gafael ar ddychymyg darllenwyr hyd heddiw, tra bo drama taith pererin Hugh Jones fel petai'n perthyn i ryw oes bellennig.

Gwahanol, yn sicr, fu hynt Werther a'r Hwsmon yn eu 'bywyd nesaf' llenyddol – heb sôn am hynt eu hawduron. Fel y nodwyd eisoes, dathlwyd camp lenyddol Goethe ar draws Ewrop benbaladr, a chafodd yntau fynd yn ei flaen i ddatblygu ei ddoniau llenyddol ac ysgolheigaidd mewn sawl cyfeiriad. Cafodd nawdd ariannol gan y Dug Karl August yn Weimar am flynyddoedd, ac fe'i dyrchafwyd i ddosbarth yr uchelwyr (ychwanegwyd y *von* at ei enw, yn arwydd o'i statws bonheddig newydd). Wrth gwrs, roedd gan daleithiau a thywysogaethau yr Almaen sefydliadau a chymdeithasau sifig cryf a allai faethu athrylith o'r fath a meithrin cynulleidfa iddi. Fel y tystia'r astudiaethau dirifedi a gyhoeddwyd am Goethe dros y blynyddoedd, erbyn ei farwolaeth yn y flwyddyn 1832, ac yntau erbyn hynny dros ei bedwar ugain oed, efoedd un o ffigyrau llenyddol enwocaf Ewrop – statws a feddianna'r llenor dawnus o Frankfurt hyd heddiw. Nid oes ond rhaid mewnbynnu llythrennau cyntaf ei gyfenw i beiriannau chwilio'r we fyd eang, a daw toreth o wybodaeth fanwl amdano i'r golwg.

Am y llenor dawnus o Faesglasau, anghofiwyd amdano ef bron yn llwyr. Tra thlodaidd – yn faterol, beth bynnag – oedd sefyllfa Cymru ar ddiwedd y ddeunawfed ganrif, lle nad oedd prin unrhyw sefydliadau diwylliannol, na chymdeithasau sifig, a allai gyflawni'r gwaith o gefnogi a noddi galwedigaeth lenyddol. Er gwaethaf rhagoriaethau llenyddol clasur bychan y *Cydymaith i'r Hwsmon*, rhaid cofio mai gwaith a luniwyd mewn iaith leiafrifol nad oedd iddi unrhyw statws swyddogol nac isadeiledd cenedlaethol ydoedd. Yn sicr, doedd yr amgylchiadau ddim yn ffafriol ar gyfer creu *bestseller* Ewropeaidd tebyg i *Werther*. Hunan-gyhoeddi ei lyfrau a wnaeth Hugh Jones ar hyd ei fywyd, a dioddefodd yn arw oherwydd hynny. Yn nhudalennau cyntaf y *Cydymaith i'r Hwsmon*, er enghraifft, gwelir sut y bu'n rhaid iddo ef ei hun sicrhau dros bedwar cant ac ugain o danysgrifwyr i dalu am gostau argraffu'r gyfrol, a bod y mwyafrif ohonynt yn dod o ardal Dinas Mawddwy (gan gynnwys ei fam a'i dad, ynghyd â chwaer a phump o'i frodyr). A siarad yn ddaearyddol, felly, cylch go gyfyng oedd i gynulleidfa graidd y gyfrol. Ac nid oedd ychwaith ddulliau cyfleus o ddosbarthu a gwerthu'r gyfrol ledled Cymru, heb sôn am ddwyn cyhoeddusrwydd eang iddi.

Beth fu hanes y llanc ifanc o Faesglasau, felly? Ryw flwyddyn neu ddwy wedi cyhoeddi'r *Cydymaith*, dychwelodd adref o Lundain i fugeilio eto yn ei gwm genedigol, gan ymroi i sefydlu achos y Methodistiaid ym Mallwyd; ef oedd ysgrifennydd cyntaf y gymdeithas yno. Ond ar lenydda yr oedd ei fryd o hyd, ac yn 1782, yn sgil derbyn ei ran o etifeddiaeth ei rieni, gallodd Hugh Jones rentu ystafell ym Mallwyd i geisio ennill ei fara menyn trwy gyfieithu a chyhoeddi. Gwnaeth hynny'n ddygn, a rhwng 1776 ac 1798 cyhoeddodd un ar hugain o lyfrau Cymraeg, y cyfan ar ei liwt ei hun, gan gynnwys dwy gyfrol o gerddi gwreiddiol (*Gardd y Caniadau*, 1776 a *Hymnau Newyddion*, 1797), a thraethawd gwleidyddol, *Gair yn ei Amser* (1782). Ond gwnaeth golledion ariannol cynyddol yn sgil y mentrau hyn, a diwedd y gân fu iddo gael ei ddiarddel gan ei gydaelodau Methodistaidd am ei ddyledion. Dychwelodd i Lundain i ofyn i'r Cymry yno am nawdd tuag at gyhoeddi gweithiau pellach yn y Gymraeg, ond yn ofer. Bu hefyd yn cadw ysgolion yn siroedd Meirionnydd a Threfaldwyn, ond tlawd a gwasgarog oedd y boblogaeth, ac aeth amgylchiadau'r llenor yn gyfyng dros ben. Pan oedd yn nesáu at oed yr addewid, ceir llythyr ganddo at William Richards, ficer Darowen, lle dywed ei fod yn poeni am ddyfodiad y gaeaf am nad oedd ganddo ddillad i'w gadw'n ddiddos. Cafodd waith yn cyfieithu i'r Gymraeg lyfr Flavius Josephus am hanes yr Iddewon (gwaith rhyw 1,200 tudalen o hyd), ond doedd yr arian a dderbyniodd am ei lafur ddim yn ddigon i gadw corff ac enaid ynghyd. 'Mae ei amgylchiadau yn isel iawn, ac y mae yn byw ymron yn hollol ar elusenau,' ysgrifennodd ei nai, Erfyl, amdano yn 1822. Dair blynedd yn ddiweddarach, ac yntau wedi mynd i Ddinbych i ymgymryd â'r gwaith o gyfieithu gwaith gan Isaac Watts i'w gyhoeddi gan Thomas Gee, torrodd ei iechyd yn derfynol. Mewn llety dros-dro, yng nghartref crydd ym mhentref Henllan, bu farw

Hugh Jones ar yr unfed ar bymtheg o Ebrill 1825, ac yntau ar ganol cyfieithu *Y Byd a Ddaw*. Fe'i rhoddwyd i orwedd yno ym mynwent y plwyf, heb hyd yn oed garreg fedd i nodi'r fan y'i claddwyd. Yn raddol, wrth i'r bedwaredd ganrif ar bymtheg fynd rhagddi, anghofiwyd amdano i'r fath raddau nes peri i'r awdur, Tegwyn, resynu ar dudalennau'r cylchgrawn *Cymru* yn 1904 'fod un sydd wedi bod yn allu mor fawr mewn llenyddiaeth Gymreig heb ddim, braidd, ond ei enw yn hysbys i frodorion Dyffryn Dyfi'.[6]

Dethlir nofel Goethe, *Die leiden des jungen Werthers*, hyd heddiw fel un o glasuron y *Sturm und Drang*. Fe'i hailargraffwyd laweroedd o weithiau a'i chyfieithu i ddwsinau o ieithoedd, ac mae'n dal i hawlio'i lle ym meysydd llafur ysgolion a phrifysgolion yr Almaen, yn destun canonaidd yn nhraddodiad llenyddol y wlad. Am y *Cydymaith i'r Hwsmon*, er i O. M. Edwards ailargraffu'r gwaith yng Nghyfres y Fil yn 1907, ac i Henry Lewis gyhoeddi golygiad ysgolheigaidd ohono yn 1949, aeth y clasur Cymraeg bychan, sy'n enghraifft mor loyw o gyffroadau meddyliol ac angerdd telynegol ei oes, ar ddifancoll. Onid oes rhyw eironi chwerw yn hyn o beth? O'r ddau lenor dawnus hyn, ill dau wedi creu gweithiau cofiadwy dan gynyrfiadau'r *Sturm und Drang*, y Cymro angof, Hugh Jones, nid yr Almaenwr adnabyddus, Johann Wolfgang von Goethe, a ddaeth agosaf at fyw delfrydau – a rhannu ffawd gythryblus – rhai o arwyr trasig y mudiad hwnnw.

*

Yn y flwyddyn 1776, ddwy flynedd wedi cyhoeddi'r *Cydymaith i'r Hwsmon* a *Die Leiden des jungen Werthers*, gwta ugain milltir o Faesglasau ar hyd y briffordd tuag at Amwythig, fe aned llenor ac emynydd arall. Ond nid aeth hi, yn wahanol i Hugh Jones, yn angof. Yn hytrach, wedi ei marwolaeth gynnar yn 1805, tyfodd mewn bri ac enwogrwydd. Mae hynny'n syndod ar yr olwg gyntaf. Fel Hugh

Jones, ni adawodd Ann Griffiths (neu Ann Thomas, fel yr oedd cyn priodi), unrhyw gofnod ffurfiol o'i bywyd, a rhaid cynnull yr wybodaeth amdani o atgofion ei chyfeillion a'i theulu. Yn fwy rhyfeddol fyth – ac yn groes i Hugh – ni chyhoeddodd unrhyw lyfrau o'i gwaith ei hun ychwaith, na hyd yn oed gerddi unigol. Er bod nifer o lythyrau ganddi wedi goroesi, dim ond un o'r rheiny sydd yn ei llaw ei hun, tra cadwyd ei cherddi'n fyw ar gof eraill a'u rhoi ar ddu a gwyn wedi iddi farw.

Cefndir tebyg i Hugh Jones oedd gan Ann, a hithau'n aelod o deulu o amaethwyr diwylliedig a gymerai ran ym mywyd Cymraeg gwerinol a chyfoethog eu bro, gan ymddiddori yn y traddodiad barddol lleol. A chwyldrowyd ei bywyd hi, fel y digwyddodd i Hugh genhedlaeth ynghynt, gan rym y Diwygiad Methodistaidd. Trodd ei chefn ar y 'difyrrwch cnawdol', chwedl ei chofiannydd, yr arferai ei fwynhau ar wyliau ac mewn ffeiriau, a thrawsnewidiodd ei buchedd. Ac archwilio goblygiadau profiad ysgytwol ei thröedigaeth a wnaeth yn ei barddoniaeth a'i llythyrau.

Eto, o'r ddau gydemynydd a allai'n hawdd fod wedi cyfarfod â'i gilydd yng nghynulliadau Methodistaidd sir Drefaldwyn, Ann Griffiths, nid Hugh Jones, sy'n adnabyddus inni heddiw – er iddo ef fyw bron hyd at y pedwar ugain oed, ac iddi hi farw cyn cyrraedd y deg ar hugain. Erbyn diwedd y bedwaredd ganrif ar bymtheg roedd Ann yn eicon crefyddol cenedlaethol. Yn ddiweddarach, yn ystod yr ugeinfed ganrif, bu'n destun cyfrolau academaidd, cerddi, nofelau, dramâu, yn ogystal â rhaglenni teledu. Ac yn ein canrif ninnau deil enw Ann yn fyw trwy wefan arbennig sydd wedi ei neilltuo iddi, trwy fersiynau cerddorol hyfryd o'i hemynau gan artistiaid fel Siân James, a thrwy'r ddwy sioe lwyfan a gynhyrchwyd amdani yn y blynyddoedd diwethaf, sef y sioe gerdd, *Ann!*, a lwyfannwyd adeg Eisteddfod Genedlaethol Meifod 2003, ac *Y Danbaid Fendigaid Ann* a berfformiwyd gan Sian Meinir yn y flwyddyn 2015.

Mewn gair, mae emynau angerddol a phersonol Ann Griffiths

yn dal i ysbrydoli heddiw, a does dim syndod yn hynny, gan eu bod – i'm tyb i beth bynnag – ymhlith gweithiau mwyaf gwefreiddiol llenyddiaeth y Gymraeg, yn blethwaith o athrawiaeth a gweledigaeth. Hawdd y gellid craffu ar ei chynnyrch barddonol cyfoethog hithau – fel y gwnaethpwyd â *Chydymaith i'r Hwsmon* Hugh Jones yn rhan gyntaf yr erthygl hon – a gweld ynddo gyswllt â cheryntau celfyddydol ehangach ei oes, gan archwilio sut y mae amodau arbennig y Diwygiad Methodistaidd yn rhoi gwedd arbennig i'r nodweddion sy'n perthyn yr un pryd i fudiadau Ewropeaidd fel yr Oleuedigaeth, Teimladwyaeth a'r *Sturm und Drang*. Er mai anaml y sonnir am lenyddiaeth merched mewn perthynas â'r olaf o'r rhain, mae elfennau canolog yng ngwaith Ann yn nodweddiadol o'r mudiad hwnnw fel y'i hymgorfforwyd, dyweder, yn *Die Leiden des jungen Werthers* Goethe, gan gynnwys y pwyslais ar ddwyster ac eithafion teimlad yr unigolyn, yr hiraeth ysbrydol sy'n cyd-fynd â'r dyhead am fywyd anghyffredin, yr ysfa am gymundeb personol â'r goruwchnaturiol, y pwyslais ar gariad fel grym gorchfygol, a'r ymwrthod ag arferion llednais neu gonfensiynau cymdeithasol. O ran arddull maent yn rhannu'r un math o ysgrifennu telynegol, grymus hefyd, a hwnnw'n llawn o ddelweddau cryfion sy'n tarddu'n aml o fyd natur; gwna Ann a Werther fel ei gilydd ddefnydd trawiadol o gystrawennau rhapsodaidd (mae 'O!' yn ebychiad cyffredin gan ganddynt), yn ogystal ag o eirfa a phriod-ddulliau sy'n ddyledus i ieithwedd y Beibl. A byddai lle, yn sicr, i ddwyn cymariaethau ffrwythlon rhwng nodweddion llythyrau angerddol ddwys Ann Griffiths at ei chyd-Fethodistiaid a'r llythyrau a ysgrifennwyd gan arwr nofel Goethe ynghanol gwewyr ei hunanymchwilio ysbrydol yntau. Yn wir, petai Werther ei hun wedi bod yn emynydd, hawdd y gellid ei ddychmygu ef yn cyfansoddi penillion fel y canlynol gan Ann:

Pan fo'r enaid mwya' gwresog
Yn tanllyd garu'n mwya' byw,
Y mae'r pryd hynny yn fyr o gyrraedd
Perffaith sanctaidd gyfraith Duw;
O! am gael ei hanrhydeddu
Trwy dderbyn iechydwriaeth rad,
A'r cymundeb mwya' melys,
Wedi ei drochi yn y gwaed.

*

O! ddedwydd awr tragwyddol orffwys
Oddi wrth fy llafur yn fy rhan,
Ynghanol môr o ryfeddodau
Heb weled terfyn byth, na glan;
Mynediad helaeth byth i bara
I fewn trigfannau Tri yn Un;
Dŵr i'w nofio heb fynd trwyddo,
Dyn yn Dduw, a Duw yn ddyn

Ond yn hytrach nag ailadrodd y math o gymharu a wnaethpwyd yng nghyswllt *Cydymaith* Hugh Jones uchod, carwn newid y pwyslais ryw ychydig a throi at agwedd arall ar fywyd a gwaith Ann Griffiths sydd yr un mor allweddol i'w statws eiconig yn hanes ein llenyddiaeth. A honno yw'r modd y cyflwynwyd hi i'r Cymry wedi ei marwolaeth. Yn hyn hefyd, gwelir ôl ceryntau diwylliannol grymus ar waith, a'r rheiny'n tarddu, nid yn unig o Gymru anghydffurfiol y bedwaredd ganrif ar bymtheg, ond o gyfandir Ewrop yn ogystal. Os oes elfennau yng ngwaith Ann yn ymdebygu i'r *Sturm und Drang*, felly hefyd y bywyd a grëwyd ar ei chyfer gan y rhai a ddaeth i'w chanlyn.

Mae'r modd y cadwyd emynau Ann Griffiths ar glawr bellach yn rhan o chwedloniaeth llenyddiaeth Gymraeg. Trwy John Hughes, Pont Robert – a'i wraig, Ruth (a fu'n forwyn yn Nolwar Fach cyn priodi ac a oedd yn gyfaill mynwesol i Ann) – y rhoddwyd mwyafrif ei hemynau ar gof a chadw. Os cael ei anghofio fu hanes Hugh Jones wedi ei farw, o leiaf roedd ei lyfrau argraffedig yn dystiolaeth o'i fodolaeth a'i weithgarwch llenyddol. Heb Ruth a John, go brin y byddem yn gwybod am fywyd a gwaith Ann Griffiths o gwbl, a byddai hithau wedi rhannu tynged llawer o lenorion benywaidd eraill y canrifoedd a aeth ar ddifancoll.

John Hughes oedd awdur y cofiant cyntaf i Ann Griffiths, ac fe gyhoeddodd hwnnw ar ffurf erthygl yn *Y Traethodydd* yn 1846. Yno, esboniodd yn ofalus ei rôl ef – ynghyd ag un arall o gewri Methodistaidd yr oes, Thomas Charles y Bala – yn y gwaith o gadw enw Ann yn fyw i'r oesoedd a ddêl:

> Nid ysgrifenodd hi ond ychydig o honynt [yr emynau], ond adroddai hwynt i'r forwyn grybwylledig, a dymunai arni eu canu, i edrych a ddeuent ar y tônau; ac oddiar ei chof hi daeth y nifer fwyaf o honynt i wybodaeth gyhoeddus. Ysgrifenydd y cofiant hwn a'u hysgrifenodd, yn ol adroddiad R. H. [Ruth Hughes] o honynt, i'r diweddar Barch. Thomas Charles, o'r Bala, i'w hargraffu.[7]

Esbonia hefyd ei rôl fel mentor crefyddol i Ann yn ystod ei bywyd, ynghyd â'i adnabyddiaeth bersonol ddofn ohoni. Trwy hynny, felly, pwysleisia ddilysrwydd ei atgofion am ei chymeriad a'i hymarweddiad arbennig:

> Bu ysgrifenydd y cofiant hwn yn cadw ysgol yn nghymydogaeth Dolwar Fechan, ac yn lletya am amryw fisoedd yn Dolwar Fechan; a rhagorfraint nid bychan oedd cael cartrefu am yspaid yn y fath deulu serchog a gwir grefyddol. Yn yr yspaid hwn, bu

lawer o weithiau am amryw o oriau ynghyd yn ymddyddan âg Ann am bethau ysgrythyrol a phrofiadol, a hyny gyda'r fath hyfrydwch, hyd oni byddai oriau yn myned heibio yn ddïarwybod. (423)

I ategu hyn, cynhwysir yn atodiad i'w ysgrif gofiannol gasgliad o'r llythyrau a anfonodd Ann ato lle y trafodai ei phrofiadau crefyddol mwyaf dirgel a dwys, yn ogystal â'i hofnau a'i hamheuon hefyd.

Ond pan luniodd John Hughes ei gofiant iddi a'i gyhoeddi ar dudalennau prif gylchgrawn y Methodistiaid Calfinaidd yn oes Fictoria, roedd hanner can mlynedd wedi mynd heibio ers marw Ann. Erbyn hynny roedd yntau'n dynesu at y pedwar ugain oed, ac wedi tyfu o fod yn wehydd distadl i fod yn weinidog adnabyddus, yn emynydd ei hun ac awdur sawl cofiant, heb sôn am fod yn un o hoelion wyth Methodistiaeth sir Drefaldwyn. Cyfeiria John Hughes yn agored at y bwlch amseryddol hwn mewn 'Ôl-ysgrifen' ar derfyn ei gofiant. Gan nodi eto fod ganddo, wrth goffáu Ann, 'fwy o fanteision nag sydd gan neb arall ag sydd yn fyw yn bresennol' (432), cyfaddefa hefyd nad yw ffeithiau amseryddol ei gofnod yn 'sicr a manylaidd', a chydnebydd ei fod dan deimlad trwm o hiraeth wrth i 'hen agweddau pethau yr amser hwnw' ddod i'w feddwl.

Dyma rybudd, felly, gan John Hughes ei hun, y gallai treigl amser a grym galar fod wedi ystumio'r atgofion sy'n sylfaen i'w gofiant. Ond prin yr hidiwyd y cafeat. Y duedd fu i'r Cymry a ddaeth ar ei ôl ddarllen atgofion y gŵr o Bont Robert fel ffeithiau gwrthrychol, ac i raddau helaeth iawn mae pob ymdriniaeth bellach ag Ann yn seiliedig ar yr hyn a 'ddogfennodd' ef, yr wybodaeth a ddarparodd ef fel petai o lygad y ffynnon.

Ond mae'n werth parchu rhybudd yr awdur, gan graffu'n fanylach ar rai agweddau ar bortread John Hughes o Ann Griffiths. O wneud hynny, buan y sylwir fod elfennau pwysig yn y darlun a dynnodd ohoni, nid yn unig yn gynnyrch dyheadau anghydffurfiaeth

Gymraeg oes Fictoria, ond yn ddyledus hefyd i gynyrfiadau diwylliannol Ewropeaidd. Er mwyn cadw'r drafodaeth bresennol yn gryno, carwn ganolbwyntio yn benodol ar dair o'r elfennau hynny, sef (i) y portread o Ann fel 'athrylith naturiol'; (ii) y sôn am ei dull digymell, bron, o gyfansoddi ei gweithiau; a (iii) y pwyslais a roddir drwodd a thro ar fanylion bywyd a chymeriad Ann, yn hytrach nag ar nodweddion y gwaith ei hun.

(i) Athrylith naturiol

Canolog i'r cofiant yw'r syniad o Ann fel un sy'n fwy tebygol o weithredu yn ôl ei greddfau cryfion, yn hytrach nag yn ôl dysg, rheswm a phwyll. Esbonnir wrthym yn gynnar gan John Hughes na chafodd ond 'peth ysgol yn ei hieuenctid', a hynny er mwyn dysgu ychydig o Saesneg ac ysgrifennu (er mai dim 'ond ychydig o Saesoneg' a allai, er gwaetha'r addysg a gafodd). Nodir hefyd ganddo mor fyrbwyll a thafodrydd y gallai fod pan oedd yn ifanc:

> Yr oedd wedi ei chynnysgaethu â chynneddfau cryfion; ond lled wyllt ac ysgafn ydoedd yn ei hieuenctid. Hoffai ddawns, ac arferai ei doniau i siarad yn lled drahâus am grefydd a chrefyddwyr o Ymneillduwyr. Dywedai yn wawdus am y bobl a fyddai yn myned i Gymdeithasfa y Bala, 'Dacw y pererinion yn myned i Mecca'... (421)

'Yr oedd o dymher naturiol fywiog,' meddir wrthym wedyn (424), a gwrthgyferbynnir ei chymeriad â thymer 'ddystaw, dwys, a serchogaidd' ei brawd, John (sef y cyntaf o'r teulu i droi at Ymneilltuaeth), a oedd 'yn syml a thra difrifol yn ei agwedd grefyddol' (421). Dywedir wrthym bod ei deulu wedi ei wawdio am hyn, a bod Ann 'yn llawn càn waethed yn hyn a neb o honynt' (421).

Yn ddiweddarach, pan fo'i brodyr eisoes wedi troi at y Methodistiaid, ceir darlun truenus o Ann ar drugaredd ei greddfau ei hun, yn ystyfnig gyrchu i'r plygain yn eglwys Llanfihangel er ei bod yn mynd yno 'dan wylo trwy y tywyllwch' (422). Ac ar hap neu yn sgil perswâd eraill yr arweinir Ann o'r diwedd at Anghydffurfiaeth: merch ifanc arall a'i darbwylla i fynd i wrando ar bregeth Benjamin Jones yn Llanfyllin, ac yn groes i'w bwriad ei hun yr ymuna Ann â Methodistiaid Pont Robert (yn hytrach nag Annibynwyr Llanfyllin), maes o law. Dyma ferch, felly, nad yw'n cael ei rheoli gan reswm neu bwyll, ond yn hytrach sy'n gadael i reddf neu deimladau cryf y foment lywio'i phenderfyniadau.

Eto, mae John Hughes yn awyddus i ddangos nad merch benchwiban sydd yma, o anghenraid. Yn wir, y gair amlycaf o ddigon ganddo amdani yw 'hynod'. Yn nwy frawddeg agoriadol y cofiant defnyddir y gair ddwywaith: adroddir mai fel yr oedd Andronicus a Junia yn 'hynod ymhlith yr apostolion', roedd Ann 'yn hynod ymhlith y merched a'r gwragedd crefyddol' (420). Wrth i'r cofiant fynd rhagddo defnyddir y gair 'hynod' naw gwaith ymhellach, gan gynnwys yn y frawddeg isod lle'r ymddengys bump o weithiau:

> Yn ganlynol, teilwng ydyw coffâu rhai o'r pethau hynod a fu yng ngyrfa fèr yr hon y rhoddwyd yr hanes byr uchod am dani: oblegid un hynod ydoedd – hynod o ran cynneddfau ëang a chryfion, hynod o ran gwybodaeth ysgrythyrol a phrofiadau ysbrydol; a hynod o ran serchogrwydd, a sirioldeb. (423)

Roedd Ann hefyd, meddir, yn 'un hynod [...] mewn diwydrwydd i weddïau dirgel, a hynod ei hymdrechiadau ynddynt'. Meddai ar 'gof hynod o gryf'. A phan ymunodd gyntaf â'r Methodistiaid ym Mhont Robert, sonnir bod 'agwedd hynod o ddeffröus arni'.

Dyma ferch, felly, a chanddi gyneddfau anarferol a'i gosodai ar wahân i'r rhelyw, ond a oedd, serch hynny, yn dueddol o weithredu'n reddfol a byrbwyll ar brydiau. Mae hyn, wrth reswm, yn fan cychwyn gwerthfawr i'r sawl sydd am ddarlunio natur ddramatig y profiad o dröedigaeth grefyddol a'r newid cymeriad a ddaw yn ei sgil: dyma rywun a all deimlo i'r byw, yn ogystal â rhywun sydd mewn dirfawr angen sobrwydd ac arweiniad. Ond mae'r portread hwn hefyd yn ddyledus i fyth yr 'athrylith naturiol' a oedd yn gysyniad tra phwerus ar draws Ewrop – ac yn yr Almaen a Phrydain, yn enwedig – ar ddiwedd y ddeunawfed ganrif. Ac mae'n hynod berthnasol, yng nghyd-destun ein trafodaeth ar gofiant Ann Griffiths, ei fod yn gysyniad a ddefnyddid yn aml i bortreadu merched o feirdd yn y cyfnod hwn. Yn ei chyfrol, *Women Peasant Poets in Eighteenth-Century England, Scotland and Germany: Milkmaids on Parnassus*, mae Susanne Kord yn trafod gweithiau prydyddesau Ewropeaidd, megis Anna Louisa Karsch (1722-1791) o'r Almaen ac Ann Cromartie Yearsley (1753-1806) o Loegr, a berthynai i ddosbarth cymdeithasol tebyg i Ann (mae'r gair 'peasant' ychydig yn gamarweiniol, gan mai trafod aelodau o'r werin ddiwylliedig a wneir). Yn yr astudiaeth hon dengys Kord yn eglur sut y mowldiwyd gwaith y prydyddesau, ynghyd â'u proffil fel ffigyrau diwylliannol, gan ofynion cymdeithasol penodol, a bod myth yr 'athrylith naturiol' yn un o'r dylanwadau pennaf ar y modd y caent eu dehongli a'u darlunio.

Syniad oedd hwn a ddaeth i boblogrwydd yn yr Almaen yn bennaf trwy ysgrifeniadau Herder (y soniwyd amdano eisoes), ac yn Lloegr a'r Alban trwy farddoniaeth 'Ossian' James MacPherson, gan ddod yn ei dro yn un o gonglfeini mudiad y *Sturm und Drang* (Ossian oedd hoff fardd Werther, gyda llaw). Roedd delfryd yr athrylith naturiol yn golygu bod confensiynau diwylliannol a dysg sefydledig yn cael eu dibrisio, a bod y syniad o gelfyddyd fwy naturiol a greddfol yn cymryd eu lle. Rhoddid pwyslais, felly, ar lenyddiaeth a oedd fel petai'n cael ei chynhyrchu bron yn ddiarwybod gan rai diddysg a oedd yn 'naïf' neu'n 'naturiol' (y werin, er enghraifft, neu ferched a hyd yn oed blant, ym marn Herder), a gwelir yn eglur o astudiaeth Kord sut y daethpwyd i ddarlunio beirdd benywaidd gwerinol (hynny yw, nid uchelwrol) cyfnod y *Sturm und Drang* yn unol â'i deithi: 'the natural-genius theory furnished the theoretical basis for their literary existence', esbonia.[8] Crynhoir priodweddau'r 'athrylith naturiol' gan Kord fel hyn:

> the definition [...] of genius as imagination and invention; the frequent opposition of genius with book learning, rule-based poesy, or imitation of any kind; the idea that poetry originates in nature (understood as an organizing principle) and is inspired by nature (understood as rural landscape); the frequent identification of genius with passion and enthusiasm rather than reason or judgment. (31-32)

Dyfynna Susanna Kord o'r rhageiriau a ysgrifennwyd i weithiau nifer o brydyddesau gwerinol Lloegr, yr Alban a'r Almaen yn y cyfnod hwn i ddangos mor gryf oedd y pwyslais ar eu naturioldeb anaddysgedig: dywedir bod Elizabeth Bentley, er enghraifft, yn darllen 'by accident', bod Janet Little yn dangos 'no one indication [...] of ever having opened a book' a bod cerddi Ann Candler yn gynnyrch 'spontaneous productions of genius' yn hytrach nag yn 'work of memory or education' (58). Pan gyrhaeddodd yr Almaenes, Anna Louisa Karsch, gylchoedd llenyddol Berlin am y tro cyntaf yn 1761, ysgrifennodd Johann Georg Sulzer at ei gyfaill Bodmer yn disgrifio 'ymddangosiad rhyfeddol' y 'brydyddes a luniwyd gan Natur yn unig' ac a 'hyfforddwyd gan yr Awen yn unig' (76), a hyd yn oed yn 1783, pan oedd Karsch dros drigain oed, bu'n rhaid iddi ddarparu datganiad cyfreithiol i'w noddwr, Johann Wilhelm Gleim, yn cadarnhau mai ei gwaith hi a neb arall oedd ei cherddi, gan mor hirhoedlog a fu'r pwyslais ar ei diffyg dysg (62).

    Mae cymeriad Ann Griffiths, fel y'i portreadir gan John Hughes yn ei gofiant iddi, yn cydweddu'n eglur â'r rhagdybiau hyn sydd ynghlwm ag ystrydeb yr athrylith naturiol. Hyd yn oed wedi ei thröedigaeth, nodir bod ei nwydau cryfion yn dal i reoli ei hymddygiad. Sonnir, er enghraifft, sut y 'bu yn ymdreiglo amryw weithiau ar hyd y ffordd wrth fyned adref o'r Bont o wrandaw y pregethau, gan ddychrynféydd a thrallod ei meddwl' (422). Weithiau, yn sgil ymweliadau grymus, 'byddai yn tòri allan mewn gorfoledd uchel [...] ac weithiau clywid ei bloeddiadau gorfoleddus led amryw gaeau oddiwrth y ty' (424). Unwaith, wrth ddychwelyd adref o'r Bala, fe 'lyncwyd ei myfyrdodau mor lwyr, fel na wybu ddim am dani ei hun nes dyfod dros Ferwyn, i flaen plwyf Llanwddyn, yr hyn oedd ynghylch pum milltir o ffordd' (424). Ar adegau eraill, pan fyddai wrth ei thröell yn nyddu, disgrifir sut y byddai 'ei dagrau yn rhedeg ar hyd ei dillad' (424), a cheir yr hanesyn canlynol amdani fel petai'n siarad trwy'i hun un tro pan oedd ar drugaredd grymoedd goruwchnaturiol:

> Wrth wrandaw pregeth yn ei chartref un prydnawn Sabboth, tòrodd allan mewn gorfoledd, gan adrodd y geiriau canlynol gyda llewyrchiadau tra thanbaid a grymus – 'Y mae fy enaid yn mawrhau yr Arglwydd.' Ac ar ddyledswydd deuluaidd y noswaith hono, tòrai allan mewn modd rhyfeddol, gan adrodd y geiriau uchod drachefn a thrachefn, a dywedyd hefyd drachefn a thrachefn, 'Arglwydd gwerthfawr!' Yr oedd y fath amlygiadau o fawredd Duw yn tywynu i'w meddwl hyd onid oedd geiriau yn pallu, a iaith yn methu gosod allan olygiadau ei meddwl. (425-426)

(ii) Cyfansoddi'n ddigymell
Unwaith eto, gellid dadlau bod y disgrifiadau hyn yn nodweddiadol o ddarluniau o dröedigaethau Methodistaidd y cyfnod. Ond yr hyn sy'n arbennig yma yw bod y modd y meddiennir Ann gan rymoedd dwyfol yn ymgysylltu â'i chreadigrwydd. Yn union fel y mae hi'n analluog i reoli ei hebychiadau a'i chyffroadau corfforol, daw geiriau

ei chyfansoddiadau iddi yr un mor ddigymell, fel petaent yn tarddu'n ddireolaeth ohoni. Yr awgrym cryf yw nad cynnyrch ymdrech fwriadus, na hyfforddiant, na dysg mo emynau Ann Griffiths, ond yn hytrach eu bod yn deillio o rym sydd y tu hwnt iddi hi'n unigol. Eu pennaf briodwedd, yn unol â myth yr athrylith naturiol, yw'r gwreiddioldeb sy'n deillio o'u newydd-deb. Ni thelir sylw i'w crefft, eu disgyblaeth, eu dysg, eu defnydd o gynddelwau llenyddol na'u perthynas â thraddodiad. Mae hyn, unwaith yn rhagor, yn gwbl gydnaws â myth yr athrylith naturiol yn y *Sturm und Drang*, fel y nodir gan Susanne Kord. Esbonia hi sut yr ystyrid

> the writing process of the genius as a kind of automatic writing, produced spontaneously, unconsciously, rapidly and in the raptures of poetic inspiration and 'divine fury'. All of them [y prydyddesau] laid claim to unerudite poetic production, and examples for swift, spontaneous, and near-automatic writing could certainly be found among them, the most famous case being that of Anna Louisa Karsch. (32-33)

Sonnid yn fynych am ruthr cyflym a byrfyfyr cyfansoddiadau Karsch (78), a chanmolodd Sulzer yntau y cerddi hynny a ysgrifennwyd ganddi 'yng ngwres cyntaf ei dychymyg' yn hytrach na'r rhai a luniwyd yn 'fwriadus ac yn sgil myfyrdod tawel' (90). Yn yr un modd, mae John Hughes yntau'n pwysleisio mai proses llafar, digymell, disymwth oedd cyfansoddi i Ann, nid crefft a ddigwyddai'n araf a phoenus ar bapur yn sgil hyfforddiant, ymdrech, myfyrdod a disgyblaeth. Yn wir, i bob golwg, nid oedd ysgrifennu'n cydweddu â'i hathrylith:

> Bwriadodd Ann unwaith ysgrifenu dydd-lyfr, i gadw coffadwriaeth o'r ymweliadau a'r profiadau a fyddai yn gael; ond yn lle cyflawni y bwriad hwnw, dechreuodd gyfansoddi

pennillion a hymnau, a phryd bynag y byddai rhywbeth neillduol ar ei meddwl, deuai allan yn bennill o hymn. (426)

'Dod allan' a wna'r emynau, felly. Eu cyfrwng yw Ann, nid eu hawdur. Ac er y gwyddom o dystiolaeth ei llythyrau bod Ann yn gallu ysgrifennu, ar y llafar y mae'r pwyslais drwodd a thro yng nghofiant John Hughes wrth drafod ei chreadigrwydd. Rhan o hynny yw'r pwyslais ar gryfder eithriadol ei chof. Dyma un arall o ystrydebau cyfnod y *Sturm und Drang* wrth bortreadu prydyddesau gwerinol, a noda Kord y tadogir cof eithriadol ar Mary Collier a Christian Milne, tra nodir y gwyddai Isobel Pagan gynnwys y Beibl cyfan ar ei chof. 'Nid ysgrifenodd hi ond ychydig o honynt,' pwysleisia John Hughes wedyn wrth drafod sut y creai ac y cofnodai Ann ei cherddi. Yn hytrach, fe'n hysbysir: 'ysgrifenydd y cofiant hwn a'u hysgrifenodd' (426). Ac mae diffyg uchelgais lenyddol Ann – ei diymhongarwch rhinweddol – hefyd yn gwbl nodweddiadol. Yn wir, gellid barnu mai disgrifio cofiant John Hughes i Ann Griffiths a wna Kord wrth restru themâu cyffredin y portreadau a gaed o brydyddesau'r ddeunawfed ganrif a dechrau'r bedwaredd ganrif ar bymtheg:

> the uneducated poet; the poet as inexplicably and irresistibly drawn to poetry as well as virtuous, unassuming, modest, and devoid of authorial ambition; the poet's amazing powers of memory; and the theme of unconscious poetic production (62)

(iii) Pwyslais ar y bywyd yn hytrach na'r gwaith
Yn olaf, mae'n drawiadol cyn lleied o sôn sydd am farddoniaeth Ann yng nghofiant John Hughes, ac yn hyn eto datgelir ffasiynau diwylliannol yr oes ar waith yn yr ymdriniaeth â hi. Ar fanylion ac amgylchiadau ei bywyd y canolbwyntir; ei chymeriad, yn hytrach na'i chrefft, sydd yn cyfrif. Sonnir, felly, am ei hymddangosiad 'gwyn a gwridog', ei chydwybod a'i chyfansoddiad tyner, ei sirioldeb, ei

sancteiddrwydd arbennig, ac awgrymir drosodd a throsodd mai Ann ei hun sy'n 'hynod', yn hytrach na'r farddoniaeth lachar, wybodus a gyfansoddodd. Ni cheir unrhyw sylwebaeth ar honno fel barddoniaeth, mwy nag y sonnir am y myfyrdodau dwys a geir yn ei llythyrau a'r materion diwinyddol a drafodir ynddynt.

Unwaith eto, mae i'w ddisgwyl, efallai, bod John Hughes yn awyddus i fawrygu gwrthrych ei gofiant gerbron ei gynulleidfa Fictorianaidd drwy gyfeirio at ei rhinweddau personol (nodweddiadol fenywaidd). Ond pwysig yw nodi yr un pryd bod y pwyslais ar ei bywyd ar draul ei gwaith yn mynd yn ddyfnach na hynny a'i fod yn nodwedd o gofiannau prydyddesau eraill y ddeunawfed ganrif. Dengys Susanne Kord yn eglur mai trafod bywydau Karsch, Yearsley ac eraill, ynghyd â'u harferion anghyffredin, a wneir yng nghyfnod y *Sturm und Drang* ar draul trafod eu gwaith. Y cofiant bywgraffyddol a luniwyd gan yr awdur (John Hughes, dyweder) sy'n meddiannu canol y llwyfan, ac nid cynnyrch creadigol gwrthrych y cofiant (megis emynau a llythyrau Ann Griffiths). Yng ngeiriau Kord: 'the life not only frames the work, but substitutes for it' (156), ac mae hyn yn ei dro'n gosod cynsail i ymdriniaethau pellach â nhw:

> Biographies of peasant authors and, to the extent that they were influenced by their patrons, the poets' autobiographical texts as well, can be viewed as predetermining the poets' reception in two important ways: on the one hand, the *literarization* of the poet's life and the *substitution*, in the critical process, of the life for the work; on the other hand, the *decontextualization* of the poet's oeuvre. In the act of writing biography, biography as a genre is redefined not as a life story rooted in historical fact but as a pre-text with a gatekeeping function that initially backgrounds the literature and ultimately precludes all nonbiographical interpretations of the work. (158)

Wrth i John Hughes bwysleisio ei awdurdod ef fel cofiannydd i Ann Griffiths (am fod ganddo, ys dywedodd, 'fwy a fanteision na neb' wrth ysgrifennu amdani), sefydlwyd traddodiad o ganolbwyntio ar ddrama ei bywyd oddi mewn i fframwaith a osodwyd gan lygad-dyst y ddrama honno, gan gyfyngu ar y deongliadau posibl ar ei gwaith. Mae hyn yn golygu, a defnyddio ymadrodd Kord, bod gan y cofiannau hyn 'gatekeeping function'. Yn achos Ann Griffiths – fel merched llenyddol eraill ei chyfnod a'i dosbarth – crëwyd arwres drasig *Sturm-und-Drangaidd* ohoni, yn wraig ifanc o athrylith naturiol a yrrwyd gan ordeimladrwydd i ddinistr (sef yr un dynged ag eiddo Werther gynt). O safbwynt priodweddau'r genre, mae diweddglo trasig (ei marwolaeth gynnar wedi iddi esgor ar blentyn) yn gwbl ddisgwyliedig: diweddglo trasig a roddwyd i hanes bywydau mwyafrif beirdd benywaidd y cyfnod. Yn achos Anna Louisa Karsch, er enghraifft, ceir darlun o wraig ddigalon ac unig a leddir yn y diwedd gan y diciâu a hynny yn sgil ei styfnigrwydd a'i hanufudd-dod ei hun, tra darlunia cofiannau Ann Yearsley un a ddiweddodd ei bywyd yn dlawd, unig ac wedi colli ei phwyll, er nad oes sail ffeithiol dros honni hynny. Yng ngeiriau Kord unwaith eto: 'Tragic endings, whether supported by the biographical data or not, inevitably conclude the biographical tale of the peasant poet' (153).

Daw bywydau'r beirdd benywaidd hyn, felly, yn ddeunydd crai i'r awduron gwrywaidd ei fowldio yn unol â'u hamcanion eu hunain. Yn wir, mae un manylyn yn y cofiant yn dangos yn eglur awydd John Hughes i *lenyddoli* ffawd drasig Ann Griffiths er mwyn creu myth nerthol ohoni. Fel petai tristwch anhraethol ei marwolaeth gynnar hi, yn ogystal â'i merch fach newydd-anedig, ddim yn ddigon, ychwanegir mewnwelediad ganddo sy'n gwneud yr olygfa deimladwy ohoni ar ei gwely angau yn fwy dirdynnol byth ac yn deilwng o nofel sentimentalaidd Fictorianaidd:

Yr oedd Mrs Griffiths yn ei dyddiau a'i horiau olaf yn dra

gwanaidd, a than ddiffyg anadl i raddau mawr, fel nas gallodd lefaru ond ychydig. Dywedai ei bod wedi dymuno lawer gwaith am gael gwely angeu yn adeg oleu ar ei meddwl, ond erbyn myned iddo nad ydoedd yn edrych cymaint ar hyny. (423)

Hynny yw, er iddi, pan oedd yn iach, ddymuno marw er mwyn cael mynd i deyrnas nefoedd, nid felly y teimlai pan wynebai wir ddiwedd ei bywyd. A chyda'r pathos trasig hwnnw y rhoddir Ann – fel Karsch, Yearsley a'i chyd-brydyddesau eraill – i orffwys hyd dragwyddoldeb.

Nid oes bai ar John Hughes yn benodol am yr ystumio hwn ar nodweddion bywyd ei wrthrych, ac yn sicr, gennym le i ddiolch iddo am warchod y cof am emynau Ann Griffiths, ac am roi ei atgofion amdani ar glawr. Pwysig yw nodi, fodd bynnag, nad cofnod gwrthrychol mo'i gofiant iddi (mwy nag unrhyw gofiant arall), a bod ei ddull o'i chyflwyno i'w gynulleidfa wedi ei ddylanwadu gan ragfarnau cymdeithasol, amcanion diwylliannol a ffasiynau llenyddol a nifer o'r rheiny ar led ar draws Ewrop. Mae cyfrol Susanne Kord yn dangos yn eglur bod patrwm cyffredin i'r modd y cyflwynid prydyddesau cyfnod y *Sturm und Drang* i'w cynulleidfaoedd, a chymer Ann Griffiths ei lle yn sicr yn eu plith. Gair Kord am hyn yw 'instrumentalisation', gair y gellid ei gyfieithu i'r Gymraeg, efallai, fel 'defnyddioli'. Ac er y gellid dadlau bod y 'defnyddioli' hwn yn nodwedd o gofiannau yn gyffredinol, pwysig yw cofio yma fod statws isel y merched hyn – oherwydd eu rhyw, eu cefndir cymdeithasol a'u gwendid economaidd – yn golygu eu bod yn fwy agored na'r rhelyw i gael eu camgynrychioli gan aelodau grymusach y gymdeithas a chan ideolegau na allent mo'u rheoli. 'This body of literature,' fe'n hatgoffir gan Kord, 'was produced by one social group (peasant women) but fashioned into an aesthetic *tradition* by another (bourgeois men)' (7).

Os gellir dirnad ôl y *Sturm und Drang* ar waith Ann Griffiths, fel ar waith ei chydemynydd o sir Drefaldwyn, Hugh Jones, bu dylanwad y mudiad hwnnw ar gofiant John Hughes iddi yr un mor allweddol. Boed yn ymwybodol neu beidio, manteisiodd ef ar rai o fythau a cheryntau grymusaf Ewrop wrth beintio ei bortread ohoni i Gymry oes Fictoria, gan anfarwoli Ann, yn ei eiriau ei hun, trwy ei gwneud yn 'goron o harddwch i'w phroffes'.

---

1. John Breese Davies, 'Tro i Faesglasau', *Ysgrifau John Breese Davies*, gol. gan Iorwerth Peate (Gwasg y Brython, 1949), 29.
2. Morris Davies, 'Emynyddiaeth XV: Yr Ewythr a'i Nai; sef Hugh Jones, Maesglasau, ger Dinas Mawddwy, a Hugh Jones (Erfyl), Caerlleon ar Ddyfrdwy', *Y Traethodydd*, 30/31 (1876), 218-237.
3. Gildas Tibbott, 'Hugh Jones, Maesglasau', *Cylchgrawn Cymdeithas Hanes Sir Feirionnydd*, 7/2 (1974),
4. Hugh Jones, *Cydymaith i'r Hwsmon* (1774), ailargraffiad yng Nghyfres y Fil, gol. gan O. M. Edwards (Swyddfa 'Cymru', 1907), 7-8.
5. Johann Wolfgang von Goethe, *Die Leiden des jungen Werthers* (Blackwell, 1972), 3-4. Ceir sawl cyfieithiad Saesneg dan y teitl *The Sorrows of Young Werther.*
6. Tegwyn, 'Hugh Jones, Maesglasau', *Cymru*, cyfrol 26 (1904), 18.
7. Dienw [John Hughes], 'Cofiant a llythyrau Ann Griffiths', *Y Traethodydd*, 2 (1846), 426.
8. Susanne Kord, *Women Peasant Poets in Eighteenth-Century England, Scotland and Germany: Milkmaids on Parnassus* (Camden House, 2003), 108.

Bergson, T. H. Parry-Williams ac Amser

Ffrancwr o dras Iddewig oedd Henri Bergson (1859-1941), ei fam yn hanu o ogledd Lloegr a'i dad yn Bwyliad. Er nad yw ei enw mor gyfarwydd i ni heddiw, Bergson oedd un o feddylwyr mwyaf adnabyddus Ewrop yn negawdau cyntaf yr ugeinfed ganrif. Yng ngeiriau Leszek Kolakowski: 'In the eyes of Europe's educated public he was clearly *the* philosopher, the intellectual spokesman *par excellence* of the era.'[1] Gweithiai Bergson ar y ffin rhwng seicoleg ac athroniaeth, ac o ddechrau cyntaf ei yrfa, aeth ati i drafod natur amser a'n dull o feddwl amdano. Ar ôl cyfnod yn athro ysgol yn Angers a Clermont-Ferrand, enillodd ei ddoethuriaeth o Brifysgol Paris yn 1889 am draethawd ar 'Ddata Uniongyrchol yr Ymwybod' (*Essai sur les données immédiates de la conscience*), gwaith sy'n fyfyrdod athronyddol-seicolegol ar berthynas amser a'r ewyllys rydd, fel yr awgryma teitl y cyfieithiad Saesneg, *Time and Free Will*. Yn y gwaith hwn y cyflwynodd am y tro cyntaf y term *la durée* (term yr wyf wedi dewis ei gyfieithu i'r Gymraeg fel 'yr ysbaid'), a daeth hwn yn gysyniad canolog i lawer o'i weithiau diweddarach. Yn fras, mynnai Bergson fod y dull mecanyddol neu wyddonol o fesur amser – sef trwy ei rannu'n unedau ailadroddus fel y gwneir ar gloc – yn gamarweiniol. Yn hytrach, dadleuai mai yn reddfol, trwy brofiad goddrychol, neu trwy sythwelediad (*intuition*), yr oeddem yn dirnad amser. Yn *la durée*, sef gwir amser, unid y gorffennol a'r presennol, ac ymdeimlid â gwir fywyd.

Datblygodd Bergson ei syniadau ymhellach mewn gweithiau eraill, gan gynnwys ei astudiaeth ar 'Fater a Chof: Ysgrif ar Berthynas y Corff â'r Meddwl' (*Matière et mémoire: Essai sur la relation du corps à l'ésprit*) a gyhoeddwyd yn 1896, a'r gyfrol bwysig a greodd enw iddo ymhlith deallusion byd-eang, sef 'Esblygiad Creadigol' (*L'Évolution créatrice*) a gyhoeddwyd yn 1907. Erbyn hynny roedd Bergson yn Athro yn y Collège de France ym Mharis, a'i ddarlithoedd, nid yn unig yn ddigwyddiadau academaidd o bwys, ond yn achlysuron cymdeithasol poblogaidd ymhlith *beau monde* prifddinas Ffrainc. Yn wir, fel y tystia ffotograffau a chartwnau o'r cyfnod, yn ogystal ag atgofion rhai o'i wrandawyr, heidiai pob math o bobl o bob cefndir a galwedigaeth i wrando arno, nid myfyrwyr ac academyddion yn unig.

Buan y lledaenodd enwogrwydd Bergson ar draws Ewrop a thros yr Iwerydd i America, a cheir stori apocryffaidd i'w ddyfodiad i Efrog Newydd achosi tagfa draffig ar Broadway. Nid athronydd adnabyddus yn unig ydoedd erbyn hyn, ond ffenomen ddiwylliannol. Fel y nododd Mark Antliff: 'Bergson, arguably the most celebrated thinker of his day, had become an international celebrity following the 1907 publication of *Creative Evolution*.'[2] Aeth yn ei flaen i gyhoeddi cyfres o weithiau cynhyrfus a dylanwadol (er nad annadleuol) dros y ddau ddegawd nesaf, ac yn 1927 cydnabyddwyd ei gyfraniad trwy ddyfarnu'r Wobr Nobel mewn Llenyddiaeth iddo. Ond diwedd trasig a gafwyd i fywyd y meddyliwr dylanwadol a thra pharchedig hwn. Bu farw Bergson o fronceitus yn 1941 wedi iddo orfod sefyll, ac yntau o dras Iddewig, mewn rhes cyfrif-pennau ym Mharis y Natsïaid. Yn dorcalonnus, gyda thwf gwrth-Semitiaeth y blynyddoedd hynny, aeth ei enw ar ddifancoll.

Mae'n anodd inni heddiw, felly, amgyffred y dylanwad a gafodd Bergson ar syniadau, celfyddyd a diwylliant Ewrop yn negawdau cyntaf yr ugeinfed ganrif. Er i'r athronydd Ffrengig, Gilles Deleuze, atgyfodi ei syniadau ym mlynyddoedd olaf yr ugeinfed ganrif yn ei gyfrol *Bergsonisme* (1988), ychydig o gydnabyddiaeth sydd iddo ymhlith athronwyr dechrau'r unfed ganrif ar hugain (dim ond crybwyll ei enw wrth fynd heibio a wna'r gyfrol Gymraeg swmpus, *Hanes Athroniaeth y Gorllewin* (2009), er enghraifft). Fodd bynnag, ymddangosodd ei enw'n dra annisgwyl yn y wasg Brydeinig ddiwedd Rhagfyr 2020, wrth i bapur newydd yr *Independent* fyfyrio ar ein profiad o amser yn ystod pandemig Covid 19. Mewn erthygl ac iddi'r teitl 'La durée: A philosophical idea that explains why time feels so slow' (9.12.20), atgyfodwyd syniad Bergson o'r ysbaid er mwyn egluro pam y gallai amser deimlo fel petai'n symud yn arafach nag arfer yn ystod cyfnodau'r Clo. Roedd dull Bergson o synio am amser yn cynnig esboniad da am y teimlad hwnnw, yn ôl newyddiadurwr yr *Independent*:

> Bergson argued that time has two faces. The first face of time is 'objective time': the time of watches, calendars, and train timetables. The second, *la durée* ('duration'), is 'lived time', the time of our inner subjective experience. This is time felt, lived, and acted.

Dyma ddefnyddio'r syniad o'r ysbaid Fergsonaidd, felly, er mwyn gwahaniaethu rhwng ein profiad llac o amser dan amgylchiadau caethiwus Clo Mawr 2020-21, a'n profiad o *fyw yn ôl y cloc* wrth gadw at amserlenni gwaith ac ysgol ac ati dan amgylchiadau arferol.

Ond pwysig yw ystyried syniadau Bergson am amser yn eu cyd-destun hanesyddol. Iddo ef, roedd y dull greddfol o ymdeimlo ag amser yn ffordd i herio positifiaeth y bedwaredd ganrif ar bymtheg a'r gorbwyslais a welai ef ar ddealltwriaeth fecanyddol o'r byd. Heb ddiystyru darganfyddiadau gwyddonol ei oes, gososdodd *la durée* yn gonglfaen ei ddealltwriaeth o amser, gan hawlio lle i sythwelediad – ynghyd â'r hyn a alwodd ef yn rym ysgogol yr *élan vital* – yn ein dealltwriaeth o brofiad byw. Wrth wneud hynny tanseiliodd dra-arglwyddiaeth y rheswm a'r deall ar fydolwg y cyfnod, a chafodd hyn ddylanwad pellgyrhaeddol, nid yn unig ar feddylwyr ac athronwyr, ond hefyd ar lenorion ac artistiaid dechrau'r ugeinfed ganrif.

Un o ladmeryddion cyntaf Bergson ym Mhrydain oedd T. E. Hulme (1883-1917), bardd a gollwyd yng nghyflafan y Rhyfel Mawr. Hulme oedd cyfieithydd Saesneg cyfrol Bergson, *Introduction to Metaphysics* (1912), ac i fardd modern fel ef cynigiai damcaniaethau Bergson ynghylch greddf, sythwelediad a'r *élan vital* drywyddau newydd ar gyfer mynegiant creadigol. Er iddo ddod i anghytuno â rhai o syniadau Bergson yn ddiweddarach, cofleidiodd yr Hulme ifanc argyhoeddiad y Ffrancwr na allai'r deall a'r rheswm yn unig, mwy na mesuroniaeth fecanyddol y gwyddonwyr, amgyffred na chyfleu gwir natur profiad. Meddai ef:

> [The intellect] is absolutely incapable of understanding life. In explaining vital phenomena it only distorts them in exhibiting them as very complex mechanical phenomena. To obtain a complete picture of reality it is necessary to employ another faculty of the mind which, after defining it, Bergson calls 'intuition'.[3]

Bu'r athronydd Americanaidd, William James (1842-1910), hefyd yn un o gefnogwyr cynnar Bergson yn y byd Eingl-Americanaidd. Yn y gyfres o 'Ddarlithoedd Hibbert' a draddododd ym Mhrifysgol Rhydychen yn 1908 (fe'u cyhoeddwyd flwyddyn yn ddiweddarach dan y teitl, *A Pluralistic Universe*), bu yntau'n trafod ymdriniaeth feirniadol Bergson â'r deall a'r bydolwg gwyddonol. Yn ei farn yntau, effaith bwysicaf syniadau Bergson ar athroniaeth y cyfnod oedd cwestiynu lle canolog y deall ynddi:

> The essential contribution of Bergson to philosophy is his criticism of intellectualism. In my opinion he has killed intellectualism definitively and without hope of recovery.[4]

Roedd syniadau Bergson yn arfogaeth werthfawr i James wrth iddo arddel y safbwynt nad oedd rheswm a rhesymeg yn ddigonol wrth drafod natur bodolaeth. Gan nodi nad oedd cysyniadau'r deall ond 'man-made extracts from the temporal flux', clodforodd waith Bergson i'r cymylau am gynnig ymryddhad ac ysbrydoliaeth i athronwyr ar ddechrau'r ugeinfed ganrif.

Ond nid pawb oedd mor frwd. Cafwyd ymateb rhyfedd o ffyrnig

gan yr athronydd Bertrand Russell, er enghraifft, a ddrwgdybiai enwogrwydd Bergson ac a ddilornai ei syniadau gwrthresymegol. Gan gwyno bod 'Lloegr wedi gwirioni arno', mynegodd Russell ei farn yn groyw nad athronydd o'r iawn ryw oedd y Ffrancwr, ond yn hytrach ramantydd gwrth-ddeallusol:

> Bergson's philosophy, though it shows constructive imagination, seems to me wholly devoid of argument and quite gratuitous; he never thinks about fundamentals, but just invents pretty fairy tales.[5]

I rai fel Russell a arddelai resymeg ddadansoddol uwchlaw popeth, ymddangosai syniadau Bergson am ddilysrwydd greddf, sythweledigaeth a phrofiad uniongyrchol yn afresymegol os nad yn ffuantus. I ddiwinyddion Ewrop hefyd, roedd lle i ddrwgdybio goblygiadau moesegol dealltwriaeth Bergson o amser. Ysgrifennodd yr athronydd Cristnogol, Jacques Maritain (1882-1973), er enghraifft, ymdriniaeth drylwyr â gwaith Bergson yn *La philosophie Bergsonienne* (1913), ac yno mynegodd ei bryderon bod cysyniadau megis greddf, yr ysbaid a'r *élan vital* yn anghydnaws ag egwyddorion sylfaenol yr Eglwys ac yn arwain Bergson i dir ansad pantheistiaeth lle nad oedd Duw'n bod ar wahân i'r bydysawd: 'Ni ellir dychmygu'r Duw a ddarlunnir ym metaffiseg Bergson yn bod yn annibynnol ar y byd,' meddai ef.[6] Yn wir, cymaint oedd pryder yr Eglwys Gatholig am apêl carismataidd syniadau Bergson – i'r byd ac i'r betws – fel y gosododd y Fatican ei gyhoeddiadau ar ei Rhestr o Lyfrau Gwaharddedig yn y flwyddyn 1914.

Nid y Catholigion yn unig a bryderai am anuniongrededd syniadau'r Ffrancwr, heb sôn am huodledd ei fynegiant. Cynigiai Bergson her i ddysgeidiaeth Brotestannaidd hefyd. Fel y nododd Maureen Lane: 'Ni chred [Bergson] mewn teleoleg nac mewn tyngedfennaeth.'[7] Os mai llif anrhagweladwy oedd amser – sef rhywbeth nad oedd yn symud ymlaen mewn modd unffurf, rhagweladwy, a heb anelu at nod arbennig – roedd yn her i un o gonglfeini Calfiniaeth, sef y syniad o ragluniaeth. Trwy danseilio'r syniad o dynged fel grym sydd dan reolaeth gras Duw a hwnnw'n rhagderfynu bywyd, roedd y meddylfryd Bergsonaidd yn peryglu sail iachawdwriaeth ei hun.

Serch hynny, neu efallai oherwydd hynny, diddorol yw nodi mai o du'r diwinyddion anghydffurfiol y daeth yr ymatebion cyntaf i waith Bergson yng Nghymru. Mor gynnar â mis Ionawr 1912 cafwyd erthygl amdano gan James Evans yn *Y Traethodydd*, sef cylchgrawn y Methodistiaid Calfinaidd. Gan alw Bergson yn 'apostol ffaith a phrofiad yn y dyddiau diweddaf hyn', crynhodd Evans rai o brif ddadleuon y gyfrol 'Esblygiad Creadigol' a'u tafoli'n ofalus. Er bod James Evans yn amheus o 'gymysgedd chaotic' y Ffrancwr o syniadau, a'i orddibyniaeth ar ddelweddau, yn sicr, mae'n annisgwyl o gydymdeimladol tuag at rai o'i safbwyntiau. Flwyddyn yn ddiweddarach, yn 1913, cyhoeddodd D. Miall Edwards ddwy erthygl bellach ar waith Bergson yng nghylchgrawn newydd John Morris-Jones, *Y Beirniad*. Yn y gyntaf o'r erthyglau dadlennol hyn (rhifyn Hydref 1913), canmolodd Edwards 'gyfaredd swynhudol' a 'chyfoeth eglurebol' arddull y Ffrancwr. A thynnodd sylw yn benodol at ei ymdriniaeth â syniad yr ysbaid (term y dewisodd Edwards ei gyfieithu fel 'parhad'):

> Ond am wir amser neu barhad, nid yw byth fel bysedd cloc yn dyfod yn ôl i'r un man. Mae organau byw yn torri llwybr newydd o hyd; 'ni thramwyasoch y ffordd hon o'r blaen' yw ei hanes yn ddiddiwedd.

Crynhodd D. Miall Edwards ddealltwriaeth Bergson o wir amser fel a ganlyn:

Dyna yw bywyd, ynteu – llifeiriant, mudiad, newydd-deb a gwreiddioldeb parhaus. Creu yw ei waith o hyd, a chan nad yw yn ei ailadrodd ei hun yn ei waith creadigol, ni all hyd yn oed y wyddoniaeth fanylaf ragfynegi ei ddyfodol.

Syndod, yn sicr, yw gweld Edwards, a oedd yn ddarlithydd mewn diwinyddiaeth yng Ngholeg yr Annibynwyr yn Aberhonddu, yn trafod syniadau gwrthdyngedfennol o'r fath heb eu collfarnu'n llwyr, gan yn hytrach esbonio'n oddefgar i'w ddarllenwyr fod Bergson yn gwrthod 'Bwriadaeth neu Derfyniaeth', yn gwadu bodolaeth 'deddf angenrheidiol y tu ôl i bethau' ac yn mynnu nad yw bywyd yn dilyn 'llwybr arfaethedig'. Yn wir, yn ei ail erthygl (Gaeaf 1913), wrth dafoli'r syniadau hyn, diolchodd Edwards i Bergson am ei 'wasanaeth amhrisiadwy' yn 'dangos geudeb y syniad peiriannol am y byd'. Ond nid oedd Miall Edwards, fel y gellid disgwyl, yn gwbl gymeradwyol o feddylfryd y Ffrancwr. Gresynai, yn sicr, fod Bergson, trwy wrthod Terfyniaeth, yn methu cynnig 'sail gadarn i unrhyw gyfundrefn o foeseg', a mynegodd ei anfodlonrwydd â'r modd y diraddiai'r deall a'r rheswm. A chofio i'r Eglwys Gatholig esgymuno llyfrau Bergson yn gyfan gwbl, trawiadol o faddeugar yw agwedd y diwinydd Annibynnol Miall Edwards at waith Bergson, yn sicr. Yn wir, gorffennodd ei drafodaeth arno trwy ddatgan 'yn ddibetrus' nad oes 'un athronydd heddyw all roi i ni fwy o ysbrydiaeth [nag ef]'.

Ac yntau'n ysgrifennu yn *Y Gwyliedydd Newydd* ym mis Gorffennaf 1914, sef cylchgrawn y Methodistiaid Wesleaidd (nad arddelai'r pwyslais Calfinaidd ar ragarfaeth Duw), croesawodd J. H. Williams syniadau Bergson yn frwd: 'Y mae system Calfin a Bergson yn hollol wrthwynebol i'w gilydd,' pwysleisiodd. Ac aeth yn ei flaen i ymhyfrydu'n agored yn y modd yr oedd y syniadau am natur greadigol amser yn cynnig rhyddid i'r credadun anghydffurfiol rhag iau Calfiniaeth:

Yn ôl Bergson nid rhywbeth caeth wedi ei glymu a gefynnau heyrn yw bywyd. Y mae bywyd yn rhywbeth sydd yn cyfnewid yn barhaus, ac yn mynd ar gynnydd didor trwy yr hyn a eilw efe yn hunan-greadigaeth.

[...]

Y mae Bergson yn prysur ddileu hen orthrwm materoliaeth a thyngedfennaeth. Dyma arloeswr sydd wedi agor y ffordd i'r Cristion rhydd-ewyllysgar fyned yn ei flaen a hyderwn fod ei athroniaeth fyw ef yn gân angladdol Calfiniaeth a Materoliaeth Ewrop.

Lluosogodd y cyfeiriadau at athroniaeth Bergson yn y wasg Gymraeg trwy gydol cyfnod y Rhyfel Mawr. Yn y flwyddyn 1914 yn unig ceir cyfeiriadau ato yng nghylchgronau *Y Tyst, Y Goleuad, Y Genedl, Yr Eurgrawn*, yn ogystal ag yn *Y Drych*, sef papur newydd y Cymry yn America. Yn yr un flwyddyn, cynhaliwyd sgwrs ar ei waith gerbron Cymdeithas Lenyddol Penlan, Pwllheli, a rhoddwyd darlith amdano yng Ngholeg yr Annibynwyr Aberhonddu gan Ms Olive Wheeler, brodor o Aberhonddu a fu'n fyfyrwraig i Bergson ym Mharis ac a'i hadwaenai'n bersonol, yn ôl adroddiad yn *Y Tyst*. (Yn wir, cyhoeddodd Wheeler, a benodwyd yn ddiweddarach yn Athro Addysg yng Ngholeg Prifysgol Caerdydd, lyfr ar Bergson yn 1922.) Erbyn 1919, roedd hyd yn oed yr Eisteddfod Genedlaethol wedi ymuno yn y drafodaeth, gan gynnal cystadleuaeth 'Traethawd esboniadol a beirniadol ar athroniaeth Bergson' yn Eisteddfod Genedlaethol Corwen. Yn ôl adroddiad yn *Y Darian*, roedd pump wedi cystadlu (pedwar trwy gyfrwng y Gymraeg ac un trwy gyfrwng y Saesneg), a'r beirniad oedd neb llai na D. Miall Edwards ei hun.

Tueddu i ganolbwyntio ar oblygiadau diwinyddol a moesegol syniadau Bergson a wnâi'r trafodaethau Cymraeg hyn. Yng ngwledydd eraill Ewrop roedd cysyniadau Bergsonaidd wedi bod yn ysbrydoliaeth fawr i feirdd ac awduron wrth iddynt chwilio am ddulliau newydd o fynegi'r profiad modern yn eu gweithiau llenyddol. Soniwyd eisoes sut y bu Bergson yn ysbrydoliaeth i fardd modern o Loegr, T. E. Hulme. Yn Ffrainc wedyn roedd yr awdur a'r beirniad, Tancrède de Visan, wedi gweld cysylltiad creiddiol rhwng damcaniaethau Bergson am amser a dramâu Maurice Maeterlink, yn ogystal â barddoniaeth y Symbolwyr Ffrengig, fel y trafododd yn y gyfrol *L'attitude du lyrisme contemporain* ('Meddylfryd Barddoniaeth Gyfoes') yn 1911. Gwelai eraill ôl ei ddylanwad ar gampwaith nofelyddol Ffrangeg Marcel Proust, *À la recherche du temps perdu* ('Wrth Chwilio am yr Amser Coll'), yn arbennig y modd y strwythurid amser yn y gwaith hwnnw, a'r rôl arbennig a chwaraeai *la durée* yn y cof. (Roedd gwraig Bergson, Louise Neuberger, yn gyfneither i Proust.)

Fodd bynnag, yng Nghymru, ni chafwyd unrhyw ymateb i syniadau cyffrous ac ysgogol y Ffrancwr ymhlith beirdd a llenorion. Hynny yw – ond am un eithriad. Ym mis Mai 1911 daeth Bergson i Rydychen lle y traddododd ddwy ddarlith bwysig yn Llyfrgell y Taylorian. Roedd y Ffrancwr ar anterth ei boblogrwydd erbyn hynny, a'i ymweliad â Phrifysgol Rhydychen yn ddigwyddiad diwylliannol o bwys. Teitl y darlithoedd oedd *La Perception du changement* ('Y Ddirnadaeth o Newid'), ac ynddynt pwysleisiodd Bergson o'r newydd nad endid rhanadwy ac ailadroddus oedd amser, fel y nodid ar wyneb cloc. Yn hytrach, roedd amser yn newid yn barhaus, yn anrhanadwy, yn anfesuradwy ac yn anrhagweladwy. Ac o ganlyniad, meddai ef, ffug a chyfeiliornus oedd gwahaniaethu rhwng y gorffennol a'r presennol. Yn hytrach, deuai'r rheiny ynghyd yn *la durée*:

> Digon yw cael ein hargyhoeddi unwaith ac am byth mai *newid* yw realiti, na ellir rhannu newid yn rhannau llai, a bod y gorffennol, yn y newid anrhanadwy hwn, yn dod yn un â'r presennol.

Il suffit de s'être convaincu une fois pour toutes que la realité est changement, que le changement est indivisible, et que, dans un changement indivisible, le passé fait corps avec le présent.

Yn yr un darlithoedd, pwysleisiodd Bergson mai rôl celfyddyd oedd rhyddhau'r meddwl o hualau'r categorïau gwyddonol ffug yr oeddem wedi dod i arfer â nhw, ymestyn ein dulliau o amgyffred, a herio'r hen batrymau â chanfyddiadau newydd. Trwy ddefnyddio celfyddyd i danseilio ein dulliau arferol o ddirnad gallem ymagor i wir brofiad. 'Mae celfyddyd yno, felly,' esboniodd, 'i ddangos inni bod modd ymestyn cyneddfau ein dirnad.' ('L'art est donc là pour nous montrer qu'une extension de nos facultés de percevoir est possible.') Ac yn ei ddull rhethregol rymus ei hun, erfyniodd Bergson yn y darlithoedd hyn ar i'w gynulleidfa roi heibio'r hen ffyrdd o amgyffred ac ymagor i wir natur realiti: 'Gofynnaf i chi wneud ymdrech egnïol [dreisgar],' meddai ef, 'i symud o'r neilltu rai o'r sgemâu ffug a osodwn, yn ddiarwybod, rhyngom a realiti.' ('Je vais vous demander de faire un effort violent pur écarter quelques-uns des schémas artificiels que nous interposons, à notre insu, entre la réalité et nous.')

Yn fyfyriwr ymchwil yn Rhydychen ar y pryd yr oedd T. H. Parry-Williams. Roedd y llenor pedair ar hugain oed (a fu'n llenydda ers ei gyfnod yn fyfyriwr israddedig yn Aberystwyth), erbyn hyn yn ymestyn ei orwelion deallusol ac yn hogi ei arfau beirniadol. Yng ngwanwyn 1911 roedd Parry-Williams wedi dechrau gwneud ei farc ar y byd cyhoeddi Cymraeg trwy ysgrifennu colofn i bapur newydd *Y Brython*. Yn y golofn hon, dan y ffugenw 'Oxoniensis', dechreuodd herio rhai o werthoedd llenyddol y diwylliant Cymraeg, gan gynnwys safbwyntiau rhai o'i hoelion wyth. Yn wir, yn yr union fis y daeth Henri Bergson i Rydychen, sef mis Mai 1911, aeth Oxoniensis ati i herio *guru* mwyaf beirniadaeth Gymraeg y cyfnod, sef yr Athro John Morris-Jones. Mewn colofn yn dwyn y teitl 'Y Critig Newydd', beirniadodd ddull mecanyddol Morris-Jones o dafoli llenyddiaeth â'i 'lathen a'i fantol' (cofiwn mai mathemategydd oedd Morris-Jones o ran hyfforddiant), a dilornodd y 'feirniadaeth gul' a dra-arglwyddai yn y byd llenyddol Cymraeg. Roedd y math hwn o feirniadu, meddai, 'yn andwyo twf yr awen a thorfynyglu syniadau newyddion'. Yn hytrach, anogodd ei ddarllenwyr i ymwrthod â'r hen ddulliau hyn a bod yn 'feiddgar hyd wallgofrwydd'.

Bythefnos yn unig wedi cyhoeddi'r alwad hon am gyfeiriadau newydd i lenyddiaeth a beirniadaeth Gymraeg y daeth Henri Bergson i Rydychen. Gwaetha'r modd, nid oes gennym rithyn o dystiolaeth i Parry-Williams fynd i wrando arno y pryd hwnnw: nid oes na chofnod dyddiadurol, na llythyr, nac unrhyw nodyn arall ganddo sy'n cyfeirio at y digwyddiad. Ond anodd yw credu na fyddai'r myfyriwr ymchwil wedi dod i wybod am y darlithoedd, cymaint oedd bri'r athronydd erbyn 1911. Ar ben hynny, byddai llyfrgell y Taylorian, sef llyfrgell ieithyddol Prifysgol Rhydychen, wedi bod yn gyrchfan gyfarwydd i Parry-Williams wrth iddo weithio ar ei draethawd ymchwil ym maes ieitheg. Ac ni fyddai cyfrwng Ffrangeg darlithoedd Bergson wedi bod yn llestair iddo ac yntau'n ieithydd medrus a fu'n dysgu'r iaith ers dyddiau Ysgol Ganolraddol Porthmadog.

Ond mae'r dystiolaeth gryfaf i syniadau Bergson dreiddio i ymwybod Parry-Williams yn y cyfnod hwn i'w chael yn yr hyn a ysgrifennodd yng ngholofn Oxoniensis rai wythnosau'n ddiweddarach, ar ddechrau mis Gorffennaf 1911. Teitl y golofn hon oedd 'Aristocrataeth', ac agorodd Parry-Williams ei druth gan gymryd arno bersona beirniad Saesneg sy'n craffu ar gyflwr llenyddiaeth Gymraeg o'r tu allan. Barn y beirniad diflewyn-ar-dafod hwn oedd mai cynnyrch labordy, nid cynnyrch teml, oedd celfyddyd Cymru ar y pryd:

> To speak plainly, Art in Wales is a second-rate laboratory and not a temple. Our literati are toying with test-tubes and spatulas instead of handling the mallet and chisel.

'Paradoxically speaking,' datganodd wedyn, 'our Art is a Science.' Adleisiai'r dyfarniadau hyn (o eiddo *alter ego* Parry-Williams) bwyslais Bergson ar gyfyngdra dulliau gwyddonol wrth ymwneud â chelfyddyd. Mae'r meddylfryd a'r derminoleg Fergsonaidd eisoes wedi treiddio i'w ymwybod, a gwelir hyn ymhellach mewn ysgrif a luniodd yn fuan wedi ymadael â Rhydychen yn haf 1911. Ysgrif oedd hon a luniodd ar gyfer cylchgrawn Coleg Diwinyddol Aberystwyth, *The Grail*. Dan y teitl 'Art and Genius', mynegodd ynddi syniadau Modernaidd eu naws am natur lithrig iaith: 'truth is so tenuous, and words are so wild', oedd geiriau ei frawddegau agoriadol. Yma eto, adleisiodd rai o brif ddaliadau Bergson, gan danlinellu'r angen i fentro'n gelfyddydol a thorri tir newydd, a dangos oferedd barnu celfyddyd mewn dull gwyddonol (a ddelweddir yma trwy gyfeiriad at bapur litmws): 'It is astonishing how often the negative of the verbal expression of truth is also truth; how often it turns red litmus blue, and blue litmus red.' Dim ond crefft neu wisg allanol barddoniaeth, meddai, gan roi ergyd arall, fe ellir tybio, i John Morris-Jones, y gellid ei mesur yn fathemategol: 'It is only the art or clothing of poetry that can be gauged with rule and line.'

Erbyn hyn i'r ysgrif hon ymddangos yn rhifyn mis Tachwedd 1911 *The Grail*, roedd Parry-Williams wedi cyrraedd ei drydedd prifysgol, sef Prifysgol Freiburg yn yr Almaen, lle byddai'n treulio bron i ddwy flynedd yn cwblhau traethawd doethurol ar berthynas y Llydaweg a'r Gymraeg. Fel y dadleuais yn y gyfrol, *Ffarwél i Freiburg*, roedd hwn yn gyfnod o newid iddo fel llenor, ac yntau'n ymagor i syniadau a dylanwadau Ewropeaidd newydd. Hyd heddiw, anogir myfyrwyr prifysgol yr Almaen i fynd i ddarlithoedd mewn pynciau y tu allan i'w meysydd swyddogol, a manteisiodd y Cymro o Ryd-ddu ar y cyfle hwnnw yn 1911 ac 1912, gan fynd i wrando ar ddarlithoedd mewn sawl maes ar wahân i Astudiaethau Celtaidd, yn eu plith rai yr Athro Heinrich Rickert ar athroniaeth gyfoes. Er nad oedd Rickert ei hun – yntau'n arloeswr a bontiai rhwng seicoleg ac athroniaeth – yn gefnogol i holl syniadau Bergson, daeth Parry-Williams i ddysgu rhagor am syniadau'r Ffrancwr yn y trafodaethau hyn.

Erbyn 1913, ar ôl ennill ei ddoethuriaeth yn Freiburg, roedd wedi mentro i ddinas Paris ei hun i astudio ym Mhrifysgol y Sorbonne, a hyn, wrth gwrs, pan oedd Bergson ar anterth ei boblogrwydd yno. Unwaith eto, nid oes tystiolaeth bendant i Parry-Williams wthio trwy'r torfeydd i wrando ar yr athronydd enwog yn traethu yn y Collège de France a safai gyferbyn â'r Sorbonne. Fodd bynnag, erbyn iddo ddychwelyd i Gymru a dechrau llunio ei ysgrifau cyntaf yn ystod y Rhyfel Mawr, roedd Parry-Williams yn cydnabod dylanwad Bergson yn gwbl agored. Mewn ysgrif led-hunangofiannol – angof, bellach – o'r cyfnod pwysig hwn yn ei ddatblygiad fel llenor, sonnir am ddyn ifanc sydd yn meiddio torri ei gwys beiddgar ei hun yn syniadol. 'Eiconoclastes' yw teitl yr ysgrif (enw'r prif gymeriad), ac fe'i cyhoeddwyd yn rhifyn haf 1915 *Y Wawr*, cylchgrawn myfyrwyr Aberystwyth ym mlynyddoedd cyntaf y Rhyfel Byd Cyntaf. Thema'r ysgrif yw'r rheidrwydd a deimla'r prif gymeriad i ymwrthod â syniadau derbyniedig a chredoau disgwyliedig. Ond dangosir hefyd y gall y fath ymwrthod arwain at ddinistr trasig. 'Rwy'n gwybod nad edifaraf byth am feiddio torri'r hen ddelwau, pan na allwn eu haddoli,' medd Eiconoclastes. Ond erbyn diwedd yr ysgrif mae wedi cyflawni hunanladdiad. Fel yr esbonnir gan yr adroddwr: 'Y ddelw olaf a dorrodd oedd ei ddelw ef ei hun.' Yng nghyd-destun ein trafodaeth ni, yr hyn sy'n drawiadol yw bod Eiconoclastes wrthryfelgar wedi bod yn darllen gwaith Bergson yn union cyn ei farwolaeth. Mewn ôl-air, nodir pa lyfrau a adawodd y dyn ifanc ar ei fwrdd yn ei ystafell, a'r rhai cyntaf a enwir yw gweithiau Bergson:

> Dywedodd ei chwaer wrthyf mai'r llyfrau a gafwyd ar y bwrdd yn ei fyfyrgell oedd rhai o gyfrolau Bergson, gwaith Francis Thompson, *Llestri'r Trysor*, a chyfrol o farddoniaeth Keats...

Mae'r ysgrif hon yn un o nifer helaeth o weithiau llenyddol a gyfansoddwyd gan Parry-Williams yn ystod cyfnod dirdynnol 1914-1918, gweithiau na fynnai – am ba reswm bynnag – eu harddel yn ddiweddarach. Ni soniodd yn agored am waith Bergson wedi hyn, ond o graffu ar ei weithiau canonaidd, hynny yw, yr ysgrifau a'r cerddi yr ydym yn gyfarwydd â nhw heddiw ac y dechreuodd eu cyhoeddi mewn naw o gyfrolau rhwng 1928 a 1966, gwelir bod syniadau'r athronydd o Ffrancwr am amser yn dal i ymddangos dro ar ôl tro ynddynt, a hynny ar hyd y degawdau. A chyfeirio at rai enghreifftiau'n unig – yn y rhigwm enwog, 'Dau hanner' (1928), gwrthdroir y syniad o amser fel rhywbeth sy'n symud yn ei flaen yn fecanyddol a diwrthdro gyda'r cwpled chwareus: 'Tybed fy mod i, O Fi fy Hun / Yn myned yn iau wrth fyned yn hŷn.'[8] Yn y gerdd 'Tynfa' (1931), gellir dadlau bod afon Gwyrfai yn tanseilio'r syniad o rediad unffurf amser tuag ymlaen, am fod llif ei dŵr 'yn mynd, ac wedi mynd, ond yno o hyd'. Cael ei nacáu'n blwmp ac yn blaen y mae amser y cloc yn y rhigwm 'Amser' o'r gyfrol, *Rhigymau* (1932-35). Nid yw amser 'o awr i awr', meddir yno, 'Yn ddim ond dim â'i ben i lawr'. Yn yr un modd, yn y gerdd goffa dyner, 'Cynharwch (Dameg)', o'r un gyfrol, mae hydref yr 'almanac' yn cael ei wrthgyferbynnu â thymor colli ei chwaer yn gynamserol: 'Mewn hydref cynnar daeth ei gwyrdd i ben / Cyn dyfod hydref hwyr ei halmanac.'

Ond efallai mai'r gerdd lle y gwelir Parry-Williams yn tanseilio yn fwyaf eglur y syniad o amser fel rhywbeth y gellir ei rannu a'i fesur yn fecanyddol yw'r rhigwm chwareus-athronyddol, 'Beth yw Heddiw? Yfory? – Geneth fach deirblwydd', o'r gyfrol *Mydr* (1942). Yma, bwrir amheuaeth unwaith ac am byth ar ddiben rhannu amser yn ddyddiau ac oriau, fel y gwneir ar gloc neu ar galendr:

'Beth ydyw Heddiw? Yfory?' Wel,
Atebaist yn ffetus wrth holi'n ffel;

A setlaist broblem athronwyr byd
A ffisegwyr Gofod-Amser i gyd.

Ni allent hwy er eu brol a'u bri,
Roi ateb amgenach i'th gwestiwn di.

Mynd rownd fel ceffylau-bach mewn sioe
Y mae'r dyddiau Heddiw, Yfory, Doe;

Ac fel cofio, atgofio a rhag-gyffroi,
Tri-yn-un ydynt ar rod sy'n troi.

Mae'r rhigwm hwn, yn null crafog rhigymau Parry-Williams, yn adleisio beirniadaeth Bergson ar y dull gwyddonol o synio am amser (fel y'i crynhowyd gan Kolakowski): 'In the abstract time of physics, nothing of one segment is preserved in the subsequent ones; they are juxtaposed in an indifferent succession.' (3). 'Ceffylau-bach mewn sioe' yw dyddiau rhanedig y calendr i Parry-Williams yntau. Yn eu hundonedd ailadroddus, nid oes ganddynt ddim i'w ddweud am ein profiad o wir amser neu wir fywyd, neu'r hyn y byddai Bergson wedi ei alw'n *la durée*.

Teg nodi yma nad Bergson oedd yr unig athronydd i ymdrin â natur amser yn negawdau cyntaf yr ugeinfed ganrif. Yn ei draethawd ymchwil ar 'Agweddau athronyddol ar waith T. H. Parry-Williams', gwelodd Maureen Lane, er enghraifft, ddylanwad theorïau perthnasedd Einstein, ymhlith eraill, ar ei ymdriniaeth ag amser. Yn sicr, ymddiddorai yntau o ddifrif yn holl ddamcaniaethau a darganfyddiadau gwyddonol ei oes (tanysgrifiai i gylchgrawn y *New Scientist* er pan sefydlwyd hwnnw yn y 1950au), ond yn fy marn i, o syniadau cynhyrfus a charismataidd Henri Bergson y cafodd yr ysgogiad cyntaf i drafod amser yn y dull hwn, a pharhaodd hynny i ddylanwadu ar ei waith am ddegawdau.

O droi ein sylw at ysgrifau T. H. Parry-Williams gwelir fod y pwyslais Bergsonaidd ar oferedd mesur amser yn fecanyddol yr un mor gyffredin yn y rheiny yn ogystal. Dyna'r ysgrif 'Tywod' (*Ysgrifau*, 1928), er enghraifft, sy'n darlunio mesuriadau ailadroddus a chaethiwus y 'peth berwi wyau' wrth iddo fesur amser yn ôl rhaniadau union. Nid yw hyn, ym marn yr ysgrifwr, ond 'undonedd diflin', a hwnnw'n

> peri i ddyn gan hir syllu arno'n llithro'n ddi-baid, gydymdeimlo â'r gronynnau yn eu caethiwed symudol, fel y cydymdeimlir â physgodyn aur a fo'n gwib-nofio'n ddiorffwys mewn powlen wydr, neu â theigr a fo'n cerdded yn ddygn yn ôl a blaen ar rawd amhwyllig gyson y tu ôl i farrau heyrn.[9]

Nid oes gan amser sydd wedi'i rannu'n unedau mesuradwy fel hyn ddim oll yn gyffredin â'r profiad cyflawn o fyw, fe awgrymir. Yn sicr, mae llawer o'r ysgrifau'n mynegi gogoniant ymdeimlo â gwir amser, sef yr hyn a alwodd Bergson yn 'ysbaid' neu *la durée*. Dyma amser diamser, fel petai, pan ddaw'r gorffennol a'r presennol yn un – neu fel y mynegir hynny gan Kolakowski yn ei drafodaeth ar Bergson: 'In the actual *durée* nothing is lost, but nothing is reversible either: each moment carries within it the entire flow of the past and each is new and unrepeatable' (3).

Gellid dadlau, yn wir, mai portread o *la durée* a geir yn un o ysgrifau enwocaf Parry-Williams, 'KC 16' (*Ysgrifau*, 1928). Yn hon, mae cyffro mynd ar gefn y beic modur yn fodd i'r adroddwr adael y syniad mecanyddol o amser y tu cefn iddo: 'Eisteddir megis yn y cyswllt rhwng canol dydd a chanol nos,' meddir, 'a phopeth yn gwibio o'r nos i'r dydd ac yn ôl i'r nos.' Yn sgil cyflymder gwefreiddiol y moto-beic eir i mewn i ddimensiwn amseryddol gwahanol sy'n ymdebygu i'r ysbaid Fergsonaidd:

Y mae'r symud wedi bod mor sydyn, y ffordd wedi fy mhensynnu, a'r meddyliau ar gefn y peiriant yn wahanol bob amser i'r rhai a geir ar draed, nes rywfodd beri i mi gredu bod fy myw yn y cyfamser yn ddarn datodadwy o'm bywyd cyffredin beunyddiol.

Yn yr ysgrif 'Boddi Cath' hithau sonnir am yr adegau arwyddocaol hynny pan y profir sythwelediad i wir ystyr bywyd, a phan fo'r presennol a'r gorffennol (a'r dyfodol, yn wir), yn ymffurfio'n un foment unigryw a chofiadwy:

[A]c y mae'n syn meddwl fel y clymir ac y cysylltir popeth o bwys a phob cyfnod digwyddlawn ac adeg arbennig ar fywyd [...] â rhywbeth a fu neu y tybir ei fod yn dyfod. Dyna a bair fod y digwyddiadau neu'r amgylchiadau neilltuol yn eu hargraffu eu hunain mor ddwfn ar yr ysbryd.

'Rhyw ddrych dwyochrog felly ydyw pethau pwysig,' esbonnir wrthym wedyn yn 'Boddi Cath', 'neu fod gwir y presennol yn adlewyrchu'r hyn a fu neu a fydd'. Dyma eiriau sy'n ein hatgoffa'n syth o eiriau Bergson yn ei ddarlith yn Rhydychen yn 1911 (fel y dyfynnwyd yn gynharach):

Digon yw cael ein hargyhoeddi unwaith ac am byth mai *newid* yw realiti, na ellir rhannu newid yn rhannau llai, a bod y gorffennol, yn y newid anrhanadwy hwn, yn dod yn un â'r presennol.

Yng ngeiriau cofiadwy diweddglo 'Boddi Cath', sydd yn gystal diffiniad o *la durée* ag a geir yn unman yn llenyddiaeth y Gymraeg:

Ac un waith y profir y pethau mawr. Un waith yr yfir 'gwaddod y cwpan erchyll'; un waith y dringir i 'fynydd y myrr a bryn y thus'; un waith y boddir cath.
Unwaith. Nid oes eilwaith.

Mae darluniau tebyg o'r ysbaid Fergsonaidd – a'r modd y mae'n cyferbynnu ag amser seithug y cloc – i'w canfod yn gyson yn ysgrifau Parry-Williams, a hwyrach mai yn yr ysgrif 'Ar Chwâl' (*Olion*, 1935), y mynegir hynny'n fwyaf cryno, a hynny pan ddatgenir yn blwmp ac yn blaen: 'Nid yw'r calendr yn cyfrif rhyw lawer wedi'r cwbl.'

Ond nid ar gynnwys syniadol cerddi ac ysgrifau Parry-Williams yn unig yr effeithiodd syniadau Bergson am amser. Mae lle i ddadlau y gellir gweld ei ddylanwad ar *ffurf a thechneg* gwaith y Cymro hefyd. Crybwyllwyd yn gynharach gyfrol ddylanwadol y beirniad Ffrengig, Tancrède de Visan, 'Meddylfryd Barddoniaeth Gyfoes' (*L'attitude du lyrisme contemporain*), a gyhoeddwyd yn y flwyddyn 1911. Yn y gyfrol honno, mynnodd Visan fod syniadau Bergson wedi ysbrydoli holl dechneg beirdd Symbolaidd Ffrainc. Gan alw i gof sut yr anogodd Bergson feirdd ac artistiaid i ymwrthod â hen rigolau deall a dirnad, dadleuodd Visan fod y beirdd Symbolaidd hyn, trwy bentyrru delweddau ymddangosiadol ddigyswllt ar ben ei gilydd, yn arwain eu darllenwyr at feddylfryd anrhesymegol a deinamig, a'u bod felly yn etifeddion amlwg i syniadau'r athronydd Ffrengig. Trwy ymwrthod â hen gategorïau synhwyrol, roedd arddull arloesol y Symbolwyr, meddai Visan, yn cyflyru darllenwyr i ymagor i natur sythwelediadol *la durée*.

Yn yr un modd, gwelwyd dylanwad Bergson ar gelfyddyd weledol Ewrop. Yn 1912, er enghraifft, cyhoeddodd y ddau artist *avant-garde*, Albert Gleizes a Jean Metzinger, gyfrol o'r enw *Du Cubisme* ('Ynghylch Ciwbyddiaeth'), lle defnyddiwyd syniadau Bergson am amser mewn perthynas â'r dull ciwbyddol o ddarlunio. Yn y cyswllt hwn hawliwyd bod y dull ciwbyddol o ddarlunio pethau o sawl ongl wahanol yr un pryd, gan ymwrthod ag un safbwynt unigol, yn cyfateb i syniad Bergson bod y 'gwrthrych' yn newid yn barhaus ynghanol llif anrhagweladwy amser, gan nacáu'r syniad o ffiniau amseryddol – ac felly o 'lonyddwch'. Enghraifft nodedig o'r dull hwn oedd darlun enwog Robert Delaunay, 'Les fenêtres simultanées' ('Y Ffenestri Cydamserol', 1912), ac roedd paentiadau Gleizes a Metzinger hwythau'n arddel yr un ysbrydoliaeth syniadol.

Dadleuais yn y gyfrol *Ffarwél i Freiburg* bod lle i ymateb i weithiau Parry-Williams mewn perthynas â chelfyddyd weledol y dydd, a chredaf fod trafod ei waith yng nghyswllt ciwbyddiaeth yn ystyrlon. Mae'n debyg i Parry-Williams weld un o weithiau ciwbyddol Albert Gleizes, sef y darlun enwog, 'Cychod Pysgota' ('Les bateaux de pêche'), pan ymwelodd ag arddangosfa enwog y *Salon d'automne* ym Mharis ddiwedd 1913, o bosib dan ddylanwad y Gymraes, Gwendoline Davies (un a ymddiddorai'n fawr yn arlunwyr modern Ffrainc). Wrth dynnu'r drafodaeth hon i ben, felly, dyma fentro awgrymu y gellid darllen rhai o weithiau T. H. Parry-Williams yntau o safbwynt ciwbyddol. Yn sicr, mae'r gerdd ac iddi'r teitl gogleisiol, 'Dwy gerdd' (1922), yn gwahodd darlleniad o'r fath, a hithau'n sicr yn gerdd Fergsonaidd ei thema a'i dull. Cerdd serch yw hi, ac un o'r elfennau canolog ynddi yw'r tyndra rhwng y dynodiad mecanyddol o amser, sef mis Medi'r calendr, a'r ymdeimlad o oferedd sydd i ddynodiad o'r fath: 'Nid yw Medi ond mis,' meddir ar y dechrau, 'A hwnnw'n darfod, a heb fod erioed.' Trwy gydol y gerdd chwaraeir â'r syniad o wirionedd (neu beidio) mis Medi'r calendr mewn perthynas â phrofiad ysgytwol y bardd o'i garwriaeth ar y pryd.

Gellid dweud yr un pryd bod adeiladwaith y gerdd hefyd yn Fergsonaidd, gan ei bod wedi ei strwythuro'n gyfres o gyfosodiadau cydamserol y gellid eu disgrifio fel rhai ciwbyddol. Hynny yw, wrth symud o bennill i bennill, mae'r bardd yn craffu ar yr un profiad (sef y garwriaeth), o sawl ongl wahanol yr un pryd, ac mae'r gwrthdroadau syniadol sy'n rhedeg trwy'r gerdd yn nacáu unrhyw deimlad o ddatblygiad cynyddol neu linellol trwy amser. Gan ailadrodd yr un motiffau geiriol gydag ond ychydig amrywiadau o bennill i bennill, mae'r bardd fel petai'n gosod darluniau geiriol ochr yn ochr â'i gilydd, neu hyd yn oed 'ar ben' ei gilydd – a hynny mewn dull ciwbyddol. Ac ar ddiwedd y gerdd, sy'n fyfyrdod athronyddol tyner ar natur profiad, amser a chariad, daw'r gorffennol a'r presennol yn un, a defnyddir amser presennol y ferf i gyfle'r hyn y gellid ei alw'n wirionedd parhaol *la durée*:

> Ac yno'r ydwyt tithau – a myfi,
>   Am byth yn chwerthin, tewi a thristáu,
> Ac yno mae'r clogwyni, a'r niwl yn niwl,
>   A Medi'n Fedi o hyd, ac un ac un yn ddau.

Am ysgrifau Parry-Williams hwythau, onid oes lle i ddadlau bod ffurf yr ysgrif ei hun – y ffurf ryddiaith a goleddodd ac a orseddodd T. H. Parry-Williams yn gyfrwng rhai o'i weithiau pwysicaf – yn ffurf giwbyddol *par excellence*? Wedi'r cyfan, un o brif nodweddion yr ysgrif yw ei bod edrych ar yr un gwrthrych (boed yn bryf genwair, yn domen lechi, neu'n ias), o sawl ongl wahanol, neu'n dod ato ar hyd sawl llwybr gwahanol, a'r rheiny'n aml yn ymddangos yn fympwyol, yn ddigyswllt neu'n anrhagweladwy. Ond nid gwendid yn yr ymdriniaeth â'r gwrthrych yw diffyg datblygiad llinellol o'r fath; dyna yw craidd a chalon y ffurf. Yng ngeiriau'r athronydd Almaenig, Theodor Adorno: '[The essay] revolts against the doctrine [...] that the changing and ephemeral is unworthy of philosophy.'[10] Amcan Bergsonaidd yr ysgrif dan law Parry-Williams yw dangos bod yr hyn sy'n newid ac yn darfod yn rhywbeth o arwyddocâd parhaol, a bod dyfalu gwrthrych mewn dull cyfnewidiol, afresymegol yn ddull dilys o gyfleu ei hanfod. Trwy ei mympwyaeth ymddangosiadol, mae'r ysgrif yn ymdeimlo'n sythwelediadol, trwy *intuition* chwedl Bergson, â'i gwrthrych, yn hytrach na dod ato trwy'r deall a'r rheswm: 'It introduces concepts directly, "immediately", as it receives them,' esbonia Adorno (160). Trwy hynny, medd ef, y crea'r ysgrif ei *élan* amseryddol ei hun: 'Through their own movement the elements crystallize into a configuration.' (161)

Does dim dwywaith na ellir canfod enghreifftiau niferus o 'giwbyddiaeth' lenyddol yn rhyddiaith a barddoniaeth T. H. Parry-Williams, a gobeithio bod y drafodaeth hon wedi awgrymu'r posibilrwydd, o leiaf, bod cysylltiad rhwng agweddau canolog ar ei themateg, yn ogystal â'i dechneg fel bardd ac ysgrifwr, a dealltwriaeth Bergson o natur amser. Ond rhaid gadael pethau yn y fan honno am y tro, gyfeillion, a chau pen y mwdwl, am fod amser, ysywaeth, wedi cael y gorau arnom ...

---

[1] Leszek Kolakowski, *Bergson* (Oxford University Press, 1985), 1.
[2] Mark Antliff, *Inventing Bergson: Cultural Politics and the Parisian Avant-Garde* (Princeton University Press, 1993), 3.
[3] T. E. Hulme, *Speculations: Essays on Humanism and the Philosophy of Art*, gol. gan Herbert Read (Kegan Paul, 1924), 174.
[4] William James, *A Pluralistic Universe* (Project Gutenberg, 2004), 220.
[5] Bertrand Russell, *The Collected Works of Bertrand Russell: Logical and Philosophical Papers, 1909-1913*, vol. 6 (Routledge, 1992), 318.
[6] Jacques Maritain, *La philosophie bergsonienne* (Téqui, 1948), 38.
[7] Maureen Lane, 'Cweryl y bydysawd: agweddau athronyddol ar waith T. H. Parry-Williams' (Traethawd PhD, Prifysgol Abertawe, 2005), 245.
[8] Daw'r holl ddyfyniadau o farddoniaeth T. H. Parry-Williams o'r flodeugerdd, *Casgliad o Gerddi* (Gomer, 1994).
[9] Daw'r holl ddyfyniadau o ysgrifau T. H. Parry-Williams o'r flodeugerdd, *Casgliad o Ysgrifau* (Gomer, 1984).
[10] Theodor Adorno, 'The Essay as Form', cyf. gan Bob Hullot-Kentor & Frederic Will, *New German Critique*, 32 (Gwanwyn-Haf 1984), 158.

Paradwys, Caethwasiaeth a *Fake News*

'Mae mynd allan o Gymru bob amser yn llesol gan fod rhywun hefyd yn cefnu ar Loegr. Wrth fynd yn hŷn, mae rhywun yn teimlo melltith Lloegr ar ein bywydau ni fwyfwy. O roi troed ar dir mawr Ewrop neu America mae 'na ymryddhad i'w deimlo – bron yn gorfforol, yn ogystal ag yn seicolegol. [...] Perthynas hiliol ydi perthynas Cymru a Lloegr.'[1]

Ar lawer ystyr Wiliam Owen Roberts yw ein nofelydd mwyaf Ewropeaidd. Mae'r syniad o Ewrop yn ganolog i'w holl nofelau, ac o gyfandir Ewrop y daw'r dylanwadau pwysicaf arno fel awdur. Ysbrydolwyd ei nofel gyntaf arbrofol, *Bingo!* (1985), gan ddyddiaduron yr awdur o Brâg, Franz Kafka, 'awdur sylfaenol Ewropeaidd ac Iddewig hefyd, os buodd un erioed', yng ngeiriau Wiliam Owen Roberts ei hun, ac mae *Bingo!* yn nofel sy'n mynd i'r afael â'r math o gwestiynau sy'n codi yn ffuglen Kafka, megis 'sut mae cyfryngu deunydd yn ffurf? Be yn union ydi cymeriad ffuglennol? [...] Be yn union ydi plot?' (*Byd y Nofelydd*, 78). Wrth i'w yrfa fel nofelydd ddatblygu, ysgogwyd Roberts i feddwl ymhellach am bosibiliadau'r nofel fel ffurf gan awduron Ewropeaidd eraill, ac un o'r rheiny oedd Milan Kundera, nofelydd arall o'r Weriniaeth Tsiec (Tsiecoslofacia ar y pryd), a fu'n byw yn Ffrainc o ddiwedd y 1970au hyd at ei farwolaeth yn 2023. Yn ei gyfrol ddylanwadol ef ar 'Gelfyddyd y Nofel' (*L'art du roman*, 1986), mynnodd Kundera mai ffurf Ewropeaidd a ddaeth i fod gyntaf gyda *Don Quixote* Cervantes (1605/1615) oedd y nofel, a'i bod yn ei hanfod yn cyfleu taith lythrennol a symbolaidd i archwilio'r byd o'r newydd. Roedd hwn yn syniad a apeliai at Roberts:

> Mae Kundera hefyd yn gweld y nofel fel creadigaeth sy'n barod i gofleidio croestyniadau – yn wir, i ymhyfrydu mewn croestyniadau – ac yn ymwrthod ag absoliwtiaeth grefyddol neu wleidyddol gan archwilio realiti trwy ymateb nifer o gymeriadau.

Mawredd y nofel fel ffurf ydi bod yn alluog hyblyg i gofleidio profiadau newydd ac i fwrw golwg wahanol ar bethau. Mae o wedi bathu ymadrodd hyfryd i ddisgrifio hyn i gyd, sef 'doethineb ansicrwydd'.[2]

Yn sicr, gwelir dylanwad hyn ar *Y Pla*, sef ail nofel Wiliam Owen Roberts a gyhoeddwyd yn 1987. Mae *Y Pla* yn olrhain taith Mwslim o'r enw Ibn al Khatib o Cairo tua'r gorllewin ar draws cyfandir Ewrop ganoloesol, ac yn y nofel gwelir bod taith bersonol Ibn hefyd yn cydfynd â lledaeniad y Pla Du, y pandemig a laddodd filiynau o bobl ac a fu'n gyfrifol am ddymchwel y drefn ffiwdal ar draws Ewrop yn y bedwaredd ganrif ar ddeg. Diwedda nofel Roberts trwy ddarlunio effaith y pla ar gwmwd Dolbenmaen yn Eifionydd, sef cartref Cymreig y nofel a'r ardal yr hana'r awdur ei hun ohoni.

Ysgogiad gwaelodol *Y Pla* oedd adwaith Wiliam Owen Roberts yn erbyn syniad Saunders Lewis o'r Gymru ganoloesol fel rhan organig o wareiddiad Ewropeaidd a oedd yn Gatholig a Lladinaidd. Y syniad hwn, meddai Wiliam Owen Roberts, oedd y dylanwad deallusol trymaf ar nifer o'r cyrsiau yn Adran y Gymraeg Prifysgol Cymru Aberystwyth ddiwedd y 1970au, a dyna'r weledigaeth a gyflwynwyd iddo pan oedd yntau'n fyfyriwr yno ar y pryd. Fodd bynnag, yn sgil methiant refferendwm datganoli 1979, ynghyd â'i ymwneud cynyddol â'r Mudiad Sosialaidd Gweriniaethol Cymraeg o ddechrau'r 1980au ymlaen, dechreuodd Roberts gwestiynu rhagdybiau gwleidyddol Saunders Lewis, a daeth i gofleidio dylanwadau Ewropeaidd o fath gwahanol. Yn y lle cyntaf, daeth ei argyhoeddiadau gwleidyddol yn gynyddol o dan ddylanwad dealltwriaeth Karl Marx o hanes a chymdeithas, gan gynnwys yr egwyddorion sylfaenol 'na all y ddynoliaeth fod yn rhydd dim ond i'r graddau na chyfyngir arni gan anghenion materol bywyd', a bod rhyddid unigolion yn 'dibynnu ar eu gallu i rymuso ac i ehangu eu rheolaeth ar eu hamgylchfyd'.[3] Yn yr ail le, daeth awduron

Ewropeaidd Modernaidd – ar gyfer y theatr, yn enwedig – yn ysbrydoliaeth lenyddol i Roberts, yn arbennig wedi iddo fod yn gwrando ar gyfres o ddarlithoedd a draddodwyd gan Dafydd Elis-Thomas yn Aberystwyth ddiwedd y 1970au, a'r rheiny'n canolbwyntio ar ddramodwyr arloesol fel Fugard, Ionesco, Brecht a Beckett. O hyn, dechreuodd Roberts ymddiddori yng ngweithiau awduron blaengar Ewrop a oedd yn barod i arbrofi a thorri tir newydd er mwyn tanseilio confensiynau treuliedig. Ac yn sgil cael ei gyflwyno gan ei gyd-Sosialydd, Gareth Miles, i gyfrol enwog y beirniad Hwngaraidd, György Lukács, *Y Nofel Hanesyddol* (1937), daeth i weld bod modd cyfuno Marcsaeth a blaengarwch ffurf, wrth i Lukács bwysleisio bod angen i nofelau adlewyrchu prosesau hanes a'r ymrafael am rym rhwng unigolion neu garfanau. Fel yr esboniodd Roberts ei hun: 'Er mwyn i awdur allu dramateiddio'r cerrynt hanesyddol, mae'n rhaid iddo, yn ôl Lukács, fod yn flaengar yn ei gelfyddyd.' (*Sglefrio ar Eiriau*, 92). Dylanwadodd hyn, yn ei dro, ar ei ddull yntau o fynd ati i lunio nofelau.

Yn ogystal ag ymosod ar Ewropaeth Gatholig Saunders Lewis, mae *Y Pla* yn tanseilio confensiynau'r nofel hanes ramantaidd, wrth i Roberts deimlo bod y nofelau hanes Cymraeg a luniwyd i gyd-fynd â phwyslais 'aristocrataidd' gweledigaeth Saunders Lewis yn bychanu gwir brofiad pobl gyffredin:

> Y teimlad gwaetha oedd fod dioddefaint pobol yn cael ei drin yn ffwr-bwt, os nad yn cael ei ddiystyru fel rhywbeth ymylol i fywyd carwriaethol tywysogion a llysoedd brenhinol ac ati, a bod ymdrech pobol i oroesi, ac i ddygymod â chroeswyntoedd dyrys hanes, yn haeddu ymdriniaeth amgenach. (*Mardi Gras*)

Yn *Y Pla*, felly, rhoddir pwyslais cyson ar salwch, budreddi ac anghysur corfforol, a thrwy hynny dadramanteiddir y bywyd canoloesol, gan ddangos bod gormes a thrais y dosbarth uchaf yn y gymdeithas yn ganolog i'r gyfundrefn ffiwdal, a bod dioddefaint a chamdriniaeth feunyddiol yn norm i drwch y boblogaeth. Yng ngeiriau Enid Jones, mae *Y Pla* yn 'dangos y budreddi a'r aflendid a fodolai dan wychder yr Ewrop waraidd, oleuedig', a gwêl hi ddimensiwn ôl-drefedigaethol i'r nofel yn ogystal, gan ei bod yn dyrchafu, nid yn unig y Mwslim urddasol ac addysgedig, Ibn, yn brif gymeriad, ond hefyd y taeog sathredig o Gymro, Chwilen Bwm. Trwy fabwysiadu persbectif yr Eifftiwr a'r Cymro, medd Jones, fe ddatgelir yr 'ymdrech am ryddid ymysg cenhedloedd a drefedigaethwyd gan ymerodraethau Ewrop'.[4]

Marcsaidd ei bwyslais yw'r darlun o chwyldro a geir yn y nofel hefyd, sef y modd y chwyldroir y drefn gymdeithasol o ffiwdaliaeth i gyfalafiaeth yn sgil y pla. Ac agwedd bellach ar ei gweledigaeth Farcsaidd yw ei harddull, a hithau'n un gybolfa ddyfeisgar o gyweiriau aruchel ac arisel sy'n mynegi agweddau cyferbyniol ar y gymdeithas a bortreadir. Defnyddir dulliau chwareus o danseilio naratif realaidd a'r syniad o burdeb diwylliannol hefyd, a'r rheiny'n cynnwys technegau megis parodi, *pastiche*, metaffuglen (cyfeirio'n hunanymwybodol at y broses o greu'r gwaith) a rhyngdestunoli (croesgyfeirio llenyddol a diwylliannol), ac mae talpiau o destunau eraill wedi'u hymgorffori yn y nofel, o *Decamerone* Boccaccio i ysgrifau Bobi Jones, er mwyn tynnu sylw at natur wneuthuriedig y gwaith. Yn gyforiog o ddeunyddiau a dylanwadau Ewropeaidd gwahanol, felly, mae *Y Pla* yn flaengar ei thechnegau, yn ddelwddrylliol ei hagwedd ac yn feiddgar ei gweledigaeth – a does dim dwywaith nad yw'n garreg filltir o bwys yn natblygiad y nofel Gymraeg.

Ymdrin â chyfnodau trothwyol eraill yn hanes Ewrop a wnaeth pedwaredd a phumed nofel Wiliam Owen Roberts, sef *Petrograd* (2008) a *Paris* (2013), dwy ran o drioleg o nofelau sy'n ymdrin â gwaddol Chwyldro Comiwnyddol Rwsia a hynt yr alltudion Rwsiaidd yng nghanolfannau dinesig Ewrop yn y blynyddoedd wedyn. Fel ei holl nofelau, mae'r rhain hefyd yn ymrafael â chwestiynau ynghylch prosesau hanesyddol sy'n cynnwys mudo, alltudiaeth, dieithriad ac ymddieithriad, ac yn bennaf oll maent yn archwilio sut y mae'r personol, yr hanesyddol a'r economaidd yn cydblethu. Fel nofelau nad ydynt yn ymwneud mewn ystyr gyfyng â hanes Cymru, mae *Petrograd* a *Paris* yn gwahodd y darllenydd Cymraeg i edrych o'r newydd ar hanes Ewrop yn negawdau cyntaf yr ugeinfed ganrif, gan osod hanes Cymru yn y cyd-destun hwnnw. A thra bo chweched nofel Roberts, *Cymru Fydd* (2022), yn wahanol i fwyafrif ei nofelau gan ei bod wedi ei gosod, nid yn y gorffennol, ond yng Nghymru 2090, mae'n cynnwys themâu sy'n gyffredin i holl waith yr awdur – natur rhyddid, y cysylltiad rhwng amodau materol a phrofiad bywyd, perthynas traddodiad â grym – ac yr un pryd yn gofyn i ddarllenwyr roi'r profiad Cymreig a Chymraeg ar lwyfan Ewropeaidd a rhyngwladol.

Ond carwn neilltuo gweddill yr erthygl hon i drafod trydedd nofel Wiliam Owen Roberts, sef *Paradwys*, nofel hanesyddol a gyhoeddwyd ganddo yn y flwyddyn 2001. Ymdrin ag agwedd ar hanes Ewrop a wna hon hefyd. Ac fel y lleill, mae'n nofel swmpus o ryw bum can tudalen sy'n feiddgar ei syniadau a'i thechnegau, yn meddu ar gast enfawr o gymeriadau, ac mae ganddi sgôp daearyddol panoramig.

Nid oeddwn yn teimlo bod y nofel hon wedi cael y sylw dyledus pan gyhoeddwyd hi gyntaf, ac felly, pan gefais wahoddiad i gyflwyno darlith yng nghyfres Darlithoedd Shankland Prifysgol Bangor yn y flwyddyn 2021, manteisiais ar y cyfle i fwrw golwg o'r newydd ar *Paradwys* ugain mlynedd wedi ei chyhoeddi. Yn wir, am sawl rheswm, ymddangosai'r nofel i mi yn destun amserol ac addas ar gyfer yr achlysur – yn un peth gan ei bod yn ymdrin â'r teulu Pennant o Gastell Penrhyn (y cedwir eu holl bapurau erbyn hyn yn archifdy Prifysgol Bangor). Fel y gwyddom, Richard Pennant, sef y Barwn Penrhyn yn ddiweddarach, a fu'n gyfrifol am ddatblygu chwarel lechi'r Penrhyn ym Methesda yn negawdau olaf y ddeunawfed ganrif (darlun gan Henry Hawkins o 'Penrhyn Quarry' (1832) a geir ar glawr *Paradwys*). Etifedd oedd ef i stadau siwgr helaeth yn Jamaica, ac mae'r nofel yn amlygu'r cysylltiad rhwng y gyfundrefn gaethwasiol a datblygiad y diwydiant llechi yng ngogledd-orllewin Cymru. Yng ngeiriau Wiliam Owen Roberts ei hun: 'Elw uniongyrchol o gaethwasiaeth a fagodd ddigon o gyfalaf i danio'r Chwyldro Diwydiannol yn ardal Bethesda… [Yma] y mae'r eco ola yn y gadwyn fawr fyd-eang yn dŵad i ben.'[5]

Mae hwn yn gysylltiad a archwilywd yn fwy diweddar gan brosiect '12 Stori' Manon Steffan Ros a luniwyd mewn cydweithrediad â'r Ymddiriedolaeth Genedlaethol yng Nghastell Penrhyn ei hun yn 2018, yn ogystal â nofel *Y Castell Siwgr* gan Angharad Tomos (2020). Ac yn sicr, ar achlysur dynodi ardal chwareli llechi gogledd Cymru yn Safle Treftadaeth y Byd gan UNESCO yn 2021, teimlwn mai priodol oedd rhoi sylw o'r newydd i *Paradwys* a'i ddarlun o ddechreuadau'r diwydiant yn ardal Bethesda.

Amserol hefyd oedd trafod y nofel yng nghyd-destun yr ymchwydd a welwyd ym mhrotestiadau'r mudiad Black Lives Matter wedi llofruddiaeth George Floyd yn 2020, a'r pwyslais cynyddol a ddaeth yn sgil hynny ar hanes BAME a gwaddol caethwasiaeth. Gan ei bod yn ymdrin ag erchyllterau caethwasiaeth y ddeunawfed ganrif, ac yn rhoi darlun hallt o'r dosbarth masnachol a ymelwodd ar y gyfundrefn honno, mae perthynas agos rhwng delwddrylliaeth *Paradwys* a'r modd yr aethpwyd ati ar ddechrau'r 2020au i ddymchwel cerfluniau o 'fawrion' honedig y gorffennol, megis Edward Colson ym Mryste, yr oedd eu cyfoeth a'u bri'n deillio'n uniongyrchol o'r fasnach gaethweision. Ac a hithau'n olynydd i weithiau fel *Hanes Bywyd a Ffoedigaeth Moses Roper o Gaethiwed Americanaidd* (1841), *Aelwyd F'Ewythr Robert* (1853) gan Gwilym Hiraethog, heb sôn am fod yn rhagflaenydd i *Y Castell Siwgr* Angharad Tomos a *Safana* Jerry Hunter (2021), mae'n meddu ar le anrhydeddus mewn traddodiad o nofelau Cymraeg sy'n trafod gwaddol sobreiddiol y fasnach gaethweision.

Yr hyn sy'n newydd ac yn drawiadol am *Paradwys*, fodd bynnag, yw mai hi oedd y nofel Gymraeg gyntaf i ganolbwyntio ar y bobl a fanteisiodd i'r eithaf ar y gyfundrefn gaethwasiol ac a oedd yn barod i wneud popeth o fewn eu gallu i gadw'r drefn honno i fynd. Roedd ysgrifennu o safbwynt y gormeswr, yn hytrach na'r dioddefwr, yn benderfyniad annisgwyl efallai, ac esboniodd Wiliam Owen Roberts ei resymau dros wneud hynny mewn cyfweliad yn y cylchgrawn *Barddas* adeg cyhoeddi'r nofel yn 2001:

> [M]i deimlais i fod sgwennu o safbwynt 'adweithiol' – safbwynt y cyfalafwr neu'r hiliwr neu'r efengylwr yn yr achos yma – yn debygol o beri croestyniadau mwy diddorol ynddo fi fy hun, a gobeithio wedyn yn y darllenydd. (*Barddas*, 48)

Trwy ddieithrio'r persbectif yn y modd hwn, bwriad Roberts (fel yn ei nofelau eraill, mewn gwirionedd), oedd darlunio hanes o ongl newydd, a thrwy ergyd y dieithrwch i ysgogi ei ddarllenwyr i geisio llawnach dealltwriaeth o brosesau hanes. Canolbwynt *Paradwys* yw hanes teulu o fasnachwyr o Loegr yn y ddeunawfed ganrif, a'u penteulu trachwantus a thwyllodrus, yr Iarll Foston. Dyma 'fonheddwyr' y mae eu cyfoeth yn deillio'n uniongyrchol o blanhigfeydd siwgr ynys Paradwys yn y Caribî, ynys ddychmygol sydd wedi ei seilio ar ynysoedd go-iawn fel Haiti neu Jamaica. Caethwasiaeth, felly, yw sylfaen ffortiwn a statws y teulu hwn, fel y mae hefyd i'r rhwydwaith o unigolion a theuluoedd sy'n gyfeillion a chydnabod iddynt. A darlunnir pŵer, powldra, twyll a hunan-dwyll yr haen hon o gymdeithas mewn ffordd gignoeth yn y nofel, wrth iddi symud yn garlamus rhwng canolfannau grym Ewrop a Môr y Caribî. Ond gorffen yn Eryri a wna'r nofel. Yma y mae Foston a Pennant yn dod ynghyd i drafod eu cynlluniau ar gyfer y dyfodol, sef datblygu chwarel y Penrhyn, ac ar lethrau mynyddoedd Cymru y maent ill dau yn ymhyfrydu wrth weld 'traed mawrion masnach Ewrop yn camu tros y byd i gyd'.[6] Fel yr esboniodd Roberts:

> Y gwir amdani oedd fod y byd o ddechrau'r ddeunawfed ganrif yn cynyddol grynhoi o dan yr un system economaidd fyd-eang. Dyma dynged chwarelwyr y gogledd a chaethion y planhigfeydd – er bod y rheiny'n cael eu gweithio'n llythrennol i farwolaeth.
> (*Mardi Gras*)

Darlun o dwf imperialaeth Ewropeaidd sydd yn y nofel, a gwelir sut y cynhelir imperialaeth gan stôl deircoes hiliaeth, rhywiaeth a chyfalafiaeth. Dyma Ewrop yng nghyfnod ei llewyrch yn y ddeunawfed a'r bedwaredd ganrif ar bymtheg, sef 'oes y concro a'r ecsploetio a'r rheibio a'r treisio a'r poenydio ar raddfa na welwyd erioed mo'i thebyg ar hyd a lled y blaned' (*Mardi Gras*). Ceir portreadau graffig yn y nofel o'r modd y caiff y caethweision Affricanaidd eu cam-drin gan eu perchnogion Ewropeaidd, a dangosir yn eglur mai trwy waed y caethion y sicrheir ffyniant ac urddas honedig y meistri. Cynyddir ofnadwyaeth y cyfan gan y ffaith fod talpiau o'r naratif wedi eu cymryd yn uniongyrchol o destunau ffeithiol a ysgrifennwyd yn y cyfnod, gan gynnwys hanes gwrthryfeloedd caethweision, yn ogystal â phamffledi'r diddymwyr. Cynrychiolir y rheiny yn y nofel gan gymeriadau megis Miss MacFluart a Thomas Paine, ond ceir ynddi hefyd gymeriadau adweithiol – rhai fel yr Esgob Parva – sy'n defnyddio pob dadl bosibl, gan gynnwys dadleuon Cristnogol, i gyfiawnhau'r gormes. Gwna'r nofel hefyd ddefnydd o destunau llenyddol y cyfnod, er enghraifft llythyrau Morrisiaid Môn neu *Wild Wales* George Borrow, a hynny er mwyn dangos y berthynas rhwng diwylliant a'r sylfaen economaidd, ac mae'r holl ryngdestunoldeb yn atgyfnerthu neges waelodol y nofel, sef mai cyfeiliornad yw'r syniad o hanes fel un gwirionedd unffurf:

> Mae *Paradwys* yn greadigaeth yn yr un mowld [ag *Y Pla*], ond fymryn yn wahanol, gan ei bod hi'n tynnu ar rychwant ehangach o destunau – o nofelau i ddyddiaduron i hunangofiannau i lythyrau i bamffledi i achosion llys i lyfrau technegol ar bensaernïaeth, meddyga, morwra, ffermio a llyfr hanes anghredadwy o hiliol Edward Long, *The History of Jamaica*.
>
> (*Byd y Nofelydd*, 78)

Fel y gwelwyd yn *Y Pla* hithau, trwy'r plethwaith hwn o destunau, crëir nofel amlhaenog sy'n dadsefydlogi'r naratif a rhoi mynegiant i leisiau amrywiol trwch y gymdeithas ac i safbwyntiau croestyniadol.

Mae dylanwadau Ewropeaidd yn drwm ar dechnegau llenyddol *Paradwys*, a gellid dadlau mai'r dylanwad pennaf yn hyn o beth yw eiddo'r dramodydd Almaenig y cyfeiriwyd ato ar ddechrau'r erthygl hon, Bertolt Brecht. Yn wir, mae'r nofel yn llawn o'r hyn y gellid eu galw'n 'dechnegau ddieithrio' (*Verfremdungseffekte*) Brechtaidd, sef dyfeisiau a ddatblygwyd gan y dramodydd i dorri drych realaeth a rhwystro'r gynulleidfa rhag ymuniaethu â'r cymeriadau ar y llwyfan. Rhan o agenda chwyldroadol Brecht ar gyfer y theatr oedd cael y gynulleidfa i ymateb trwy'r rheswm, yn hytrach na thrwy emosiwn, a thrwy hynny i *ddadansoddi* a gweithredu ar eu canfyddiadau, yn hytrach na *theimlo* a chael gollyngdod sy'n eu gadael mewn syrthni braf. Yng ngeiriau Idris Parry:

> Mynnai [Brecht] ddefnyddio'r theatr er mwyn gwella meddyliau dynion trwy ddangos iddynt ddrygau cymdeithas. Dim ond trwy eu cael i feddwl y gallai ef wneud hyn. Ac ni allai eu cael i feddwl ond trwy eu perswadio mai gwylio yr oeddynt, o bell fel petai, weithred hanesyddol, rhywbeth a oedd wedi digwydd yn y gorffennol, ar amser arbennig ac mewn lle penodedig.[7]

Defnyddir llu o dechnegau Brechtaidd o'r fath gan Roberts yn

Paradwys hithau, a'r rheiny'n cyfeirio sylw darllenwyr at y ffaith mai darn o gelfyddyd wneuthuriedig yw'r nofel, nid talp o fywyd go-iawn. Ymhlith y technegau Brechtaidd mae elfennau chwareus a gwrthrealaidd sydd, nid yn unig yn rhoi haenau gwahanol i'r naratif, ond yn fodd hefyd i ddatgelu'r gwirionedd brwnt, pwdr a digywilydd sy'n llechu dan urddas arwynebol y bonheddwyr. Dyma gyfeirio at rai ohonynt yma:

(1) Enwau carchardai

Hwyrach mai techneg Frechtaidd fwyaf trawiadol y nofel yw'r ffaith fod ei chymeriadau canolog i gyd wedi eu henwi ar ôl carchardai, a hynny er mwyn pwysleisio eu cysylltiad â'r syniad o gaethiwed. Yr enghraifft amlycaf yw'r Iarll Foston ei hun a enwyd ar ôl carchar Foston Hall yn swydd Derby. Enwau carchardai a roddir ar aelodau teulu Foston hefyd, heb sôn am rai o'i gyfeillion a'i gydnabod, ac ymhlith y rheiny y mae Maidstone-Susanna Royal (ar ôl HMP Maidstone yng Nghaint), yn ogystal â'r cymeriadau Polmont, Risley, Swinfen, Styal, Whatton, Hobart, Parva, Feltham – a nifer o rai eraill. Mae sawl un o'r cymeriadau hyn yn gyfrifol am gynnal ac amddiffyn trefn gymdeithasol sy'n llythrennol ac yn drosiadol yn caethiwo carfan o'r boblogaeth. Ond gellid dadlau yr un pryd bod pob un o gymeriadau'r nofel rywfodd neu'i gilydd yn gaeth i drefn cymdeithas, a'u bod yn eu tro naill ai'n gwrthod neu'n methu ymryddhau o'r caethiwed hwnnw.

(2) Hunaniaeth luosog

Techneg ddieithrio arall a ddefnyddir mewn perthynas ag enwau cymeriadau'r nofel yw'r modd y mae'r rhai sy'n perthyn i haen uchaf y gymdeithas yn berchen ar sawl enw yr un pryd. Yn fuan yn y nofel, er enghraifft, fe'n cyflwynir i'r Iarll Wellingborough a arallenwir yr un pryd yn 'Viscount Clive o Lwydlo, Barwn Herbert o Chirbury a Salop, a hyd at fis Tachwedd y flwyddyn cynt, Llywodraethwr Caer

Sant Siôr, Madras, a'r gŵr a wnaeth gymaint i frwydro tros adfer heddwch a gwarineb yn Bengal' (22). Dyma ddull o fynegi deublygrwydd y bobl hynny, a'r modd y maent yn ymaddasu'n llithrig er mwyn elwa ar y drefn. Eir â hyn gam ymhellach gyda chymeriad Polmont, sef ail brif gymeriad y nofel. Yn ei achos ef – ac yntau'n mynd trwy broses o ddysgu ac aeddfedu yn y nofel, fel y gwelwn yn y man – newidir ei enw a'i hunaniaeth yn gyfan gwbl dri chwarter y ffordd trwy'r nofel (heb ddatgelu rhagor rhag difetha'r plot!).

Yn sicr, gwelir bod y berthynas rhwng enw a hunaniaeth yn gymhleth yn y nofel, ac o bryd i'w gilydd ceir adleisiau o gonfensiynau'r ffârs wrth i gymeriadau gamadnabod, gamenwi neu weithiau, trwy gam, ddadlennu gwir hunaniaeth ei gilydd ar wahanol adegau. Ac wrth gwrs, mae dyfais yr efeilliaid – Henry a Thomas Hobart, er enghraifft – yn ddull chwareus *par excellence* i'r awdur gyfleu twyll a deublygrwydd yr aristocratiaid.

(3) Garwedd dan yr wyneb

Ar yr olwg gyntaf, mae ymddangosiad ac arferion personol y boneddigion yn barchus a gosgeiddig, yn gydnaws â'u hamgylchedd uchelwrol. Ond drwodd a thro, trwy amryw ddulliau Brechtaidd, tanseilir yr urddas ymddangosiadol gan ddatgelu'r garwedd sy'n llechu dan yr wyneb. Mewn un olygfa, er enghraifft, gwrthgyferbynnir gwisg goeth y Fonesig Maidstone-Susanna Royal â garwedd ei llais: 'Edrychai'n hardd yn ei gwisg *polonaise* o liw glas tywyll [...] ond pan agorodd ei cheg roedd ei llais mor gras â llais y morwr mwya' (28). Ceir llu o enghreifftiau tebyg yn y nofel, megis pan fo gwraig urddasol yr Iarll Foston yn chwerthin, ac y gwelir 'rhes o ddannedd duon fel pyst môr yng nghefn ei cheg' (331). A nodir bod bonheddwraig arall, gwraig Syr William-Henry Hobart, yn 'un o'r morwynion glana', er yr ychwanegir yr un pryd ei bod wedi lliwio'i gwallt yn felyn a'i bowdro'n wyn, a 'bod gwreiddia duon i'w gweld yn tyfu'n gryfion pan wyrodd ei chorun' (17).

Mewn golygfa yn rasys ceffylau Ascot cyfeirir at 'wyneba cochion; wyneba blotiog' yr aristocratiaid, yn ogystal ag 'wyneba claerwyn gwragedd o dan eu powdwr', a'r dyfarniad diflewyn-ar-dafod a geir arnynt gan Polmont yw 'Mor hyll oedd pawb [...] mor erchyll o hyll' (31). Datgelir ymhellach nad yw'r dŵr persawrus a ddefnyddia'r boneddigion yn celu drewdod eu cyrff, a bod y wigiau drud a wisgir ganddynt yn afiach ac amhersawrus:

> Ogleuodd Polmont surni wigia seimllyd a sylwodd ar gen pen yn eira hyd ysgwydda'r gŵr o'i flaen. [...] Wrth ei ymyl ffaniai gwraig ei bronna ag ogla ei sebon sent *aqua nuntia* yn gymysg â chwys cyfoglyd ei gŵr. (35)

Gan barhau ar yr un trywydd, yn un o'r disgrifiadau mwyaf anghynnes yn y nofel, nodir sut y mae un o'r morynion yn gorfod glanhau'r cwyr o glustiau Syr William-Henry Hobart, sef mab yr Iarll Foston:

> Daeth morwyn frestiog â breichia bras i'r fei. Gweithiodd glustgarthydd arian – rhyw declyn digon tebyg i fforc gigwain ond bod bachyn ar y blaen – i mewn i'w glust chwith tra daliai Syr William-Henry ei ben ar ogwydd iddi. [...] Tyrchodd y forwyn gwyr du a'i slabio fesul lwmp ar lwmp ar blât bach crwn a wasgai rhwng ei ên a'i ysgwydd. (27)

(4) Maswedd a'r arisel

Rhoddir sylw i'r masweddus a'r arisel yn y nofel fel dull o ddadfoneddigeiddio Foston a'i gydnabod. Enghraifft o hynny yw'r darluniau o buteindy'r Bagno y mae eu cwsmeriaid mwyaf selog yn wŷr teuluol, parchus i fod, ac yn ymfalchïo yn urddas eu statws uchel yn gymdeithasol. Yn yr un modd, mae'r defnydd o regfeydd yn cyfleu'r natur arw ac anfoesgar sy'n llechu dan sglein yr wyneb. Fel y nodir yn un o olygfeydd agoriadol y nofel, wrth i Syr William-Henry araf feddwi ar winoedd drudfawr mewn tŷ coffi mae ei iaith yn dirywio gan ddatgelu ei wir anwarineb:

> Magodd ogla garlleg a brandi ar wynt Syr William-Henry; aeth fymryn yn fwy trwsgwl; taro ei wydryn trwy festyn yn afrosgo am wddw'r crewet ar ganol y bwrdd a thywallt ei win nes baeddu gwisg ei wraig; aeth ei iaith yn futrach a mwy nag un rheg – rhegfeydd bras iawn hefyd – yn britho trwy'i frawddega nes poethi clustia dynion y bwrdd agosa. [...] O dan ei natur fonheddig, synhwyrodd Polmont fod rhywbeth amrwd a llawer garwach yn llechu. Trwch o eira dros domen dail. (19-20)

(5) Ieithwedd fwrlésg

Un o ogoniannau *Paradwys* yw ei hieithwedd liwgar a chyfoethog a ysbrydolwyd i raddau gan y clasur llenyddol o'r ddeunawfed ganrif, *Gweledigaetheu y Bardd Cwsc* (1703). Mae *Paradwys* yn gwneud defnydd trawiadol o briod-ddulliau priddlyd a chyfansoddeiriau cyhyrog tebyg i rai Ellis Wynne, ac am fod yr ieithwedd honno'n anghydnaws, ar yr olwg gyntaf, â byd bonheddig, Ewropeaidd y nofel, fe ddaw ei hun yn fath o dechneg ddieithrio – gan roi egni arbennig i'r dweud yr un pryd. Mae bathiadau cyfansoddeiriol grymus yn byrlymu trwy'r gwaith, megis 'eirawaedu', 'sadgysidro', 'bysdeimlo', 'ysgafnchwythu', 'gwegilsythu', 'llawbannu', 'brochswnian', 'cwrcwdhopio', 'boldywallt' a 'chrochgwyno', a defnyddir y rhain a geiriau hwyliog eraill i greu darluniau crafog a chofiadwy, fel pan ddisgrifir Syr William-Henry'n 'hochbesychu', pŵdl Mrs Parva'n 'wyneb-filain ond yn gynffon-hapus', trwynau dau forwr yn 'bincas galad', ac un o ohebwyr y *Gazette* yn 'grecyn cnodiog'. Mae'r ieithwedd fwrlésg hon yn rhan o chwareustra dychmygus y nofel, yn atseinio Cymraeg y ddeunawfed ganrif gydag egni newydd, ac yr un pryd yn cyfrannu at ei natur bolyffonig a dychanol.

(6) Cymysgu genres

Tebyg yw ymdriniaeth Roberts â genre yn *Paradwys*. Soniwyd eisoes ei bod yn dyfynnu amrywiol fathau o destunau – o weithiau llenyddol i ddogfennau ffeithiol – a'i bod trwy'r elfen ryngdestunol honno'n cyfleu lluosogrwydd llais a phersbectif wrth ymdrin â hanes. Er enghraifft, wrth gyfleu safbwynt Cristnogol yr Esgob Parva o blaid cadw caethwasiaeth, defnyddiwyd dadleuon a godwyd yn uniongyrchol o waith Alexander Barclay, *A Practical View of the Present State of Slavery in the West Indies* (1826). Ymhellach, manteisir ar gonfensiynau genres llenyddol yn dechneg ddieithrio arall, er mwyn dwyn sylw at natur wneuthuriedig 'darlun hanesyddol' y nofel, yn eu plith gonfensiynau'r nofel hanesyddol ramantaidd, y nofel dditectif, y nofel gothig, y nofel ddatblygiad (neu'r *Entwicklungsroman*), y nofel bicarésg, heb sôn am gonfensiynau'r cofiant a'r hunangofiant.

Un enghraifft drawiadol o'r benthyg genres hwn yw'r modd yr adroddir hanes y Fonesig Frances-Hygia Royal, sef ail wraig yr Iarll Foston, sy'n meddwl ei bod cael yn ei herlid yn barhaus gan rym annelwig o'r enw yr Egni Du. Gan alw i gof genre y nofel gothig, sef genre a ddaeth i fod yn y ddeunawfed ganrif, sonnir sut yr ymdreiddia'r ofn hwn i'w meddwl ddydd a nos, a hithau'n adrodd

> sut y sleifiodd i'w thŷ, cripian trwy'r gwyll, i fyny ar draws y cyntedd, i fyny'r grisia hyd at ei ben; hitha'n gorwedd yno'n llygad-effro gan glywed ei ewinedd arian yn rhedeg yn ysgafn hyd fân byst y canbost; yn closio'n nes a nes, cyn sleifio o dan ei drws, i sleifio at ei gwely nes ei hanner mygu o gwrcydu ar ei brest yn y gwyll. (75)

Mae'n amlwg mai niwrosis sydd yn gysylltiedig â diddordebau masnach ei gŵr yn y Caribî yw gwraidd paranoia Frances Hygia-Royal am yr Egni Du. Ond trwy ddefnyddio elfennau o'r nofel gothig, mae Roberts, nid yn unig yn chwyddo effaith ddramatig arswyd y Fonesig, ond hefyd yn dangos y berthynas rhwng y dimensiwn economaidd ac iechyd seicolegol, heb sôn am amlygu'r ffaith, yn dra chynnil, fod y nofel gothig wedi dod i fod pan oedd imperialaeth Ewrop yn ei bri, yn gynnyrch yr isymwybod Ewropeaidd euog.

Ymhellach: un o isblotiau *Paradwys* yw'r dirgelwch ynghylch llofruddiaeth Mademoiselle Virginie Le Blanc ar yr ynys. Trwy'r isblot hwnnw manteisia'r awdur ar gonfensiynau'r nofel dditectif, a hynny wrth i Polmont, fel ditectif, geisio datrys y dirgelwch a chanfod y gwir am fywyd yr Iarll Foston. A cheir defnydd o genres eraill hefyd, wrth i Roberts gyfeirio at gonfensiynau mathau mwy diweddar o ffuglen, er enghraifft yr elfen o realaeth hudol a geir yng ngolygfa olaf y nofel pan fo'r Iarll Foston yn marchogaeth ceffyl trwy gymylau Cymru. Gan fod realaeth hudol wedi dod i fod yng ngwledydd de America mewn ymateb i systemau gwleidyddol gormesol, crëir perthynas gynnil rhwng agenda feirniadol *Paradwys* a'r traddodiad ffuglennol hwnnw.

Gellid crybwyll enghreifftiau pellach o dechnegau dieithrio Brechtaidd sydd i'w canfod yn *Paradwys* drwyddi draw, a does dim dwywaith nad yw Wiliam Owen Roberts yn manteisio i'r eithaf ar ryddid ffurf y nofel i brocio a herio agweddau ar y gymdeithas a ddarlunnir ynddi. Trwy ddarlunio holl gymdeithasu, cynllwynio a chreuloderau di-hid y cast enfawr o gymeriadau a geir ynddi, mae *Paradwys* yn cynnig beirniadaeth amlweddog ar imperialaeth Ewropeaidd a'r gyfundrefn gyfalafol yr ydym yn dal i fyw ynddi heddiw.

Ond mae un dimensiwn pellach yn y nofel gyfoethog hon sydd, nid yn unig yn dyst i'r dylanwadau Ewropeaidd helaeth sydd arni, ond hefyd yn ei gwneud yn waith llenyddol hynod amserol. Gan alw i gof bwyslais Milan Kundera ar y nofel fel taith unigolyn sydd am archwilio'r byd o'r newydd, gellid dadlau nad yr Iarll Foston yw prif gymeriad *Paradwys*, mewn gwirionedd, ond yn hytrach, ei gofiannydd cyflogedig, Polmont. Darlun o'i gyrch Quixotaidd ef trwy gelwydd a thwyll a phropaganda Foston tuag at oleuedigaeth yw prif 'daith' y nofel, mewn difrif. Ac ymhlyg yn y daith honno mae'r sylweddoliad Marcsaidd mai grym dilechdidol yw gwirionedd. Yn wir, un o themâu canolog *Paradwys* yw bod chwarae â geiriau yn un o'r dulliau cryfaf un o ymrymuso. Mewn gair, mae'r nofel drwyddi draw yn archwilio swyddogaeth yr hyn a elwid yn y gorffennol yn 'bropaganda', y daethpwyd i'w alw ar ddiwedd yr ugeinfed ganrif yn 'sbin', ac a adnabyddir bellach, ers cyfnod arlywyddiaeth Donald Trump, fel '*fake news*'.

Dyn ifanc, amddifad, digon truenus yw Polmont ar ddechrau'r nofel. Mae ar fin ei daflu ei hun oddi ar Bont Llundain yn sgil methiant ei fusnes gwerthu papur-wal. Ond daw achubiaeth annisgwyl iddo – os achubiaeth hefyd – pan gaiff ei benodi'n gofiannydd swyddogol i'r Iarll Foston. Dymuniad Foston yw iddo ysgrifennu cofiant a fydd yn dysteb barhaol i'w fawredd ef: down i ddeall mai'r hyn a ddeisyfa'r Iarll yw fersiwn geiriol o'r portreadau mawreddog mewn paent olew a geir ohono ef a'i deulu ar hyd muriau eu plasty. Diffinnir gorchwyl Polmont yn glir, felly: 'Mae'n rhaid anelu at y gwirionedd' (92). Fodd bynnag, wrth i'r nofel fynd rhagddi, down i ddeall nad yw hynny mor syml ag y tybiodd Polmont i ddechrau.

Yn ei ddiniweidrwydd cychwynnol, ymddengys gorchwyl Polmont yn ddigon rhwydd. Wedi'r cyfan, onid yw gwrthrych y cofiant yno'n fyw o'i flaen, yn un y gall ei holi am atebion pan fo'r gwir yn aneglur? Foston yw'r adroddwr hollwybodus, fel petai, sy'n teimlo y gall arddweud ei gofiant ei hun wrth ei gofiannydd (ei was cyflogedig). Yng ngeiriau un o gymeriadau'r nofel, 'y fo 'di'r clo a'r allwedd i bob un drws' (233), a bodlona Polmont i ddechrau ar dderbyn gwirioneddau parod yr Iarll a'u rhoi ar glawr yn ufudd:

'Fradycha i mohono chi Iarll Foston, syr,' yw ei addewid parod bryd hynny (94). Ond byddai wedi bod yn rheitiach i Polmont wrando ar siars fwy amwys cymeriad arall pan ddywedir wrtho: 'Peidiwch â disgwyl sgwrs' (47). Gwelwn ninnau fod datganiadau'r Iarll yn llawn rhethreg awdurdodol ac ymadroddion argymhellgar, fel 'coelia di fi' ac 'y gwir amdani ydi', ac yn raddol, wrth i ymchwil Polmont i hanes bywyd yr Iarll ddatblygu, ymddengys y gwirionedd yn fwyfwy dyrys iddo. Erbyn iddo ddechrau ymgodymu ag is-blot llofruddiaeth Virginie Le Blanc, sylweddola Polmont fod angen iddo ailymweld â thystiolaeth dro ar ôl tro er mwyn ei hailddehongli: 'Ailddarllenodd,' meddir, 'a sylweddoli fod rhywbeth o'i le; fod rhywbeth ddim yn disgyn i'w le fel y dylai' (146). Daw'n gynyddol ymwybodol o'r bylchau a'r croes-ddweud yn y cofnod swyddogol a ddarperir iddo gan yr Iarll a'i deulu, a noda sawl ymgais gan berthnasau'r Iarll i'w sensora.

Darllenydd yw Polmont felly – yn ogystal ag awdur. Ac wrth iddo ddod yn ddarllenydd mwy profiadol, daw i ddeall bod rhai testunau (yn eiriau a ddaw iddo o ffynonellau amgen) yn gwrthddweud y gwirioneddau swyddogol y mae disgwyl iddo eu cynnwys yn yr hunangofiant. Wrth i'r nofel fynd yn ei blaen, drysir y broses o 'ddarllen' yr Iarll yn gynyddol. Mae'r bylchau'n lluosogi. Mae'r ffeithiau amgen yn amlhau. Ac yn raddol daw darlun gwahanol o fywyd yr Iarll i'r fei – a hwnnw'n dra anghydnaws â'r darlun canmoliaethus y mae disgwyl i Polmont ei atgynhyrchu yn ei gofiant.

Ar ei daith fel cofiannydd, wrth iddo orfod rhoi heibio ddarlleniadau sy'n bodoli eisoes a chanfod ei ddarlleniad ei hun o 'destun' yr Iarll, daw Polmont yn ddarllenydd gweithredol, yn hytrach nag yn ddarllenydd goddefol. (Neu mewn termau Marcsaidd, wrth iddo ddod yn awdur gwirioneddol y cofiant, gellid dweud bod Polmont yn dod i feddiannu ei 'gyfrwng cynhyrchu' ei hun.) Yn hyn o beth, gellid dweud bod *Paradwys* yn arddangos dylanwad Ewropeaidd pellach, gan fod nifer o feirniaid llenyddol

Ewrop blynyddoedd olaf yr ugeinfed ganrif – yn Ffrainc a'r Almaen, yn enwedig – wedi ymddiddori'n fawr yn rôl y darllenydd yn y broses o greu ystyr testun. A chrybwyll un enghraifft adnabyddus, mae'r modd y mae Polmont yn aeddfedu fel darllenydd yn perthyn yn agos i'r hyn a drafodir yn y gyfrol *S/Z* (1970) gan y beirniad Ffrengig, Roland Barthes, lle'r amlinellir sut y daw'r darllenydd yn *gynhyrchwr*, ac nid dim ond yn *dreuliwr*, testun llenyddol. Yn yr un modd, gellid gweld cysylltiad hefyd â hermenewteg darllen beirniad fel Hans-Georg Gadamer a ddadleuodd yn ei astudiaeth 'Gwirionedd a Dull' (*Wahrheit und Methode*, 1960), ein bod fel darllenwyr yn gorfod addasu gorwelion ein hymwybyddiaeth yn barhaus wrth ymgodymu ag ystyr testun, a bod ein crebwyll a'n dealltwriaeth yn cael eu cyfoethogi a'u hymestyn yn y broses.

Yn y gwaith o ddehongli bywyd Foston, aiff Polmont, a ninnau fel darllenwyr i'w ganlyn, trwy broses o newid ac o aeddfedu, gan ddod at ddealltwriaeth lawnach, a chymhlethach, o hanes yn y diwedd. Trasiedi Polmont yw bod y ddealltwriaeth fwy cyfoethog honno'n dod yn rhy hwyr ar gyfer ei gofiant: ar ddiwedd y nofel, dysgwn mai'r fersiwn sensoredig, sef yr un a awdurdodwyd gan yr Iarll Foston, sy'n cael ei gyhoeddi yn y diwedd, ac nid fersiwn Polmont sy'n nes at y ffeithiau go-iawn. Cofnod yr Iarll yw'r 'gwirionedd' a gedwir i'r oesoedd a ddêl. Serch hynny, gellid dweud bod y daith addysgol yn parhau y tu hwnt i gloriau'r llyfr a bod y ddealltwriaeth lawnach yn cael ei gwireddu y tu hwnt i fywyd ffuglennol Polmont, sef ynom ni fel darllenwyr. Dyna nod anelog – a Brechtaidd – *Paradwys*.

Afraid dweud bod ymgodymu Polmont â *fake news* Iarll Foston yn arbennig o berthnasol yn yr oes sydd ohoni. Rydym yn byw mewn cyfnod pan fo ffeithiau a gwirioneddau sy'n cael eu cyflwyno inni trwy amrywiol gyfryngau yn cael eu doctora a'u hystumio a'u sensora i raddau mwy nag erioed, a phan fo rhethreg lithrig y bobl sydd mewn grym yn gallu dylanwadu ar farn a rhagfarn miliynau o bobl – a hynny mewn dim o dro. Pan gyhoeddwyd *Paradwys* gyntaf yn y flwyddyn 2001 gwelai rhai darllenwyr adlais o Brydain Thatcheraidd y 1980au ynddi. Ond credaf y bydd darllenwyr dechrau'r 2020au yn gweld cyfatebiaethau cryfach byth, efallai, â'u presennol nhw, lle mae chwant am bŵer a chyfoeth yn tra-arglwyddiaethu ar bob moes, lle mae hiliaeth yn norm, a lle mae rhagrith yn ddiangen am fod dweud celwydd wedi dod yn gamp sy'n difyrru'r dorf.

Fel holl nofelau Wiliam Owen Roberts, mae *Paradwys* yn manteisio i'r eithaf ar botensial y nofel i fynd â ni ar daith sy'n cyfoethogi ein bywydau ac yn dyfnhau ein dealltwriaeth, ac sydd yn gofyn cwestiynau pwysig am berthynas Cymru ac Ewrop – heb sôn am weddill y byd – yn yr oes ryfedd a throthwyol yr ydym yn ceisio byw ynddi.

---

[1] Cyfweliad gyda Wiliam Owen Roberts yn Sioned Puw Rowlands, gol., *Byd y Nofelydd* (Y Lolfa, 2003), 82.

[2] 'Holi Wiliam Owen Roberts', *Mardi Gras ym Mangor Ucha*, Blog Adran y Gymraeg ac Astudiaethau Celtaidd Prifysgol Bangor, cyrchwyd Medi 2023.

[3] Wiliam Owen Roberts, 'Nes Na'r Hanesydd neu Y Nofel Hanes', *Sglefrio ar Eiriau* (Gomer, 1992), 85.

[4] Enid Jones, 'Olion Wiliam Owen Roberts', *Y Sêr yn eu Graddau*, gol. gan John Rowlands, Cyfres y Meddwl a'r Dychymyg Cymreig (Gwasg Prifysgol Cymru, 2000), 48 a 39.

[5] 'Barddas yn holi Wiliam Owen Roberts am ei nofel newydd', *Barddas* (Gaeaf, 2001), 49.

[6] Wiliam Owen Roberts, *Paradwys* (Barddas, 2001), 464.

[7] Idris Parry, 'Bertolt Brecht', *Y Llenor yn Ewrop*, gol. gan Gareth Alban Davies a W. Gareth Jones (Gwasg Prifysgol Cymru, 1976), 155-6.

Monica a Mauriac:

Gwneud yn fawr o bechod

Yn y flwyddyn 1930, ar derfyn degawd ysgubol o ysgrifennu a chyhoeddi, ymddangosodd nofel gyntaf Saunders Lewis, *Monica*.[1] Nofel fer, gyfoes oedd hon a ymdriniai â bywyd trasig gwraig ifanc o'r enw Monica Sheriff a wrthryfelodd yn erbyn ei theulu yng Nghaerdydd trwy ddwyn a phriodi cariad ei chwaer, Bob Maciwan. Â'r ddau odinebus i fyw i'r Drenewydd, un o faestrefi modern Abertawe, gan fwynhau priodas gnawdol hyd nes y daw beichiogrwydd Monica ag iselder ysbryd yn ei sgil. Cilia i'r gwely gyda'i chathod, gan ogr-droi mewn meddyliau morbid amdani ei hun, ei pherthynas â'i gŵr, yn ogystal â'r baban yn ei chroth – nad yw'n dymuno esgor arno. Daw'r nofel i ben yn ddisymwth wrth i Monica ddarganfod bod Bob wedi dal clefyd gwenerol ar ôl cysgu gyda phutain. Mae'n gadael y tŷ â'i bryd ar ddial arno, ond yn ei gwendid meddyliol a chorfforol mae'n syrthio i'r llawr y tu allan i syrjeri doctor ac yn colli ymwybyddiaeth. Ac felly, wrth i'r meddyg weld y wraig feichiog ar ei hyd ar y palmant o flaen ei weithle a dechrau galw am help, y diwedda'r nofel.

Sioc i lawer yng Nghymru 1930 oedd darllen nofel o'r fath. Dyma waith a ymdriniai â phynciau mentrus a newydd mewn llenyddiaeth Gymraeg, gan gynnwys chwant rhywiol, effeithiau beichiogrwydd, puteindra, y 'clefyd anllad', meddyliau anfamol, yn ogystal ag atalnwydau seicolegol. Cynhwysai'r nofel ddisgrifiadau graffig o salwch a budreddi corfforol, ac roedd ei lleoliadau dinesig a swbwrbaidd, nid yn unig yn anghyffredin mewn llenyddiaeth Gymraeg, ond hefyd yn 'anghymreig' o ran awyrgylch. Mwy o dramgwydd na dim, efallai, oedd nad oedd yr awdur yn cyfleu moeswers amlwg yn y gwaith: adroddid y stori mewn tôn oeraidd, ychydig yn goeglyd, ond heb feirniadu ymddygiad Monica na Bob yn agored. Ac yn sicr, doedd dim arwydd o achubiaeth na gobaith i'r wraig a roddodd ei henw i'r nofel – hyd yn oed ar ei diwedd truenus.

Ceir straeon apocryffaidd hyd heddiw am ddarllenwyr y 1930au yn cuddio *Monica* rhwng cloriau llyfrau eraill rhag cael eu gweld yn darllen gwaith mor anllad, neu'n cadw'r llyfr â'i feingefn at y wal rhag i neb weld y teitl arno. Mewn llythyr at Saunders Lewis ei hun (2.2.32), cyfaddefodd Kate Roberts iddi benderfynu peidio â rhoi'r llyfr i'w mam i'w ddarllen am y tybiai 'mai doethach oedd ei gadw rhagddi'.[2] (Fodd bynnag, dywed i'w mam gael gafael arno beth bynnag – ac iddi ei 'fwynhau yn fawr' hefyd.) Mae'r adolygiadau cyntaf ar *Monica* yn rhan o lên gwerin llenyddiaeth Gymraeg hyd heddiw. Yn rhifyn mis Ebrill 1931 o'r *Eurgrawn Wesleaidd*, er enghraifft, barnodd y gweinidog a'r nofelydd, E. Tegla Davies, mai 'dadansoddiad fferyllol o domen dail' oedd *Monica*. Iddo ef, 'mynegi prydferthwch' oedd nod llên; ond wrth ysgrifennu'r nofel hon ni wnaeth Saunders Lewis ond 'chwalu ei domen yng ngwydd gwlad, nes bod y drewdod yn llenwi'r awyr'. Cwynodd Iorwerth Peate ar dudalennau *Y Tyst* (12.2.31) fod darllen Monica wedi gadael 'blas aflan yn y genau', a'i farn derfynol ef oedd 'na chyhoeddwyd ers llawer blwyddyn ddim yn Gymraeg a adawodd un darllenydd o leiaf mor drist am ddyfodol llenyddiaeth ein gwlad'.

Tôn braidd yn amddiffynnol oedd hyd yn oed i'r adolygiadau hynny a geisiai groesawu newydd-deb *Monica*. Ym mhrif gylchgrawn llenyddol y cyfnod, *Y Llenor* (Gwanwyn 1931), achubodd yr adolygydd J. Hubert Morgan ei cham gan gyfeirio at anaeddfedrwydd Cymreig yr ymateb iddi:

> Faint bynnag fydd y beio a'r dirmygu ar y nofel hon a'i hawdur – ac fe fydd rhagor ar yr awdur nag ar ei waith nes bod traddodiad llên feirniadol Cymru yn fwy urddasol – ceisiwn gofio bod gan yr awdur fel artist, nid fel artist Cymreig sylwer, berffaith hawl i ymdrin ag actau naturiol a'u canlyniadau.

Ac ar dudalennau cylchgrawn *Yr Efrydydd* (Mawrth 1931), nododd Thomas Parry i'r ymosodiadau ar *Monica* fod yn ddi-chwaeth o bersonol (er mai amwys yw ei farn am gynnwys y nofel):

Naturiol i bawb deimlo'i ysbryd yn nychu am ysbaid wedi cyrraedd tudalen olaf y llyfr, ond yn enw pob rheswm, na feier Mr. Saunders Lewis am hynny. Ai ef sy'n gyfrifol am fod posibilrwydd pechodau gwrthun yn natur pob dyn?

Cyfeiriodd yntau hefyd at biwritaniaeth Gymreig yr ymateb iddi, gan awgrymu 'mai camgymeriad Mr. Lewis, fel ambell un arall, oedd dweud y gwir yn rhy blaen – yn Gymraeg'.

Gwelir fod mwy nag un elfen yn y condemnio cynnar ar *Monica*, felly. Yn y lle cyntaf, cafwyd adwaith i rai o'r pynciau a drafodid ynddi a ystyrid yn aflednais, os nad yn anfoesol. Yn ail, awgrymwyd bod defnyddio'r iaith Gymraeg yn gyfrwng i drafod y pynciau hynny'n fwy amhriodol byth. Ac yn olaf, does dim dwywaith nad oedd rhan o'r ymateb negyddol i'r nofel yn deillio o farn rhai Cymry am ei hawdur. (Dylid nodi yma, er gwybodaeth, i Saunders Lewis gollfarnu nofel E. Tegla Davies, *Gŵr Pen y Bryn* (1926), yn ogystal â chyfrol Iorwerth Peate, *Y Cawg Aur* (1928), beth amser cyn i *Monica* ddod o'r wasg.)

Er i J. Gwyn Griffiths yn 1948 a Kate Roberts yn 1950 gyhoeddi trafodaethau mwy cytbwys ar y nofel o ran cynnwys a chrefft,[3] ni ellir ond cytuno'n gyffredinol â barn John Rowlands mai 'aelwyd oer' a gafodd *Monica* yng Nghymru canol yr ugeinfed ganrif. Yn sicr, ni sylweddolodd cyfran o'r gynulleidfa mai condemniad moesol ar gymdeithas fodern oedd y nofel yn ei hanfod, a bod ei natur fentrus yn tynnu'n groes i'r ideoleg geidwadol a oedd wrth ei chraidd. Wedi cythrwfl ei chyhoeddi, mae'n arwyddocaol na luniodd Saunders Lewis nofel arall hyd nes yr ymddangosodd 'rhamant hanesiol' *Merch Gwern Hywel* yn 1964, ac roedd honno'n dra gwahanol i *Monica* fodern a dadleuol.

Fodd bynnag, wrth i Gymru newid yn sgil datblygiadau gwleidyddol a chymdeithasol ail hanner yr ugeinfed ganrif, daeth tro ar fyd yn hynt *Monica*, a dychwelwyd ati â gwerthfawrogiad newydd.

Yn wir, daethpwyd i sylweddoli ei bod, ar sawl cyfrif, o flaen ei hamser. Wrth i agweddau moesol at ryw, seicoleg a chymdeithas ddatblygu yn ystod y 1960au a'r 1970au, daeth cenhedlaeth newydd o feirniaid Cymraeg at y nofel a chanfod ynddi elfennau a oedd yn fwy at eu dant. Mor gynnar â 1962 cwynodd R. Gerallt Jones am 'gynnwrf anneallus ac amherthnasol' y derbyniad a gafodd *Monica* gynt, a phwysleisiodd mai 'nofel seicolegol, unigolyddol' ydoedd a oedd yn 'ernes o ddirywiad y nofel gymdeithasol' yn y Gymraeg.[4] Ddeng mlynedd yn ddiweddarach, yn 1972, cafwyd gan John Rowlands astudiaeth sylwgar o'r modd y darluniwyd rhywioldeb yn y nofel (ac yntau ei hun wedi profi adwaith biwritanaidd ffyrnig i'w bortread o weinidog yn cael rhyw yn ei nofel *Ienctid yw 'Mhechod* yn 1965). Yn ei farn ef, cyflwynwyd rhywioldeb Monica gan Saunders Lewis 'fel ffurf ar Narsisiaeth', a nododd ddyled y nofel i awduron Ffrengig fel Proust, Gide a Mauriac.[5] Ymhelaethodd Delyth Beasley (1977) hithau ar y cysylltiad rhwng *Monica* a nofel François Mauriac, *Thérèse Desqueyroux*[6] – cysylltiad allweddol y byddwn yn dychwelyd ato'n ddiweddarach yn y drafodaeth hon.

Yn wir, rhwng canol y 1970au a diwedd y 1980au, gellid dweud i *Monica*, nid yn unig gael ei hadfer i brif ffrwd y nofel Gymraeg, ond ei dyrchafu uwchlaw'r gweddill. Yn 1975 dywedodd Islwyn Ffowc Elis y byddai'n barod i'w rhoi, o'i golygu, yn ddiogel ymysg 'deg uchaf nofelau Cymraeg',[7] tra daliai R. M. Jones bod 'achos cryf o blaid ystyried hon yn bwysicach ac yn well nofel na'r un o gyhoeddwyd hyd hynny yn Gymraeg'.[8] I Bruce Griffiths yntau (1979), roedd *Monica* yn 'tour de force, written to show what could be done, and should be done, in this genre in Welsh'.[9] Yn yr un cyfnod cafwyd hefyd drafodaethau ffeminyddol ar y nofel a heriai ei rhagdybiau patriarchaidd, sef yn gyntaf, 'Saunders Lewis, Apostol Patriarchaeth' Branwen Jarvis (1974), ac yn ail, '*Monica*' Delyth Ann George (1986) a ddadleuai'n argyhoeddiadol fod *Monica* yn ymgorffori 'holl ragdybiau ceidwadol ofnus dyn o ddirgelwch y rhyw fenywaidd'.[10]

Yn sicr, erbyn diwedd yr ugeinfed ganrif roedd *Monica* wedi ennill ei lle'n ddiogel yng nghanon llenyddiaeth Gymraeg a daethpwyd i'w hystyried yn rhagflaenydd i nofelau mwy unigolyddol awduron megis Jane Edwards ac Aled Islwyn, yn ogystal â naws fwy dinesig gweithiau awduron fel Siôn Eirian neu Mihangel Morgan. Cafwyd adargraffiad o'r nofel yn 1989. Cyfieithodd Meic Stephens hi i'r Saesneg yn 1997. Ac erbyn 2013 roedd Gwasg Gomer wedi ei chynnwys yn eu cyfres urddasol, 'Clasuron Gomer', gyda rhagymadrodd sylweddol gan Simon Brooks. Yn y cyfamser bu hefyd yn chwarel greadigol i ddau o'n prif nofelwyr cyfoes. Yn y stori 'Y Crash' gan Wiliam Owen Roberts o'r gyfrol *Hunangofiant (1973-1987) Cyfrol 1 – Y Blynyddoedd Glas* (1990), gosodir cymeriadau'r nofel, yn bennaf Bob a'i gydweithiwr, Ned Rhosser, yn erbyn cefndir economaidd y Wall Street Crash 1929. Ac yn nofel Angharad Tomos, *Wrth Fy Nagrau I* (2006), mae Monica ei hun yn glaf yn yr un ward iechyd meddwl â'r prif gymeriad, a'i chyflwr, o'r persbectif hwnnw, yn cael ei bortreadu gyda chryn dipyn o gydymdeimlad (yn sicr, o gymharu â'r hyn a gafwyd yn y nofel wreiddiol).

Unionwyd y cam a wnaethpwyd â *Monica* yn 1930, felly, a daethpwyd i'w hystyried yng nghyd-destun bywyd a gwaith ei hawdur a oedd, erbyn ei farw yn 1985, yn ffigwr cenedlaethol o bwys, yn wleidyddol ac yn llenyddol. I'r gwrthwyneb, dipyn o 'aderyn dieithr', chwedl cerdd Gwilym R. Jones, oedd Saunders Lewis i lawer o Gymry pan gyhoeddwyd y nofel gyntaf yn 1930. Roedd wedi ei fagu y tu allan i Gymru, yn Wallasey, un o faestrefi Glannau Merswy, a chafodd ei addysgu'n breifat yn ysgol fonedd y Liscard High School for Boys. Roedd wedi graddio mewn Saesneg ym Mhrifysgol Lerpwl, ac yn yr iaith honno y cyhoeddodd fwyafrif ei ysgrifeniadau cynnar, gan gynnwys ei ddrama gyntaf, *The Eve of St. John* (1921), a'i waith ysgolheigaidd cyntaf, *A School of Welsh Augustans* (1924). Erbyn hynny, fodd bynnag, roedd wedi rhoi ei fryd ar greu diwygiad llenyddol Cymraeg, ac wrth roi hynny ar waith roedd wedi herio rhai o ragdybiau diwylliannol y Gymru Gymraeg ac wedi codi gwrychyn rhai o'i hoelion wyth. Penllanw'r blynyddoedd cynnar hyn o arloesi a mentro, procio a chythruddo, oedd cyhoeddi *Monica*, felly, ac mae'r cefndir hwnnw hefyd yn allweddol wrth ystyried yr ymateb ffyrnig a gafwyd iddi.

Mae'n ddadlennol, o safbwynt y drafodaeth hon ar y nofel, mai yn Ffrainc, ac yntau'n swyddog gyda Chyffinwyr De Cymru yno yn ystod y Rhyfel Byd Cyntaf, y rhoddodd Saunders ei fryd gyntaf ar drawsnewid cwrs llenyddiaeth Gymraeg. Yno darllenodd drioleg Maurice Barrès o nofelau, *Le Culte du Moi* (1888-91), a chael ei ysbrydoli ganddynt (yn ogystal ag ysgrifau Emrys ap Iwan) i fynnu lle iddo'i hun mewn Cymru a orweddai yng nghalon cymanwlad Ewropeaidd-Ladinaidd. O'r cyfnod hwn ymlaen, daeth llenyddiaeth Ffrainc yn fan cychwyn ei ymosodiad ar rai o werthoedd rhyddfrydol-anghydffurfiol y byd llenyddol Cymraeg. Collfarnodd felodrama boblogaidd W. J. Gruffydd, *Beddau'r Proffwydi* (1913), er enghraifft, am ei sentimentaliaeth feddal, ac wedi'r rhyfel bwriodd ati i lunio math newydd o ddrama Gymraeg. Gweddol lwyddiannus fu'r arbrawf cyntaf, *Gwaed yr Uchelwyr* (1922), sef ymgais i gyfuno egwyddorion theatr glasurol Ffrainc â thraddodiad cynhenid y ddrama gegin-gefn. Ond daliodd Saunders ei dir. Cyfieithodd ddrama Molière, *Le médecin malgré lui* (*Doctor er ei Waethaf*) i'r Gymraeg yn 1924, ac yn yr un cyfnod cyhoeddodd ddwy act gyntaf *Blodeuwedd* yn *Y Llenor*, sef ymdriniaeth fydryddol â phedwaredd gainc y Mabinogi a ddangosai ddyled drom i drasiedïau clasurol Pierre Corneille (1606-84) a Jean Racine (1639-99).

Yn y cyfamser roedd ei drafodaethau beirniadol hefyd yn dwyn maeth amlwg oddi wrth feddylwyr cyfandir Ewrop. Yn 1927 syfrdanodd lengarwyr Cymraeg gyda'i ymdriniaeth Freudaidd feiddgar o waith yr emynydd a'r awdur Methodistaidd, William Williams, Pantycelyn. Ddwy flynedd yn ddiweddarach trafododd fywyd a gwaith y bardd poblogaidd, Ceiriog, fel cynnyrch 'artist yn

Philistia' Cymru ei oes. Yn ei ysgrifau gwleidyddol yn yr un modd gwelid dylanwad meddylwyr adain dde Ffrainc ar ei ddelfryd o Gymru 'bendefigaidd' Ewropeaidd dan nawdd yr Eglwys Gatholig (ac yntau wedi dechrau arddel Catholigiaeth ei hun yn ystod y 1920au). Erbyn mis Medi 1929 roedd Saunders Lewis yn datgan yn agored, mewn erthygl olygyddol yng nghylchgrawn *Y Ddraig Goch*, bod ar Gymru 'ddyled ysbrydol drom' i Baris, ac argymhellodd anfon 'ieuenctid gorau Cymru' i brifddinas Ffrainc er mwyn iddynt ddod i 'gymundeb â phrif gartref mudiadau llenyddiaeth a chelfyddyd y byd'.

Roedd y ffrancoffilia anfeirniadol hwn, ynghyd â'r delfrydau neo-Gatholig ceidwadol a âi law yn llaw ag ef, yn ormod i nifer o'i gyd-Gymry ei stumogi, a'i ddyled i syniadau unigolion fel Charles Maurras, arweinydd y mudiad adweithiol, Action Française, yn wrthun iddynt. Un o'r rheiny oedd W. J. Gruffydd, golygydd *Y Llenor*, a fynegodd yn y *TP's & Casell's Weekly* (19.3.27) ei atgasedd ('disgust') tuag at y 'mudiad neo-Gatholig Cymreig'. Er nad enwodd Gruffydd neb yn bersonol yn ei druth, ymatebodd Saunders Lewis i'r sylwadau hyn trwy anfon at olygydd *Y Llenor* (sef W. J. Gruffydd ei hun), amddiffyniad hynod yn dwyn y teitl, 'Llythyr ynghylch Catholigiaeth' a gyhoeddwyd yn rhifyn haf 1927 y cylchgrawn. Yma, dadleuodd Saunders dros ei egwyddorion llenyddol cyfandirol yn herfeiddiol a huawdl, ac mae'n ddogfen ddadlennol ar lawer cyfrif. Ond i ddibenion ein trafodaeth ni, mae'r 'Llythyr ynghylch Catholigiaeth' yn hynod werthfawr gan ei fod yn taflu goleuni ar yr hyn a ysbrydolodd *Monica*. Yn wir, nid yw'n syndod i T. Robin Chapman ei alw'n 'rhagymadrodd syniadol' i'r nofel.[11]

Trewir nodyn pryfoclyd o ddechrau cyntaf y llythyr, wrth i Saunders fynegi ei arswyd at 'ba mor anewropeaidd y gall hyd yn oed arweinwyr meddwl Cymru heddiw fod'. Gan herio gwrth-gatholigiaeth W. J. Gruffydd, barna nad yw'n gwybod 'ond ychydig am feirdd a llenorion Ffrainc a'r Eidal'. Er bod Saunders Lewis yn gwadu dylanwad Maurras ar ei syniadau gwleidyddol, mae'n cydnabod bod arno ddyled lenyddol drom i nifer o awduron Cristnogol cyfoes Ffrainc, gan enwi Paul Claudel, François Mauriac a Jacques Rivière yn benodol, ac â rhagddo i ymosod ar werthoedd anghydffurfiaeth Gymraeg fodern, gan ddweud mai 'anffawd fawr' llenyddiaeth Gymraeg y dydd yw nad oes ganddi 'sgrifenwyr gwrth-Gristnogol' fel y Ffrancwr, André Gide. A daw ei druth i'w anterth wrth iddo ddyrchafu *pechod* yn ganolbwynt i lenyddiaeth ystyrlon. Pechod, medd ef, yw'r 'peth mwyaf dynol mewn bod', ac mae 'felly'n anhepgor i farddoniaeth a llên'. Dyma 'ddeunydd trasiedïau gorau'r byd' a 'sylwedd nofelau clasurol', ac mae awdur Ffrengig fel Gide, meddai, yn esiampl o nofelydd sy'n ddigon eofn i 'ddewis pechod'. I'r gwrthwyneb, 'gwan iawn a disylwedd yw'r syniad am "bechod" yng Nghymru heddiw', ac yn ei le, ni cheir ond 'dallineb sentimental [...] ffiaidd'. Pwysleisia'n groyw, felly, mai 'colled i lenyddiaeth yw colli pechod'.

Gorffenna Saunders ei amddiffyniad gyda chri – ddigon proffwydol o ystyried derbyniad *Monica* yn fuan wedyn – yn erbyn rhagfarn wrth-gatholig ei gyd-Gymry:

> O[s] yw fy nhueddiadau i yn ffiaidd gennych a chan y mwyafrif Cymry, erys un peth i'ch cysuro: nid oes un arwydd eu bod yn effeithio ar neb Cymro byw. Bydd codi'r cri o 'Babydd' yn ddigon i'm damnio gan fy nghydwladwyr.

A oedd ei nofel yn yr arfaeth pan luniodd ei hawdur y ddogfen ryfeddol hon tybed? Erbyn y flwyddyn ddilynol, fel y gwelir o lythyr a anfonodd at Kate Roberts (3.10.28), roedd eisoes wedi anfon pennod ddrafft o *Monica* at ei olygydd, Prosser Rhys. Ac er iddo betruso cyn anfon y bennod at ei gyfaill epistolaidd, Kate, rhag ofn y byddai ei darllen yn 'boenus' iddi, sicrhaodd hi ef nad oedd angen iddo bryderu gan fod ganddi 'ambell glwt o groen crocodeil'

(22.10.28). Yn wir, cyn hir roedd yn anfon awgrymiadau ato ynghylch sut i wella deialog y nofel (26.11.28). Dengys yr ohebiaeth hon yn eglur y gwyddai Saunders Lewis o'r dechrau y gallai ei nofel beri tramgwydd i rai – hyd yn oed i ddarllenwyr profiadol fel Kate Roberts. Ni fu'n swil o 'wneud yn fawr o bechod' yn *Monica*: mae pechod ar ffurf serch cnawdol yn greiddiol iddi, y 'clefyd marwol cyfoes', chwedl John Rowlands, sy'n 'llosgi ymaith bob safon foesol wrthrychol' (88). Caiff hynny ei ddarlunio'n gignoeth yn y nofel, a gwelir ei oblygiadau'n eglur yn nhynged greulon ei phrif gymeriad. Fel y dywedodd Saunders mewn llythyr diweddarach at Kate Roberts, 'nofel Gatholig hollol' oedd *Monica*, sef 'nofel am fywyd yn curo a maeddu dyn' (14.1.31).

Mae'n anodd gwybod ai lliniaru ynteu dwysáu ei derbyniad llosg a wnaeth y ffaith i Saunders Lewis ei chyflwyno i goffadwriaeth William Williams, Pantycelyn. Cofiwn iddo gyhoeddi astudiaeth Freudaidd ar Williams dair blynedd ynghynt lle y clodforodd yr emynydd am 'ddweud y gwir cyfan am gnawdolrwydd dyn'. Ategodd hyn yn ei 'Lythyr ynghylch Catholigiaeth' wrth drafod parodrwydd cymeriad Pantycelyn, Theomemphus, i ddadansoddi ei nwydau cnawdol. Wrth enwi'r 'pêr ganiedydd' ar ddechrau gwaith mor feiddgar â *Monica*, a'i alw'n 'unig gychwynnydd y dull hwn o sgrifennu', creodd ragflaenydd llenyddol parchedig iddo'i hun, ynghyd â dolen gyswllt bryfoclyd rhwng ei nofel ac un o eiconau Methodistiaeth Cymru. Ond er i rai beirniaid diweddarach, fel John Rowlands ac Islwyn Ffowc Elis, weld tebygrwydd rhwng Monica a chymeriad Martha Pseudogam yng nghyfrol *Ductor Nuptiarum: neu Gyfarwyddwr Priodas* (1777) Pantycelyn, ac er bod y ddau waith yn cynnwys disgrifiadau anghynnes o gorff gwraig feichiog, nid oes gobaith am iachawdwriaeth i Monica Saunders Lewis. Yn hynny o beth, rhaid gadael Cymru Fethodistaidd y ddeunawfed ganrif a throi at Ffrainc yr ugeinfed er mwyn canfod gwir ysbrydoliaeth y nofel.

Yn ei 'Lythyr ynghylch Catholigiaeth' roedd Saunders Lewis

wedi crybwyll enwau tri llenor Ffrengig neo-Gatholig a fu'n ysbrydoliaeth lenyddol iddo sef Claudel, Rivière a Mauriac. O'r tri hyn, does dim dwywaith mai gwaith François Mauriac (1885-1970), yw'r dylanwad pwysicaf ar *Monica*, ac yn benodol, ei nofel enwog, *Thérèse Desqueyroux*, a gyhoeddwyd yn 1927 (yr un flwyddyn yn union â'r 'Llythyr ynghylch Catholigiaeth', yn digwydd bod). Cyfeiriodd John Rowlands at y nofel hon mewn perthynas â *Monica* mor gynnar â 1972; cafwyd archwiliad dyfnach gan Delyth Beasley yn ei herthygl 'Monica a Thérèse' bum mlynedd yn ddiweddarach, ac yn 1979 nododd Bruce Griffiths fod Saunders Lewis wedi cadarnhau'n bersonol wrtho i *Thérèse Desqueyroux* ysbrydoli *Monica*. Yn sicr, mae lle i graffu'n fanylach ar berthynas y ddwy nofel â'i gilydd, ac yn arbennig y ddwy bechadures yr enwyd y nofelau ar eu hôl. Yn y tebygrwydd a'r gwahaniaethau rhyngddynt y mae'r allwedd i lwyddiant *Thérèse Desqueyroux* a *Monica* fel gweithiau artistig – neu beidio. Bu'r ddwy'n ddadleuol adeg eu cyhoeddi: lambastiwyd *Thérèse* hithau am ei darlun ymdrybaeddol o bechod yn Ffrainc 1927. Ond aeth yn ei blaen i gael ei hethol gan reithgor llenyddol yn un o nofelau gorau Ffrainc yr ugeinfed ganrif, a chyfrannodd hynny at sicrhau'r Wobr Nobel mewn Llenyddiaeth i Mauriac yn 1952. I'r gwrthwyneb, er cydnabod pwysigrwydd *Monica* yn enghraifft o *juvenilia* un o brif lenorion yr iaith Gymraeg, cymysg yw'r farn amdani o hyd fel darn o gelfyddyd. Ac mae a wnelo hynny, fel y dadleuir yma, ag agwedd Saunders Lewis at ei greadigaeth nofelyddol ei hun.

Ond beth am *Thérèse Desqueyroux*? Nofel yw hon am wraig ifanc anfodlon ei byd sy'n byw mewn cymdeithas fwrgais yng nghefn gwlad Ffrainc (ardal enedigol Mauriac ei hun yng nghyffiniau Bordeaux). Ar ddechrau'r nofel canfyddwn ei bod newydd ei chyhuddo o geisio gwenwyno ei gŵr, Bernard, ond i'r achos gael ei daflu o'r llys yn sgil geirda Bernard o'i phlaid a'i gefnogaeth gyhoeddus iddi. Pwysig yw nodi nad oes amheuaeth yn y nofel fod

Thérèse yn euog o'i chamwedd, a'r hyn a geir ym mhenodau cyntaf y nofel yw portread Mauriac ohoni wrth iddi droi am adref i wynebu'r gŵr y ceisiodd ei ladd.

Nid yw Thérèse yn caru Bernard, mae hynny'n amlwg. Eto, does ganddi ddim syniad pam y gweithredodd fel y gwnaeth, a threulia'r daith yn y goetsh tuag adref yn ceisio deall ei chymhellion ei hun ac yn pendroni sut i'w chyfiawnhau ei hun gerbron ei chymar solet ond diddychymyg. Penderfyna gyffesu'r cyfan wrtho. Fodd bynnag, pan 'ganiateir' iddi ddychwelyd i fynwes gaethiwus y teulu yn Argelouse (yn bennaf i osgoi sgandal), gormesir ei hysbryd ymhellach. Cilia Thérèse i'w gwely, gan yfed ac ysmygu'n drwm. Diwedda'r nofel glawstroffobig hon wrth i Bernard hebrwng ei wraig ar siwrnai unffordd i'r brifddinas a'i gadael yno, wedi pryd bwyd ac â lwfans bychan yn ei phoced, gyda siars i gadw draw am byth oddi wrtho ef, eu merch fach, Marie, a gweddill ei theulu a'i chydnabod. Yno, ar strydoedd Paris, caiff Thérèse Desqueyroux gymhleth a charismataidd ei gollwng yn rhydd o'r diwedd – yn fuddugoliaethus, ond yn drasig hefyd.

Mae'r cyfatebiaethau â *Monica* yn drawiadol ar sawl lefel, gan gynnwys elfen seicolegol gref y nofel, ei sylwebaeth hallt ar gymdeithas fodern, ei defnydd trwm o symbolaeth, yn ogystal â'r ddyled i realaeth gignoeth nofelau'r bedwaredd ganrif ar bymtheg (crybwyllir *Thérèse Raquin* Zola fel dylanwad ar *Thérèse Desqueyroux* yn fynych). Ond mwy trawiadol na dim yw'r gyfatebiaeth rhwng arwresau'r ddwy nofel. Pechaduriaid yw Thérèse a Monica ill dwy, y naill wedi ceisio lladd ei gŵr a'r llall wedi dwyn cariad ei chwaer ac ymwrthod â bod yn fam. Mae'r ddwy ohonynt yn adrodd cyffesiadau hir yn y nofelau, ac yn sgil y rheiny, dysgwn iddynt gael plentyndod digariad a'u gwnaeth ill dwy'n fewnblyg, yn gorfforol flysig ac yn wrth-deuluol. Ymhellach: mae Thérèse a Monica'n dial ar eu gwŷr di-glem – a thrwy hynny ar eu hepil – am y cyffion rhywiol a chymdeithasol a osodir arnynt, ac ildia'r ddwy i iselder a ffantasïau morbid. Yn bennaf oll, ni chynigir achubiaeth ysbrydol i'r naill na'r llall ar ddiwedd y ddwy nofel. Mae eu pechod yn rhy fawr ac yn rhy ddwfn i hynny. Yn wir, pechod sydd yn eu diffinio, gan godi ynddynt yn ddigymell heb iddynt allu ei reoli. Mae'n gynhenid ynddynt, yn ymestyn y tu hwnt i'w bodolaeth gorfforol, ac am hynny, nid oes ymwared rhagddo. 'Mor debyg y gwêl y ddau lenor hyn ddatblygiad pechod', mynnodd Delyth Beasley, gan nodi bod 'gwreiddyn y drwg' yn Thérèse a Monica 'i'w ganfod ymhell yn ôl cyn iddo ddwyn ffrwyth yn eu gweithredoedd' (206). A'r union sylweddoliad hwn a barodd i Delyth Ann George hithau bwysleisio, wrth drafod *Monica*, mai archdeip hynaf Cristnogaeth sydd ar waith yma, sef 'cynddelw Efa'r Cristnogion a barodd y Cwymp' (166). Efallai nad yw hynny'n syndod, o gofio mai creadigaethau nofelwyr a berthynai i fudiadau neo-Gatholig modern yw Thérèse a Monica ill dwy. Mae eu pechod ynghlwm wrth eu benywdod, ac mae iddo oblygiadau negyddol ar gyfer yr uned deuluol draddodiadol, sadrwydd y gymdeithas batriarchaidd a pharhad yr hil.

Ond er gwaethaf eu man cychwyn cyffredin, mae un gwahaniaeth canolog yn y modd y mae Saunders Lewis a François Mauriac yn ymagweddu at eu harwresau. Yno i'w chondemnio y mae Monica: mae ei hymddygiad yn allweddol i ideoleg y nofel, ac o ganlyniad fe'i rheolir yn llym gan ei hawdur sy'n defnyddio sawl techneg i'w darostwng i'w gynllun syniadol ei hun. I'r gwrthwyneb, hudir a chyfareddir Mauriac gan Thérèse, ac er mai ef a'i creodd hi, gadawodd iddi fagu adenydd yn y nofel, a hynny i'r fath raddau nes y caiff ei feddiannu ganddi, gan beri i'r berthynas rhwng creawdwr a chreadigaeth ddod yn un ddeinamig, gynhyrfus ac anrhagweladwy.

Lluniwyd *Thérèse Desqueyroux* ar ddiwedd cyfnod pan fu Mauriac yn ymgodymu'n ddwys â rhai o'i gredoau crefyddol, a pherthynas y rheiny â'i lenydda. Roedd wedi'i fagu mewn ufudd-dod i werthoedd traddodiadol Eglwys Rufain, a bu ei blentyndod yn 'llym a Jansenaidd' ('étroit et janseniste', fel y mynegodd mewn cyfweliad yn *Le Figaro* yn 1952). Ffurf biwritanaidd ar Gatholigiaeth yw Janseniaeth sy'n pwysleisio pechod a llygredigaeth dyn, ac oherwydd ei thebygrwydd i rai agweddau ar Galfiniaeth, a'i phwyslais ar ragluniaeth (yn hytrach nag ewyllys rydd) mewn perthynas â gras Duw, dyfarnodd yr Eglwys Gatholig hi'n heresi yn yr ail ganrif ar bymtheg. Ond daliodd Janseniaeth i ddylanwadu ar garfan o Gatholigion Ffrainc am ganrifoedd gan gynnwys sawl llenor o bwys – yn eu plith, Jean Racine, dramodydd y cyhoeddodd Mauriac astudiaeth bwysig arno yn 1928 (ac arwr i Saunders Lewis yntau).

Yn sgil ei ymwneud â rhai o lenorion ac artistiaid mwy bohemaidd Paris, bu Mauriac yn ymrafael â'i gydwybod trwy gydol y 1920au, a rhoddodd fynegiant i'w fyfyrdodau mewn ysgrifau o'r enw *Souffrances et bonheur du chrétien* ('Dioddefaint a hapusrwydd y Cristion', 1928) a *Dieu et Mammon* ('Duw a Mamon', 1929). Achos pryder neilltuol iddo oedd ei alwedigaeth fel nofelydd, a'r gwrthdaro a deimlai rhwng yr angen i ddarlunio bywyd yn eirwir, ond yr un pryd i fod yn ufudd i ddogma crefyddol. Ni fynnai Mauriac ddilyn esiampl llenorion fel Léon Bloy neu Paul Claudel a ddefnyddiai eu gweithiau llenyddol i hyrwyddo egwyddorion Catholig; iddo ef, roedd y berthynas rhwng moesau a chelf yn fwy cymhleth na hynny. Roedd y tyndra hwn yn rhywbeth a drafodwyd gan yr athronydd diwinyddol Catholig, Jacques Maritain, yn ei waith *Art et Scolastique* ('Celfyddyd a Sgolastigiaeth', 1920), a rybuddiai artistiaid a llenorion rhag creu celfyddyd hunanfoddhaus a ddyrchafai werthoedd esthetig yn unig (daeth gwaith Gide dan y lach ganddo, yn benodol). Yn ei dro, roedd Mauriac wedi ymateb i rai o syniadau Maritain mewn ysgrif ar y nofel ('Le roman', 1926), gan ddatgelu'r croestyniadau dwys a deimlai ef ei hun wrth gael ei ddal rhwng parchu egwyddorion yr Eglwys a chaniatáu rhyddid artistig iddo'i hun. Amddiffyniad Mauriac oedd bod angen i'r nofelydd, a ymdebygai i Dduw, ganolbwyntio ar y beiddgar-gnawdol er mwyn dangos sut yr oedd yr unigolyn modern yn brwydro â'i gydwybod. Pwysleisiodd fod angen i arwr nofel fod yn 'blentyn afradlon' ('l'enfant prodigue'), yn hytrach nag yn 'blentyn da' ('l'enfant sage'), gan mai felly y gellid dangos poen cydwybod ar ei fwyaf dwys, yn ogystal â gras Duw yn ei gyflawnder. Nid da ganddo, meddai, gymeriadau ufudd wrth ysgrifennu. Gwell ganddo oedd creadigaethau a dynnai'n groes iddo: 'je ne suis content de mon travail que lorsque ma créature me résiste' (*Oeuvres complètes*, 278-9). O aralleirio hyn, mynnai Mauriac, fod angen i'r nofelydd modern droedio'r llwybr canol rhwng rhaglunio hynt ei gymeriadau yn unol â dogma arbennig, a chaniatáu iddynt ewyllys rydd i weithredu yn ôl y cnawd a roddwyd arnynt gan eu creawdwr. Dim ond felly, mynnai, y gellid darlunio cymhlethdod bodau byw, 'la complexité des êtres vivants' (276). Ond pwysleisiai Mauriac na olygai'r berthynas ansad a chyfnewidiol hon ddiffyg argyhoeddiad crefyddol ar ran yr awdur ei hun.

Ar lawer ystyr mae *Thérèse Desqueyroux* yn ffrwyth y myfyrdodau hyn, a'r berthynas rhwng yr awdur a'r prif gymeriad yn gymhleth a chyfoethog. Gwelir hynny o'r dechrau cyntaf wrth i Mauriac, mewn rhagair yn ei enw ei hun, annerch Thérèse yn uniongyrchol, fel petai'n hen ffrind iddo:

> Thérèse, bydd llawer yn dweud nad wyt yn bod. Ond mi wn i dy fod, myfi a fu'n ysbïo arnat ers blynyddoedd, yn dy ddal yn aml ar dy hynt, yn tynnu'r mwgwd oddi arnat.

> *Thérèse, beaucoup diront que tu n'existes pas. Mais je sais que tu existes, moi qui, depuis des années, t'épie et souvent t'arrête au passage, te démasque.*[12]

Yn ogystal â gosod Thérèse ar yr un lefel â'r awdur o fewn strwythur y gwaith, mae'r rhagair yn dangos ei hir ymwneud â'i arwres, yn gosod traw ei agwedd tuag ati, ac yn cyfleu ei farn gyffredinol amdani. Nid yw'n celu natur bechadurus Thérèse yn y rhagair. Ond yr un pryd mae yma dosturi amlwg at y wraig 'ifanc, hagr' a'i 'hwyneb bach gwelw'. Yn wir, mae'r awdur o'r dechrau wedi'i lygad-dynnu gan Thérèse ac er ei waethaf yn mwynhau rhoi trugaredd ei sylw iddi:

> Ers hynny, sawl gwaith y bûm yn edmygu dy law sydd braidd yn rhy fawr ar dy dalcen llydan, hardd! Sawl gwaith, trwy fariau byw bywyd teuluol, y gwelais di'n troi mewn cylchoedd fel bleiddast, a'th lygad cas a thrist yn rhythu arnaf.

> *Depuis lors, que de fois ai-je admiré, sur ton front vaste et beau, ta main un peu trop grande! Que de fois, à travers les barreaux vivants d'une famille, t'ai-je vue tourner en rond, à pas de louve; et de ton oeil mêchant et triste tu me dévisageais.* (5)

Defnyddia Mauriac y rhagair hwn i'w amddiffyn ei hun rhag y cyhuddiad bod ei nofel yn fwy awyddus i ddarlunio pechod na rhinwedd:

> Bydd rhai'n synnu sut y gallwn greu yn fy nychmyg greadur sydd hyd yn oed yn fwy atgas na'm harwyr eraill i gyd. Onid oes gen i ddim byth i'w adrodd am y rhai sy'n llifeirio o rinwedd â'u calonnau ar eu llawes? Does gan 'galonnau ar lawes' ddim hanes i'w adrodd; ond mi wn i stori'r calonnau sydd wedi'u celu'n ddwfn, y rhai sy'n gymysg â llaid y corff.

> *Beaucoup s'étonneront que j'aie pu imaginer une créature plus odieuse que tous mes autres hêros. Saurai-je jamais rien dire des êtres ruisselants de vertu et qui ont le coeur sur la main? Les 'coeurs sur la main' n'ont pas d'histoire; mais je connais celle des coeurs enjouis et tout mêlés à un corps de boue.* (6)

Diwedda Mauriac ei ragair hynod trwy ddymuno'n dda i Thérèse. Er ei fod yn gresynu na throdd hi at Dduw a derbyn gwaredigaeth, mae'n ei gadael ar ddiwedd ei ragymadrodd – yn union fel y gwna ar derfyn y nofel – ar y palmant ym Mharis, gyda'r gobaith nad yw'n unig.

Hyd yn oed cyn dechrau'r nofel ei hun, felly, sefydlir perthynas o dosturi a chydymdeimlad rhwng y creawdwr a'i greadigaeth. Ac wrth ddarllen ymlaen down i ddeall bod Thérèse, er gwaethaf ei throsedd ofnadwy, yn gymeriad deallus, darllengar a chraff sy'n llwyr ymwybodol o'i phechadurusrwydd ei hun. Yn wir, sylwedd y nofel yw ymgais Thérèse i ddeall ei natur ei hun. Gwna hynny'n dreiddgar a heb hunan-dwyll, er y datgelir inni ei ffaeleddau hefyd. Dengys Mauriac yn eglur sut y gall Thérèse fod yn oeraidd a phell, yn sinigaidd ac yn gynllwyngar-greulon. Ond rhydd sylw hefyd i'r elfennau yn ei hamgylchfyd a ystumiodd ei chymeriad, y pethau a achosodd ei gwrthryfel dinistriol yn y pen draw, megis gwerthoedd materol ei theulu; ei thad digydymdeimlad; y caethiwed domestig a chymdeithasol y disgwylir iddi gydymffurfio ag ef, heb sôn am gymeriad diflas ei gŵr. Gwelwn ei fod ef, Bernard, yn gymeriad anysbrydol, tra bo'r dimensiwn ysbrydol yn fyw ac yn boenus i Thérèse, yr ymchwil am ystyr bywyd yn dân ar ei chroen, a'i hymateb cryf i dirwedd ei chynefin yn awydd o'i hiraeth am ddihangfa drosgynnol. Mae ei hymwneud â'r cymydog Iddewig, Azévédo, yn cyfleu ei newyn am faeth meddyliol a diwylliannol, a gwelir o'i pherthynas angerddol â'i ffrind o ddyddiau plentyndod, Anne, bod Thérèse, nid yn unig yn llwyr alluog i garu, ond yn deisyfu cariad. Gorthrymir y deisyfiad hwnnw gan ddisgwyliadau cymdeithas heteronormaidd, ac awgrymir yn gryf yn y nofel bod y gwyrdroadau yn ei chymeriad yn deillio o hynny.

Eto, nid ddaw adroddwr y nofel i gasgliadau syml am gyflwr meddwl Thérèse. Nid yw'n ceisio ei hesgusodi ac nid yw'n ymbil ar ei rhan. Nid yw'n ei chondemnio chwaith, nac yn ei barnu oddi fry.

Yn hytrach, teimlwn mai proses o gyd-ddarganfod a chyd-ddehongli sydd yma wrth inni ddilyn llif meddyliau trofaus Thérèse trwy gydol y nofel. Collfarnwyd Mauriac gan rai beirniaid, megis Jean-Paul Sartre, am ansadrwydd y berthynas rhwng awdur a chymeriad yn ei waith, ac am anghysondeb persbectif yr adroddwr yn *Thérèse Desqueyroux*. Ond yr union ansadrwydd hwnnw sy'n gwneud y nofel mor arbennig. Yn stori Thérèse drwyddi draw ni lwydda'r adroddwr i gadw ffin gadarn rhwng ei olwg ef a'i golwg hi ar bethau, ac mae hynny'n golygu bod y profiad o ddarllen y stori'n gynhyrfus o amwys.

Egyr y nofel yn llais yr adroddwr trydydd-person, gyda disgrifiad o Thérèse yn gadael y llys yn sgil diddymu'r achos yn ei herbyn:

> Agorodd y twrnai ddrws. Yn y cyntedd cudd hwn yn y llys barn teimlodd Thérèse Desqueyroux y niwl ar ei hwyneb ac anadlodd yn ddwfn ohono. Ofnai y byddai rhywun yn aros amdani, a phetrusodd cyn mynd allan.
>
> *L'avocat ouvrit une porte. Thérèse Desqueyroux, dans ce couloir dérobé du palais de justice, sentit sur sa face la brume et, profondément, l'aspira. Elle avait peur d'être attendue, hésitait à sortir.* (7)

Sonia'r adroddwr ymhellach fod ei 'hwyneb gwelw' yn 'gwbl ddifynegiant'. Ond unwaith y cerdda Thérèse rhwng ei thad a'r twrnai tua'r goetsh sy'n aros amdani, symudir at ei phersbectif hi trwy ganolbwyntio ar weithgarwch ei synhwyrau. Mae'n gweld mwsog rhwng cerrig y waliau. Mae'n clywed arogl niwl, ac arogl bara'n cael ei grasu. A phan ddywed yr adroddwr wrthym, 'canfu ynddynt bersawr melys bywyd a roddwyd yn ôl iddi o'r diwedd', 'elle y retrouvait le parfum de la vie qui lui était rendue enfin' (9), mae ei bersbectif ef fel petai eisoes wedi ymuniaethu â'i phersbectif hi. Yn raddol, treiddir yn ddyfnach i fyfyrdodau Thérèse, a chyn hir, er mai'r adroddwr trydydd person sydd gennym yn dechnegol, mae meddyliau a synhwyrau Thérèse yn dod i feddiannu'r naratif mewn arddull rydd-anuniongyrchol (*free indirect style*). Wrth i'r adroddwr ddarlunio ei thad, er enghraifft, safbwynt Thérèse a gawn: 'Ond i beth mae o'n rhygnu arni? Mae'r hyn mae o'n ei alw'n anrhydedd teuluol yn ddiogel', 'Pourquoi s'agite-t-il encore? Ce qu'il appelle l'honneur du nom est sauf' (10). Ceisia'r adroddwr dynnu'n ôl oddi wrth atyniad llif meddyliau Thérèse, gan ailorseddu ei awdurdod trwy ddatgan mai 'felly y myfyria Thérèse', 'Ainsi songe Thérèse' (10). Ond buan y llywir y naratif gan ei phersbectif hi unwaith yn rhagor: pan ddaw Thérèse wyneb yn wyneb â gyrrwr y goetsh, o'i safbwynt hi y nodir bod ei lygaid yn ei thraflyncu, ac yn sicr, Thérèse, nid yr adroddwr, sy'n dehongli meddyliau ei thad fel a ganlyn:

Pa ots ganddo fo am yr hyn y mae Thérèse yn mynd trwyddo? Yr unig beth sy'n cyfri ydi bod ei ddyrchafiad o i'r Senedd wedi'i styrbio a'i gyfaddawdu oherwydd y ferch yna (pob un ohonyn nhw'n hysterig os nad oedden nhw'n hurt).

Que lui importe ce que Thérèse éprouve? Cela seul compte: son acsension vers le Sénat interrompue, compromise à cause de cette fille (toutes des hystériques quand elles ne sont pas des idiotes). (13)

Hynny yw, er bod y safbwynt trydydd person yn dal i gael ei ddefnyddio, mae'r adroddwr yn fynych yn uniaethu â meddyliau craff, coeglyd Thérèse sy'n llywio cwrs y naratif.

Yn ogystal â datgelu ei deallusrwydd a threiddgarwch ei meddwl, caniatâ Mauriac i Thérèse synwyrusrwydd cryf, a huodledd arbennig wrth ei fynegi. Sonnir amdani'n cofio am Bernard yn eillio rhyw fore, ac mae ei disgrifiad ohono'n drawiadol a chofiadwy, ac yntau mewn 'gwasgod wedi'i gwau, ei freichiau noeth, cyhyrog; y croen gwelw, ac yn sydyn y cochni amrwd ar hyd y gwddw a'r wyneb', 'le gilet de cellular, les bras nus musculeux; cette peau blême et soudain le rouge cru du cou et de la face' (49). Ceir enghreifftiau dirifedi o ddawn dweud a sylwgarwch Thérèse sy'n cyfrannu at ei charisma storïol ac yn ein tynnu i mewn at ei safbwynt hi.

Fodd bynnag, nid yw persbectif Thérèse yn tra-arglwyddiaethu bob amser yn y nofel. Cedwir y tyndra a'r cydbwysedd rhwng ei safbwynt hi a safbwynt yr adroddwr trwy symudiadau cynnil yn y lens storïol, wrth i'r adroddwr hawlio'r awenau'n ôl o bryd i'w gilydd. Gwelir hynny'n digwydd, er enghraifft, pan fo'r adroddwr yn cyfarch Thérèse yn uniongyrchol yn yr ail berson (a'i galw'n 'ti'), neu pan gwyd uwchlaw digwyddiadau presennol y nofel i grynhoi'r stori ar gynfas amseryddol ehangach, er enghraifft wrth sôn am y dydd pan fyddai Bernard wedi marw a'i gymdogion yn galaru'n barchus ar ei ôl. Ar adegau eraill mae'r adroddwr yn datgan ei annibyniaeth trwy sefydlu perthynas â'r darllenydd a'i annerch yn uniongyrchol. Pan gyfaddefa Thérèse, er enghraifft, nad yw'n deall pam y cyflawnodd ei throsedd, try'r adroddwr at y darllenydd â chwestiwn rhethregol, athronyddol: 'Ydi geiriau'n ddigon i gynnwys y gybolfa honno o ddymuniadau, penderfyniadau a gweithredoedd anrhagweladwy?', 'Des paroles suffisent-elles à contenir cet enchaînement confus de désirs, de résolutions, d'actes imprévisibles?' (22). Ond prin y mae'r sangiadau hyn yn bychanu Thérèse nac yn rhoi barn derfynol ar ei chyflwr. Perthynas gilyddol, gyfnewidiol yw perthynas Mauriac a Thérèse drwyddi draw, a brwydra'i adroddwr trwy'r adeg i wrthsefyll cyfaredd ei arwres. Y ddeinameg hon sydd i gyfrif am y ffaith fod darllen *Thérèse Desqueyroux* yn brofiad carlamus a chynhyrfus, a bod campwaith nofelyddol François Mauriac yn cyflawni holl botensial ei genre yn ogoneddus.

Ar ddiwedd y nofel, fel y soniwyd, gadewir Thérèse yn esgymun ym Mharis lle bydd yn treulio gweddill ei bywyd yn alltud oddi wrth ei theulu a'i chartref. Er ei bod yn gofyn maddeuant Bernard, nid yw'n llwyr edifarhau am ei throsedd. Ni chynigir achubiaeth iddi chwaith: ni fynnai Mauriac ddiweddglo sentimental i'w nofel. A hithau'n ddi-gâr ac yn ddigynefin, gallai'r olygfa derfynol hon fod wedi darlunio Thérèse mewn ffordd druenus a chwbl golledig. Ond yn lle hynny, deil yr awdur at yr hyn a wnaeth yng nghorff y nofel, sef caniatáu iddi urddas ewyllys rydd, annibyniaeth barn a'r gallu i'w mynegi ei hun yn groyw. Ar ddiwedd y nofel, felly, cynhelir Thérèse gan fyfyrdod athronyddol, ynghyd â dealltwriaeth o'i natur ffaeledig a'i lle yn y bydysawd, wrth iddi ddod i'r casgliad nad oedd 'dim byd byw o ddiddordeb iddi ond bodau o gig a gwaed [...] y fforest fywiol sy'n byw a bod, ac a gorddir gan nwydau gwylltach nag unrhyw dymestl', 'Rien ne l'intéressait de ce qui vit, que les êtres de sang et de chair ... c'est la forêt vivante qui s'y agite, et que creusent des passions plus forcenées qu'aucune tempête' (184). Mae awch Thérèse am fywyd yn parhau er gwaethaf popeth. A gadewir hi gan Mauriac, a blas y gwin a'r sigarennau yn ei cheg, yn gwenu wrthi'i hun, yn gwisgo'i cholur yn ofalus, ac yn anturio o'r newydd allan i'r stryd – yn ddiedifar, yn ddi-gosb, ac yn bwysicach fyth, yn ddiwarafun.

Yn wir, ni allodd Mauriac adael llonydd i'w bechadures hyd yn oed wedi cwblhau ei nofel. Cymaint oedd atyniad Thérèse nes iddo ysgrifennu amdani eto fwy nag unwaith. Yn fuan wedi gorffen *Thérèse Desqueyroux*, dechreuodd lunio darn o ryddiaith pellach amdani (nas cyhoeddwyd) o'r enw 'Fin de Thérèse' ('Diwedd Thérèse'). Yn wir, ymddangosodd Thérèse yn gymeriad mewn pedwar gwaith pellach ganddo rhwng 1930 a 1935. Mae'n is-gymeriad yn y nofel *Ce qui était perdu* ('Yr hyn a gollwyd') yn 1930. Mae'n brif gymeriad mewn dwy stori fer, 'Thérèse chez le docteur' a 'Thérèse à l'hôtel'. Ac mae i'w gweld hefyd yn y nofel, *La fin de la nuit* ('Diwedd y Nos') yn 1935. Mae'n amlwg na allai Mauriac adael iddi ac iddo gael ei swyno'n llwyr gan ei greadigaeth. O ganlyniad, down ninnau i uniaethu a chydymdeimlo â Thérèse fel y gwnaeth ei chreawdwr, ac i dosturio wrthi – yr un tosturi ag a ddangosodd Tolstoy at yr odinebwraig Anna Karenina yn y nofel o'r un enw, ac a ddangosodd Dostoevsky at y llofrudd, Raskolnikov, yn *Trosedd a Chosb*. Y tosturi beirniadol hwn sy'n rhan o fawredd y nofelau hyn, wrth iddynt ofyn inni ildio i brofiadau dieithr a deall eraill, er gwaethaf eu pechodau, yn gydymdeimladol.

A throi at *Monica* Saunders Lewis, mae lle i ddadlau nad oedd ef, yn gyw nofelydd ar y pryd, wedi llwyr feistroli gofynion technegol ei genre pan luniodd y nofel honno. Creadigaeth anghyfan yw *Monica* fel nofel, a chreadigaeth anghyfan yw ei phrif gymeriad. Hon oedd nofel gyntaf Saunders Lewis, ac nid oedd traddodiad y nofel Gymraeg yn ddigon cryf o bell ffordd i gynnig canllawiau cadarn iddo yn ei brentisiaeth. Pwysleisiaf nad sôn a wneir, gyda llaw, am arddull 'startslyd' neu 'anghymreig' y nofel, sef achwyniad cyson yn ei herbyn gan feirniaid – o Kate Roberts i Islwyn Ffowc Elis – sydd yn ei hanfod yn fychanol ac yn ddull pellach o arallu'r Cymro o Lannau Merswy. I'r gwrthwyneb, mae arddull *Monica* – y sgwrsio gwrth-naturiolaidd a'r ymadroddion ffurfiol – yn cydweddu'n dda â syniadaeth Fodernaidd, ddieithr y nofel, ac yn ychwanegu at y darlun o gymdeithas swbwrbaidd, ddiwreiddiau a geir ynddi. Fodd bynnag, gellid dadlau bod i gynllun a chymeriadu'r nofel rai diffygion o ran strwythur a seicoleg sy'n anfoddhaol o safbwynt gofynion artistig y ffurf ei hun, ac mae'n bosib mai rhai o'r diffygion hynny sydd i gyfrif am y ffaith fod darllen y nofel mewn oes pan fo pechodau rhywiol Monica Maciwan i'w gweld yn dra diniwed, yn dal i beri i'r ysbryd 'nychu am ysbaid' wrth gyrraedd ei diwedd.

Poenodd Saunders Lewis lawer am gynllun ei nofel, fel y soniodd mewn llythyr at Kate Roberts:

> Diolch i chi am a ddywed'soch am *Fonica*, canys bu ffurf a chynllun y llyfr yn hir boen i mi. Penderfynais (1) na chai dim digwyddiad allanol fod yn bwysig, ond bod yr holl droeon

> critigal i fod yn y meddwl; ac (2) y cai pob digwyddiad godi'n naturiol o'r digwyddiad o'i flaen; (3) y ceisiwn wneud rhywbeth mor *gyfan* a pherffaith ei gynllun ag ydyw ail weledigaeth y Bardd Cwsc, sydd i mi yn gampwaith techneg adrodd stori. (8.4.31)

Ei ddymuniad, meddai, oedd efelychu ffurfiau cywasgedig nofelau Modernaidd a oedd yn gyffredin ar gyfandir Ewrop, gan gefnu ar yr hyn a ystyriai ef yn waddol nofelyddol Lloegr:

> Y mae'r adolygwyr sy'n dweud nad nofel yw *Monica* yn bur ddigrif; nofel, iddynt hwy, yw stori Saesneg wasgarog a hir; ni wyddant am safon na hydoedd eraill ac ni wyddant gymaint o nofelau Ffrangeg ac Eidaleg sydd o gwmpas yr un hyd â *Monica*, a bod hynny yn y gwledydd hynny yn destun balchter.

Mae sawl beirniad, megis Islwyn Ffowc Elis a Bobi Jones, wedi canmol ceinder cynllun *Monica*, ac yn sicr, mae'n dynnach ei gwead na nofelau episodig Daniel Owen, dyweder. Ond nid yw *Monica*'n rhydd o rai o'r diffygion a gysylltir â'r nofel Fictorianaidd hirwyntog, ac yn sicr, er gwaethaf haeriad Saunders, nid yw holl ddigwyddiadau'r nofel yn codi'n naturiol o'r digwyddiad o'i flaen, na'i holl 'droeon critigal' yn digwydd yn y meddwl, na'i chynllun chwaith yn berffaith. Mae ynddi fannau gwan lle mae'r naratif yn gwegian (yn strwythurol ac yn seicolegol), a cheir adegau allweddol yn y plot sydd yn dibynnu'n llwyr ar gyd-ddigwyddiadau. Ar ben y cyfan, mae dull yr adroddwr o ddweud ei stori, a'r ymyriadau didactig â hynt y prif gymeriad, yn gallu bod yn drwsgl a llawdrwm.

Egyr y nofel, yn ddramatig, ar ganol sgwrs. Mae dwy gymdoges o'r enw Alis a Lili sy'n byw yn yr un faestref â Monica yn edrych i lawr arni (ymhob ystyr) o ffenest llofft, wrth iddi sefyll yn ei gardd yng nghwmni ei gŵr. Nid yw'r argraff gyntaf a gawn o'r wraig briod hon sy'n tynnu at ei deugain oed yn gadarnhaol:

'Clyw'r wraig yna eto.'
'Honno sy'n chwerthin?'
'O hyd ac o hyd. Mae'n crafu fy nerfau i. Bob hwyr bydd hi a'i gŵr yn sgwrsio gyda Mrs North, ac 'waeth beth a ddywedo'r gŵr, bydd hi'n ei glywed yn ddigri, a chwerthin hir wedyn.' (7)

Trwy lygaid y chwiorydd tynnir sylw at elfennau arwyddocaol yng nghymeriad Monica. Mae tinc hysterig i'w chwerthin, ac ategir yr argraff o'i chymeriad arwynebol pan sonnir bod gan Monica 'wallt golau cyrliog wedi'i shinglo', a'i bod 'yn ddel, ond bod ganddi wyneb fel plentyn wedi'i sbwylio'(7). Trwy sylwebaeth yr is-gymeriadau, clywn hefyd bod 'rhyw lun od arni', a'r eglurhad am hynny yw ei bod yn feichiog, 'tan ei gofal' (7). Yn yr olygfa nesaf, er mor ddieithr yr ymddengys y cymdogion hyn i'w gilydd, daw Monica i eistedd gydag Alis yn ei hystafell wely, a rhydd yr agosrwydd hwn gyfle i'r gymdoges ganolbwyntio'n fanylach ar nodweddion corfforol aflednais Monica: mae marciau duon dan ewinedd ei bodiau, ac mae'n dod â 'sawyr trymaidd, pêr' i'r ystafell (10). Yn ddiweddarach awgrymir bod colur Monica yn anghymhedrol ac amhriodol, a marciau'r pensil 'beth yn rhy drwm ar ei haeliau a'i gwefusau' (11).

Er mai dyma'r tro cyntaf iddynt gyfarfod, fe gawn Monica, o fewn ychydig funudau i ddechrau'r sgwrs, yn mynegi ei meddyliau dyfnaf wrth ei chymdoges am ei beichiogrwydd, gan ddweud wrthi bod yn gas ganddi'r babi cyn ei weld ac na fydd hi byw; yn dilyn hynny clywn ei bod yn chwerthin yn 'ddilywodraeth' (11). Esbonnir wrthym mai enghraifft o 'ddiffyg moes' Monica yw hyn (11). Ceisia Alis ei chysuro, ond ailadrodd ei hysfa i farw a wna Monica, ac yna – gyda naid ddisymwth arall yn eu perthynas – dechreua gyffesu holl hanes ei bywyd wrth ei chymdoges syn:

Yn sydyn agorodd y llifddorau. Gwelodd Monica Maciwan y

cyfle y buasai'n hir ddyheu amdano, cyfle i arllwys atgofion, i egluro'r holl hanes, yn arbennig i'w chyfiawnhau ei hun. (13)

Cofiwn fod Thérèse hithau'n cyffesu ei phechod yn nofel Mauriac, ond mae holl fframwaith y gyffes honno'n fwy esboniadwy yn seicolegol: os yw Thérèse am allu parhau i fyw gyda'i theulu a chael maddeuant, mae angen iddi esbonio wrth ei gŵr pa resymau a chymhellion a arweiniodd at ei hymgais i'w wenwyno. Ac mae ymateb Bernard ei hun yn ganolog i ddatblygiad plot y nofel. Ond trwsgl, a dweud y lleiaf, yw cyffes Monica: mae'n mennu ar ddeinameg y nofel a chredadwyedd y naratif. Dyfais strwythurol yn unig yw Alis yn y nofel; clust i'r gyffes. Nid oes ganddi wir ran ym mywyd Monica cyn y cyffesu nac wedyn. Llestr naratifol gwag yw hi: cymeriad statig a dau-ddimensiwn. Ac mae'r gyffes ei hun (crynodeb ymsonol o orffennol Monica yn ei gyfanrwydd), yn para trwy weddill y bennod gyntaf a thrwy gydol yr ail, sef dwy o bum pennod y llyfr. Er mor angenrheidiol i'r nofel yw'r manylion a roddir, mae presennol dramatig y nofel yn dod i stop trwy gydol y cyfnod ôl-syllol hwn. A chan nad oes carisma arbennig gan Monica ei hun – nid oes iddi ddim o dreiddgarwch meddwl, synwyrusrwydd cryf na dawn dweud Thérèse Desqueyroux – mae'r naratif yn groniclaidd a hirwyntog ei naws, a hynny, fel y nodwyd, yn ymestyn dros draean cyntaf y nofel. Arafir momentwm y nofel o'r dechrau, felly, a chrëir gwahanfur strwythurol rhwng y Fonica ifanc, ddiniwed a'r Fonica briod, chwerw.

Ar adegau eraill yn y nofel, ceir herciogrwydd tebyg yn rhediad y plot gan fod y 'troeon critigal' yn dibynnu ar gyd-ddigwyddiadau anghredadwy. Mae Bob yn wael ei iechyd, er enghraifft, ar yr union ddiwrnod y gorffenna ei berthynas â Hannah, chwaer Monica. Yn ddiweddarach, wedi'r tro cyntaf – yn wir, yr unig dro, am a wyddom – iddo gysgu gyda phutain, mae nid yn unig yn dal clefyd gwenerol, ond hefyd yn colli ei holl arian. Yn ei dro, mae hynny'n ei gadw i ffwrdd oddi cartref ar yr union adeg y dewisa Monica edifarhau iddi fod yn esgeulus ohono. Ac yn yr un modd, ar yr union ddiwrnod y daw'r doctor i geisio achub bywyd Monica, daw hi o hyd i feddyginiaeth Bob, ynghyd â thaflen esboniadol ynghylch clefydau gwenerol – yn brawf o'i anffyddlondeb. Ac ar yr un diwrnod, awr neu ddwy'n ddiweddarach, llewyga Monica o flaen yr union syrjeri yr aeth Bob i weld y doctor ynddi. Nid yn unig hynny: mae Bob ar ei ffordd allan y funud y cwympa Monica i'r llawr.

Dyma gyfres o gyd-ddigwyddiadau a allai weithio mewn act olaf drama lwyfan, ond mewn nofel fodern sy'n ceisio rhoi darlun realaidd o ddirywiad seicolegol a chorfforol unigolyn, maent yn rhy gyfleus. Dyfnheir yr ymdeimlad o annhebygolrwydd gan olygfa olaf y nofel. Wrth i'r meddyg weld y wraig feichiog yn disgyn i'r llawr, ei ymateb annisgwyl ef yw galw am gymorth: 'Hai, help, help...' (120). A'r geiriau hyn yw diweddglo rhyfedd *Monica*.

Trwsgl ar adegau yw'r ymdriniaeth â seicoleg y prif gymeriad, ac mae hyn ar brydiau'n peri ei bod yn anodd cydymdeimlo â'r 'troeon critigal' ym meddwl Monica. Er enghraifft, mae disgwyliad y Fonica ifanc, pan â yng nghwmni dieithryn i'r sinema ryw noson, y byddent wedyn yn priodi, yn peri penbleth. Wrth i'r dieithryn hwnnw ei dirmygu wedyn, mae ei hymateb gormodieithol hefyd yn anodd ei gredu, a Monica wedi arddangos cryn dipyn o hunanymwybyddiaeth feirniadol hyd hynny. Yn wir, mae'r Fonica ifanc hon yn simsanu rhwng naifrwydd a chraffter mewn ffordd nad esbonnir: anodd yw deall a chysoni'r herciadau disymwth yn ei seicoleg. A chanlyniad hynny yw ei bod yn anodd uniaethu â hi a rhoi'r cydymdeimlad angenrheidiol iddi, er gwaethaf yr ysgytwadau amlwg a brofa.

Atgyfnerthu'r anhawster hwnnw a wna'r ffaith na chawn ond ychydig o arweiniad gan yr adroddwr yn hyn o beth. Yn wir, efallai mai gwendid technegol mwyaf y nofel hon yw defnydd Saunders Lewis o lais a pherbsectif yr adroddwr wrth bortreadu Monica. Soniwyd eisoes fel y mae'r berthynas gymhleth rhwng yr adroddwr a chymeriad Thérèse Desqueyroux yn nofel Mauriac yn teimlo'n gyfartal a chilyddol, ac mai'r tynnu a'r rhoi rhyngddynt sy'n gwneud y darllen yn brofiad dengar. Ond defnyddio llais yr adroddwr i lyffetheirio ein hempathi â Monica a wna Saunders Lewis, a thrwy ei sylwebaeth fychanol arni ar adegau tyngedfennol yn y naratif, mae'n amharu ar ein hymwneud â hi. Yn sgil hynny, fe ellid dadlau, mae'n tanseilio grym a deinameg ei nofel ei hun.

Drama fewnol Monica yw craidd y nofel, ac fel yn achos *Thérèse Desqueyroux*, ceir adegau pan fo llif meddyliau'r cymeriad canolog yn dod mor gryf nes meddiannu persbectif yr adroddwr trydydd-person. Dangosodd Mauriac sut y gall y dechneg hon gyfrannu'n sylfaenol at rym esthetig nofel, cyfoethogi ei gwead, cynyddu ei thyndra dramatig, yn ogystal â dyfnhau ein dealltwriaeth o'r cymeriadau. Yn *Monica*, fodd bynnag, dryslyd yw'r berthynas rhwng llais mewnol Monica a llais yr adroddwr. Er bod Saunders Lewis yntau'n caniatáu i feddyliau ei brif gymeriad gydymdreiddio â'r naratif 'gwrthrychol' o bryd i'w gilydd, ei duedd yw rhoi ffrwyn arnynt a chadw cymeriad Monica'n ddarostyngedig i'w gynllun ei hun. Ar ei gwaethaf mae'r ymyrraeth hon gan yr adroddwr yn gormesu prif gymeriad y nofel, ac yn ei rhwystro rhag ennill ymreolaeth oddi mewn i ffiniau'r stori. Camddefnyddir y llais awdurol, nid yn unig i siarad ar ran Monica, ond i siarad ar ei thraws yn ogystal.

Ceir nifer o enghreifftiau o hyn yn y nofel drwyddi draw, ond digon am y tro gyfeirio at ddwy esiampl, a'r rheiny'n digwydd ar adegau allweddol yn natblygiad Monica. Daw'r enghraifft gyntaf o'r bennod gyntaf, wrth iddi adrodd hanes ei gorffennol wrth Alis a sôn am ei rhywioldeb rhwystredig pan oedd yn ferch ifanc – yn gynnyrch un na chafodd y cariad angenrheidiol ar yr aelwyd:

Weithiau cyferchid hi; llais yn sibrwd 'nos da' neu 'aros, ferch fach.' Rhedai hithau heibio mewn dicter. Yr oedd arni arswyd rhag puteinwyr a phuteiniaid. Gwyddai ba rannau o'r dref oedd eu cyrchfan hwynt a chadwai oddi wrthynt. (18)

Yn y darn hwn, a'r darn estynedig sy'n mynd o'i flaen, disgrifir crwydriadau nosweithiol y Fonica ifanc hyd strydoedd Caerdydd mewn dull sy'n peri inni gydymdeimlo â hi yn ei hunigrwydd digariad. Yn y brawddegau uchod, gwelwn fod llais yr adroddwr wedi ymuno'n gydymdeimladwy â llais Monica wrth iddi hel atgofion am y cyfnod hwnnw yn ei bywyd. Fodd bynnag, yn union wedi'r dyfyniad uchod (gyda'i gyfeiriad wrth-fynd-heibio at buteinwyr a phuteiniaid), ceir y sylw trawiadol: 'Ni freuddwydiodd o gwbl ei bod hi'n un ohonynt.' Y cwestiwn yw, llais pwy sydd yma? Os na freuddwydiodd Monica ei bod yn un o'r puteinwyr neu buteiniaid, rhaid derbyn mai datganiad gan yr adroddwr sydd yma. Hynny yw, cawn ein bwrw'n swta oddi wrth lais Monica, a'r cydymdeimlad sy'n dod o'r arddull rydd-anuniongyrchol, yn sydyn at lais yr adroddwr sy'n cyhoeddi dyfarniad ensynnus amdani: sef ei bod, rywsut, yn gysylltiedig â phuteindra (er na roddir unrhyw esboniad am hynny). Ai awgrym gan yr adroddwr sydd yma mai putain oedd hi? Os felly, ym mha ffordd? Ei naïfrwydd plentynnaidd fu canolbwynt y sylw hyd yn hyn. Ai ensyniad sydd yma, felly, fod natur gynhenid buteiniol i'r ferch ifanc?

Mae'n ymyriad rhyfedd, yn sicr, ac mae ganddo effaith ddeublyg. Yn gyntaf, mae'n cysylltu Monica â 'phechod' rhywiol nad yw hi ei hun, i bob golwg, yn ymwybodol ohono. Ac yn ail, mae'n tanseilio ein hymddiriedaeth yn ei dealltwriaeth ohoni ei hun a'i dibynadwyedd fel croniclwr ei bywyd. Dryswyd ein perthynas gydymdeimladol â hi: yn lle uniaethu â gwewyr meddwl merch y mae ei nwydau'n boenus iddi, cawn ein cyflyru gan sylw ensynnus yr adroddwr i amau ei moes a drwgdybio'i geirwiredd.

Daw'r ail enghraifft o ddechrau'r drydedd bennod, pan drafodir amgylchfyd cymdeithasol Monica, sef y faestref yn Abertawe sy'n dwyn yr enw 'Y Drenewydd' (cofiwn fod Saunders Lewis ei hun yn byw ym maestref Newtown yn y Mwmbwls adeg llunio'r nofel). Yn yr enghraifft hon, sonnir am syrffed Monica yno. Fe'i darlunnir yn mynd i eistedd wrth ffenestr i ysmygu sigarét, a thrwy ei llygaid hi y gwyliwn y stryd oddi tani. Clywn hi'n galw o'r ffenestr ar i'r llanc llefrith adael dau beint iddi wrth ddrws y cefn, a dyma'r tro cyntaf inni uniaethu â phersbectif Monica ym mhresennol y nofel. Gan brofi'r cyfan trwyddi hi, felly, cydymdeimlwn â'i diflastod mewn amgylchfyd dosbarth canol sy'n mynnu bod y gwragedd yn aros gartref trwy'r dydd, a'r gwŷr yn mynd allan i weithio. Fel yn yr enghraifft flaenorol, dyma gyfle inni allu deall iselder ysbryd Monica. Ond yma eto, ymyrrir ar yr empathi cyn iddo flaguro, wrth i ddyfarniadau'r adroddwr darfu ar ei meddyliau:

> Peth ar ei ben ei hun yw stryd mewn maestref o'r dosbarth canol. Ffurfir ei chymeriad a rheolir ei bywyd cymdeithasol yn llwyr gan ferched. O naw y bore hyd at chwech yr hwyr eu gweision hwy – cenhadon y siopau, y postmon gyda'i god, y curad a'r gweinidog ar eu cylch, swyddogion lifrai y cwmni nwy a thrydan – yw'r unig wŷr a welir yno. (50)

Ac yn y darn estynedig sy'n dilyn, datblygir y darlun o gymdeithas eunuchaidd (neu anwrywaidd, yn sicr), y faestref, y gymdeithas ddiwreiddiau a didraddodiad a gynrychiolir gan Monica, ac a gondemnir gan Saunders Lewis yn ddiarbed yn y nofel.

Mae'r ymyrraeth – sydd ar brydiau'n ymdebygu i rôl y côr mewn drama glasurol – yn amlwg o'r defnydd gwirebol o amser presennol y ferf, a hynny ynghanol naratif sydd fel arall yn amser y gorffennol. Dyma dechneg sy'n britho'r nofel, mewn gwirionedd, gan greu sloganau pregethwrol ynghanol darnau o ryddiaith sydd fel arall wedi eu saernïo'n ofalus, megis 'yn fynych fe ymddengys y rhai sy'n byw mewn breuddwydion a gwyrdroad rhywiol yn iau lawer na'u hoed';

neu 'peidio â blysio yw dechrau marwolaeth'; neu 'sut yr ymddwg gwraig tan ei gofal yw'r prawf terfynol ar ei hysbryd hi'. Ac yn y blaen. Yn wir, gan mor anghydnaws ydynt, gellid dweud nad llais yr adroddwr sydd yma, mewn gwirionedd, ond yn hytrach lais Saunders Lewis ei hun, wrth iddo fynegi ei gasgliadau pendant am fywyd (a merched), a hynny ar draul tyndra emosiynol a deinameg y ffuglen. Mae'n mynnu rheoli a darostwng ei brif gymeriad yn yr awydd i greu moeswers o'i nofel.

Gwelir, felly, mai agwedd fychanol sydd gan ei chreawdwr at Monica ar y cyfan. Ni all ganiatáu iddi'r urddas sy'n angenrheidiol i brif gymeriad nofel ac nid yw'n gadael iddi weithredu a datblygu yn ôl ei hanian ei hun. Os darluniodd Saunders Lewis ferched pechadurus yn ei ddramâu, megis y ddwy odinebwraig, Blodeuwedd a Siwan, caniataodd iddynt, serch hynny, urddas ffurf ddeialogaidd y ddrama, ymsonau huawdl, hunanymwybodol, ynghyd â dealltwriaeth o'u tynged a gradd o reolaeth drosti. Ond merched uchelwrol oedd y rheiny. Ni roddodd Saunders Lewis yr un deallusrwydd na dawn dweud i Monica a oedd o ddosbarth is, a hithau'n ferch i siopwr. Yn hytrach, daw'n llawforwyn i ideoleg yr awdur ac yn ysglyfaeth i'w ragfarnau. Cynrychioli pechadurusrwydd merch y mae hi, ac yn hynny o beth, nid oes iddi achubiaeth: mae Monica'n gondemniedig o'r dechrau hyd y diwedd.

Onid coegni eithafol ar ran yr awdur, felly, oedd rhoi enw santes ar ei brif gymeriad, sef Monica, mam Awstin Sant, a nawddsant y rhai mewn priodas anhapus? (Nodwn yma fod Mauriac yntau wedi rhoi enw santes, Thérèse, ar ei arwres ef.) Na, yn ôl Saunders Lewis ei hun mewn cyfweliad â Bruce Griffiths yn y 1980au, nid enw eironig ydoedd. Yn hytrach, galwodd ei arwres yn Monica am ei bod, fel pob sant, yn ymwrthod yn y pen draw â phob cariad daearol. Iddo ef, dangosai ei nofel sut y dioddefodd Monica flwyddyn o burdan cyn troi ei chefn ar yr unig drysor oedd ganddi, sef Bob, ei gŵr. Honnodd hefyd fod y cymeriad wedi ei seilio ar ferch ifanc go-iawn y sylwodd arni o bell: 'Little of the novel was fictitious,' esboniodd wrth Bruce Griffiths, 'I deeply pitied the wretched young woman' (23). Dengys hyn mai anesmwyth yw perthynas Saunders Lewis â realaeth y nofel. Yn sicr, mae ynddi ddefnydd beiddgar o realaeth a dorrai dir newydd yng nghyd-destun y nofel Gymraeg: o ddaearyddiaeth ddinesig Caerdydd ac Abertawe i'r portread cignoeth o iselder ysbryd, manylion esgeulustod corfforol Monica a'r dirywiad yn ei hiechyd meddwl sydd yn gwneud iddi ddymuno ei diddymdra ei hun. Daethpwyd i gydnabod y symptomau hyn yn y blynyddoedd diwethaf fel iselder cyn geni (*pre-natal depression*), salwch sydd, yn ôl un set o ystadegau diweddar, yn effeithio ar dros ddeg y cant o wragedd beichiog. Darlunnir symptomau gwaeledd corfforol Monica yn realaidd, ac mae'r rhain hefyd yn cyd-fynd yn agos â'r hyn a geir pan fo gwraig feichiog yn dioddef o *pre-eclampsia*, cyflwr peryglus sy'n achosi pwysedd gwaed uchel a chwyddiadau yn y corff a all fod yn angheuol. Ac ar un ystyr, roedd Saunders Lewis yn sicr o flaen ei amser yn rhoi sylw i'r elfennau realaidd hyn yn y nofel. Ond nid yw'n ymlynu at y realaeth hon. Yn hytrach na phortreadu bywyd dinesig Caerdydd ac Abertawe, neu salwch meddyliol a chorfforol Monica, yn fathau dilys o realiti eu hunain, fe'u cynhwysa i'w collfarnu yn unig, yn sgil-effeithiau'r bywyd modern sydd i'w gondemnio. Darostyngir realaeth y nofel i'r bwriad hwnnw.

Er bod *Thérèse Desqueyroux* wedi ei chreu gan awdur a rannai werthoedd Catholig Saunders Lewis, gwelwyd nad yr un yw ymdriniaeth François Mauriac â'i brif gymeriad ef. Roedd y Ffrancwr yn ddigon hyderus – yn nofelyddol ac yn grefyddol – i ganiatáu i Thérèse urddas hunanymwybyddiaeth, dawn dweud, yn ogystal â gradd o reolaeth ar ei thynged, a gadawodd Mauriac iddo'i hun gael ei arwain, i raddau, gan ei greadigaeth. Newydd-ddyfodiad i'r Eglwys Gatholig, yn ogystal ag i ffurf y nofel, oedd Saunders Lewis yn 1930, a gwelir ôl ei ddiffyg profiad artistig a'i ddiffyg hyder diwinyddol yn amlwg ar y gwaith y 'tagwyd darnau [ohono] â dogma', yng ngeiriau Delyth George (176).

Cyfiawn y mynegodd ef ei hun ei ddyled i waith y Bardd Cwsg a Phantycelyn pan soniodd wrth Kate Roberts am *Monica*. Bwriad moesol-ddidactig oedd ganddo wrth ei llunio, a bu hynny'n andwyol i fywyd ei brif gymeriad, i brofiad ei ddarllenwyr ac, o bosib, i'w yrfa nofelyddol ei hun. Nid ysgrifennodd nofel arall am bymtheng mlynedd ar hugain. Yn hytrach, trodd Saunders Lewis ei sylw at y theatr, ac at esiampl Ffrancwr arall, y dramodydd clasurol Jean Racine, a oedd yn batrwm mwy cydnaws â'i ddyhead am drefn ac athrawiaeth.

---

[1] Saunders Lewis, *Monica* (Gwasg Aberystwyth, 1930).
[2] Dafydd Ifans, gol., *Annwyl Kate, Annwyl Saunders: Gohebiaeth 1923-1983* (Llyfrgell Genedlaethol Cymru, 1993). Daw'r holl ddyfyniadau o'u gohebiaeth o'r gyfrol hon.
[3] Ceir crynodeb gwerthfawr o'r ymatebion i *Monica* gan Gerwyn Wiliams yn *Rhyddid y Nofel* (Gwasg Prifysgol Cymru, 1999), 203.
[4] R. Gerallt Jones, *Ansawdd y Seiliau* (Gomer, 1972), 62.
[5] John Rowlands, *Ysgrifau ar y Nofel* (Gwasg Prifysgol Cymru, 1992), 88 a 93.
[6] Delyth Beasley, 'Thérèse a Monica', ailargraffwyd yn *Rhyddid y Nofel*, 204-210.
[7] Islwyn Ffowc Elis, 'Dwy Nofel' yn D. Tecwyn Lloyd a Gwilym Rees Hughes, gol., *Saunders Lewis* (Christopher Davies, 1975), 145.
[8] R. M. Jones, *Llenyddiaeth Gymraeg: 1936-1972* (Christopher Davies, 1975), 365.
[9] Bruce Griffiths, *Saunders Lewis, Writers of Wales*, ailargraffiad (University of Wales Press, 1989), 23.
[10] Branwen Jarvis, 'Saunders Lewis, Apostol Patriarchaeth', *Ysgrifau Beirniadol VIII* (1974), 296-311; Delyth George, 'Monica', *Y Traethodydd* (Gorffennaf 1986), 169.
[11] T. Robin Chapman, *Un Bywyd o Blith Nifer: Cofiant Saunders Lewis* (Gomer, 2006), 123.
[12] François Mauriac, *Thérèse Desqueyroux* (Grasset, 1927), 5.

Van Hamel yn Eryri

O Westy Gwydyr ym Metws-y-Coed yr anfonodd yr Iseldirwr, Anton Gerard van Hamel, ei lythyr cyntaf at ysgolfeistr Rhyd-ddu. Mis Awst 1907 oedd hi, ac roedd y myfyriwr un-ar-hugain oed wedi dod i Gymru i geisio dysgu ychydig o Gymraeg. 'I have heard your name mentioned as an experienced teacher of the Welsh language,' ysgrifennodd at Henry Parry-Williams, gan fynd yn ei flaen i ofyn a gâi ddod ato i Ryd-ddu am wythnos neu ddeng niwrnod i gael ei roi ar ben y ffordd. 'I would be most pleased by a favourable answer,' pwysleisiodd. 'My knowledge of Welsh is only very poor and I would be very glad indeed if you were so kind [sic] to promise your help.'[1]

Ganed A. G. van Hamel (1886-1945) yn ninas Hilversum yng ngogledd yr Iseldiroedd, yn fab i deulu dosbarth canol ac yn nai i A. G. van Hamel yr hynaf, diwinydd, awdur ac ysgolhaig Ffrangeg adnabyddus.[2] Roedd Anton yr ieuengaf ar ganol dilyn cwrs gradd mewn iaith a llên Iseldireg ym Mhrifysgol Amsterdam ac wedi dechrau ymddiddori yn hanes yr ieithoedd Celtaidd. Roedd ganddo beth Gwyddeleg modern eisoes, ac felly penderfynodd neilltuo haf 1907 i ddysgu'r Gymraeg gyfoes – a hynny trwy anturio i gefn gwlad Eryri lle'r oedd athro tan gamp yn byw. 'I [should] be pleased to know where I could live during those days,' holodd yn ei gerdyn post, 'whether it could be with you, or in the inn or in another place' (A28).

Er mawr foddhad iddo, cafodd ateb cadarnhaol gan Henry Parry-Williams (tad y llenor, T. H. Parry-Williams), ac o fewn dyddiau roedd Van Hamel wedi cyrraedd Rhyd-ddu ac wedi ymgartrefu yng nghwmni teulu Tŷ'r Ysgol yn y pentref bychan wrth droed yr Wyddfa. Gwnaeth y profiad hwn argraff fythgofiadwy arno, a thros y blynyddoedd dilynol dychwelodd sawl gwaith i Ryd-ddu, nid yn unig er mwyn ymarfer ei Gymraeg, ond am ei fod hefyd wedi ymserchu yn y tirwedd dramatig, yn y gymuned leol, ac yn bennaf oll, yn ei athro galluog a'i deulu. Cedwir dros ugain o lythyrau a chardiau post difyr a dadlennol gan Van Hamel yn archif Syr T. H.

Parry-Williams a'r Fonesig Amy Parry-Williams yn Llyfrgell Genedlaethol Cymru hyd heddiw, ac mae'n dra arwyddocaol, o safbwynt enw da Henry fel athro, mai dim ond un ohonynt, sef y llythyr cyntaf hwnnw o Fetws-y-Coed, a luniwyd yn y Saesneg. Mae'r gweddill, gan gynnwys un a anfonwyd rai dyddiau'n unig wedi ei ymweliad cyntaf â Rhyd-ddu, wedi eu hysgrifennu mewn Cymraeg ardderchog, yn dyst i feistrolaeth chwim Van Hamel ar yr iaith ac i hyfforddiant ysbrydoledig ei athro. Er mai unochrog yw'r ohebiaeth (gwaetha'r modd, aeth llythyrau Henry Parry-Williams at Van Hamel ar ddifancoll), mae darllen y corff hwn o lythyrau'n brofiad eithaf rhyfeddol. Yn un peth, mae'n brawf o gyfeillgarwch cryf a hirhoedlog a bontiodd Gymru a'r Iseldiroedd am ddegawdau, gan oroesi holl gythrwfl y Rhyfel Byd Cyntaf a'r chwalfa a ddaeth yn ei sgil. Mae'r ohebiaeth hefyd yn ddiddorol am fod Van Hamel ei hun yn llythyrwr cynnes, ac am fod ei ddefnydd o'r Gymraeg yn rhugl a gogleisiol, a'i sylwadau ar y broses o ddysgu'r iaith yn werthfawr: ymserchodd yr Iseldirwr yn ddwfn yn Eryri ac yn y gymuned Gymraeg glòs a'i croesawodd yno.

Gwelir hefyd o'r llythyrau mor angerddol ydoedd dros sefydlu Astudiaethau Celtaidd yn bwnc prifysgol anrhydeddus yn ei famwlad, ac am ei frwydr hir a dygn i sicrhau hynny – gorchwyl a gyflawnodd o'r diwedd ddechrau'r 1920 pan benodwyd ef yn Athro'r Ieithoedd Germanaidd a Cheltaidd ym Mhrifysgol Utrecht a'i ddyrchafu, o ganlyniad, yn dad Astudiaethau Celtaidd yn ei famwlad. Hyd ddiwedd eu gohebiaeth (a thu hwnt), i Henry Parry-Williams y diolchodd Van Hamel am y gwaddol hwnnw sydd yn parhau hyd heddiw: mae Adran Astudiaethau Celtaidd Prifysgol Utrecht yn dathlu ei chanmlwyddiant eleni, yn y flwyddyn 2023.

Ond nid A. G. van Hamel oedd yr ysgolhaig cyfandirol cyntaf i ddod i fyw at deulu Tŷ'r Ysgol er mwyn dysgu'r Gymraeg fel y'i siaredid yng nghefn gwlad Arfon ar droad yr ugeinfed ganrif. Roedd Henry Parry-Williams, a fu'n ysgolfeistr Rhyd-ddu er 1880, eisoes yn adnabyddus fel athro ac wedi bod ymhlith y cyntaf i roi pwyslais ar ddysgu Cymraeg a llenyddiaeth Gymraeg yn ysgolion elfennol Cymru. Yn yr un cyfnod ag y bu Van Hamel yn dysgu Cymraeg ganddo, lluniodd yr arolygwr ysgolion, L. J. Roberts, sawl adroddiad canmoliaethus ar ysgolfeistr blaengar Rhyd-ddu gyfer O. M. Edwards, Prif Arolygwr ysgolion Cymru. Ym mis Medi 1910, er enghraifft, dywedodd: 'The Headmaster... teaches the story of Welsh literature with zeal and remarkable skill.'[3] Roedd eraill wedi sylwi ar ddoniau Henry fel athro a lwyddai i hyfforddi disgyblion yn neithi'r iaith Gymraeg ond hefyd ysgogi eu diddordeb yn ei llenyddiaeth yn ogystal. Un o'r rhai a sylwodd ar fedrusrwydd Henry fel athro oedd T. Hudson Williams, Athro Groeg Prifysgol Bangor a oedd yn ieithydd medrus ei hun. Bu Hudson Williams yn fyfyriwr dan yr Athro Heinrich Zimmer ym Mhrifysgol Greifswald yn yr Almaen yn ystod y 1890au, ac roedd yr ysgolhaig hwnnw'n un a ymddiddorai lawn cymaint yn niwylliant cyfoes y Gymraeg ag yn ei hen wreiddiau ieithegol (roedd wedi gwirioni ar nofelau Daniel Owen, yn ôl ei gyn-fyfyriwr). Yn 1899, fel y nododd Hudson Williams yn ei gyfrol hunangofiannol, *Atgofion am Gaernarfon*, daeth Heinrich Zimmer i Gymru er mwyn gwella ei Gymraeg. Ac at Henry Parry-Williams yr hebryngwyd yr Almaenwr dysgedig ar ei union:

> Euthum ag ef felly i Ryd-ddu a chawsom groeso calon gan ysgolfeistr y pentref, tad yr Athro T. H. Parry-Williams ac yno y treuliodd Zimmer y gweddill o'i wyliau ac eithrio dyddiau'r Sasiwn. Cefais hanes ei helyntion yn Rhyd-ddu, fel yr âi trwy'r pentref ac i'r ffermydd cyfagos gan ysgwrsio â hwn a'r llall. (64)

Yn sgil profiadau cadarnhaol Zimmer, aeth y gair ar led, a buan y daeth ysgolheigion Celtaidd eraill i Ryd-ddu i'w ganlyn. Yn wir, aeth llu o ieithyddion medrus i aros yn Nhŷ'r Ysgol yn ystod y blynyddoedd dilynol, yn eu plith rai o enwau mwyaf nodedig

Astudiaethau Celtaidd cyfandir Ewrop, megis Josef Baudiš o Slofacia, Erik Björkman o Sweden, Theodor Chotzen o'r Iseldiroedd (ynghyd â Van Hamel ei hun, wrth gwrs), Rudolf Thurneysen o'r Swistir, a Joseph Vendryes o Ffrainc, yn ogystal â Rudolf Imelmann, Wilhelm Meyer a Hermann Osthoff o'r Almaen, pob un ohonynt, mae'n debyg, yn byw gyda'r teulu yn Nhŷ'r Ysgol ac yn cael eu trochi ym mywyd Cymraeg cyfoethog y fro. Nid rhyfedd i R. Gerallt Jones gyfeirio at 'yr holl drafnidiaeth [...] rhwng Rhyd-ddu a dinasoedd Ewrop' yn y cyfnod hwn, felly, ac iddo ddisgrifio awyrgylch cartref teuluol T. H. Parry-Williams fel a ganlyn:

> Yr oedd aelwyd Tŷ'r Ysgol felly nid yn unig yn aelwyd gynnes, yn llawn o weithgareddau diwylliadol arferol y cyfnod ar y naill law, ac o dynnu coes cynhenid y werin ar y llaw arall, ond yr oedd hefyd yn aelwyd anarferol eang ei gorwelion, gydag ymwelwyr yn mynd a dod a chyda chyfoeth o ddiwylliant cydwladol yn llifo trwy'r tŷ.[4]

Priodol, yn y man hwn, yw cydnabod cyfraniad Annie Parry-Williams, gwraig Henry, hithau at y bennod ryfeddol hon yn hanes cysylltiadau Eryri â chyfandir Ewrop. Heb ei hymroddiad, ei llafur a'i pharodrwydd hi, ynghyd â'r chwech o blant a oedd ganddynt, i groesawu cyfres o ddieithriaid i'w tŷ (rhai ohonynt yn bur ecsentrig, yn ôl pob tebyg), ni fyddai'r cyfoeth profiadau hyn wedi bod yn bosibl i'r ffigyrau dylanwadol a aeth ati wedyn i hybu'r ieithoedd Celtaidd ar gyfandir Ewrop. Nid yw'n syndod i Van Hamel, wrth iddo ysgrifennu i ddiolch i'r teulu ar ôl bod yn aros â nhw am y tro cyntaf yn 1907, alw Tŷ'r Ysgol yn ogleisiol yn 'Athrofa Geltaidd, Rhyd-ddu', enw y parhaodd i'w ddefnyddio trwy gydol ei ohebiaeth. Yn wir, mewn llythyr diweddarach at Henry, aeth mor bell â'i alw ef yn 'ffynnon yr holl Gymraeg sydd ar y Cyfandir' (A44).

Yn sicr, o'r holl ysgolheigion Ewropeaidd a fu'n aros â theulu Tŷ'r

Ysgol dros y blynyddoedd, does dim dwywaith mai Van Hamel a fagodd y cyfeillgarwch cryfaf a mwyaf hirhoedlog â nhw, ac mae cynhesrwydd eu perthynas i'w deimlo o ddechrau cyntaf eu gohebiaeth. Ym mis Rhagfyr 1907, er enghraifft, ryw bedwar mis wedi'r ymweliad cyntaf, ysgrifennodd yr Iseldirwr ifanc at ei athro a'i deulu i ddymuno Nadolig llawen iddynt, gan roi crynodeb o'i gynnydd yn y Gymraeg yn y cyfamser: 'Nid ydyw fy syched am ychwanegu at fy ngwyboddiaeth y iaith Gymraeg wedi ei thorri ac yr wyf wedi darllen rhyw lyfrau Cymraeg gyda llawer o ddyddordeb,' sicrhaodd ei athro (A31). Ymhlith y rhain enwa lyfr hanes gan 'prof. Llwyd' (J. E. Lloyd), *Hanes a Chân* O. M. Edwards, yn ogystal â'r flodeugerdd, *Clasuron Rhyddiaith Cymru* gan Edward Edwards, a gynhwysai destunau llenyddol o'r seithfed i'r ddeunawfed ganrif. Roedd bellach, meddai, yn ymgodymu â chywyddau Goronwy Owen, tra bo 'Elis Wynne yn aros eto am hamdden i gael ei ddarllen a Theophilus Evans hefyd ar ei ôl' (A31). Roedd hyn oll yr un pryd â cheisio dysgu 'y Sanskrit a'r hen Ellmeineg a'r Icelandic' a hen Wyddeleg, ar gyfer ei radd.

Trawiadol yw arddull rwydd a rhugl y llythyrau hyn o'r dechrau, ac wrth iddo ddynesu at ddiwedd ei lythyr Nadoligaidd, daw cyffyrddiad telynegol, hiraethus i'w gyfarchion at ei gyfeillion yn Eryri:

> Yr wyf yn cofio yn aml am hen wlad eich tadau, am Gymru brydferth, ac y mae yma hiraeth calon amdani: yr wyf yn gweled yn fy meddwl y lle bu'r eryrod yn byw wedi cael ei orchuddio gan y niwl; a'r gwynt a'r gwlaw yn chwarae ar Llyn y Gadar ac yn oeri traed y Wyddfa. (A31)

Sonia yn yr un gwynt am gymeriadau Rhyd-ddu – elfen gyson yn ei lythyrau sy'n dangos yn eglur ei fod wedi ymserchu yn nhrigolion, yn ogystal â thirwedd yr ardal:

> David Williams yn ceisio gwerthu ei 'emau' ger y llidiart gyntaf un ar lwybr Pen y Wyddfa, a'i frawd yn pysgota yn ei gwch, a 'Phaul' yn gweithio yn arw heb dopcoat ar ffordd Beddgelert, a – last-not-least – chwychwi eich hun yn dysgu y iaith Gymraeg i'r plant Cymru. (A31)

Mae'n rhyfeddod y gallai ysgrifennu fel hyn wedi llai na hanner blwyddyn o ddysgu Cymraeg, ac ynghanol prysurdeb ei fywyd yn fyfyriwr prifysgol yn Amsterdam.

Ychydig fisoedd yn ddiweddarach, yng ngwanwyn 1908, ysgrifennodd Van Hamel eto yn ddigon hiraethus i ddweud bod ei '[f]eddyliau yn ehedeg drossodd i Arfon brydferth', ac i fynegi ei awydd 'i weled y creigiau a'r cymau gwylltion lle bu'r eryrod yn byw, i glywed cân tlws awen Cymru, ac i anadlu awel wyrf y mynyddoedd' (A32). Sonia yn obeithiol wrth Henry y gallasai alw yn Rhyd-ddu pan fyddai ar ei ffordd i dderbyn hyfforddiant mewn Hen Wyddeleg gan Osborn Bergin yn y 'School of Irish Learning' yn Nulyn ym mis Gorffennaf, ond mae dau gerdyn post pellach – y rhain wedi eu hanfon o 'wlad y diawlaid o hen Wyddelod' ei hun, chwedl ef – yn gresynu na fyddai hynny, wedi'r cyfan, yn bosibl (A34/35). Yn hytrach, roedd am dreulio gweddill yr haf yng ngorllewin Iwerddon yn gwella'i Wyddeleg llafar, a rhoddodd gyfeiriad yn Ballyferriter i Henry lle y gallai ysgrifennu ato. Y mis Rhagfyr canlynol daeth y llythyr blynyddol yn cynnwys ei gyfarchion Nadolig i deulu Tŷ'r Ysgol, ac yn hwn ceir sylwadau hynod ddiddorol gan Van Hamel am y gwahaniaethau a welai ef rhwng Cymru ac Iwerddon:

> Gwlad hyfryd iawn ydyw y Werddon; a nid ydyw y 'diawlaid o hen Wyddelod' mor ddrwg ac y mae eich cydwladwyr yn eu tybied. Eto, nid ydwyf cyn hoff ohoni ac ydwyf o Gymru. Y mae ammodau y gwerin yn sal iawn, yn waeth o lawer nag yng Nghymru ac am y rheswm yma nid ydyw cymmaint o foesoliad

ganddynt. Fel hyn y mae eich iaith a'ch llenoriaeth chwi yn fwy llwyddianus o lawer. Namyn hyn y mae y iaith Wyddeleg yn anhawdd iawn a nis gallwn ei siarad yn gystal a'r Gymraeg. Pa fodd bynag, y mae'n sicr, nad ydyw fy Nghymraeg yn wych iawn hefyd a bydd yn rhaid i mi dreulio rhyw amser gyda chwi. Yr un beth a fedraf ei wneyd yn y fan yma ydyw darllen; ond y mae arnaf eisieu siarad Cymraeg unwaith eto! (A36)

O'r ohebiaeth sydd ar gael (cyfres o gardiau post yn darlunio amrywiol olygfeydd o'r Iseldiroedd), ymddengys na allodd Van Hamel ddychwelyd i Ryd-ddu am dair blynedd arall, er gwaethaf ei ddymuniad i wneud hynny. Yn 1909 anfonodd gerdyn post at Henry yn mynegi ei hiraeth am 'Gymru brydferth, a'i chartrefwyr siriol (yn enwedig yr Hen Athrofa Geltaidd a'r athraw byth-ieuanc ynddi)', yn ogystal â'r 'buchod cochion, gleision, brithion' a geid yno (A37). Gan adleisio, yn amlwg, rai o'r ymadroddion cefn gwlad yr oedd Henry wedi eu dysgu iddo, dywedodd yn chwareus ei fod yn ofer geisio galw'r gwartheg Cymreig hyn ato i'w wlad ei hun: 'Yr wyf yn galw "trw bach, trw bach" yr holl ddiwrnod o'u herwydd, ond nid ydynt yn dod!' (A37).

Roedd hwn yn gyfnod go gaethiwus pan oedd Van Hamel yn cwblhau ei draethawd PhD ym maes ieitheg Germanaidd a Cheltaidd dan gyfarwyddyd R. C. Boer, Athro Germaneg a Sanscrit Prifysgol Amsterdam. Ond buan y daeth llwyddiant i'r myfyriwr disglair a oedd eisoes wedi cyhoeddi nifer o erthyglau ym maes Astudiaethau Celtaidd. Enillodd Van Hamel ei ddoethuriaeth gydag anrhydedd yn 1911 am waith yn dwyn y teitl, 'De oudste Keltische en Angelsachsische Geschiedbronnen' ('Y ffynonellau hanesyddol Celtaidd ac Eingl-Sacsonaidd hynaf'), ac erbyn hynny roedd yntau wedi dechrau gweithio fel athro Iseldireg mewn ysgol ramadeg yn nhref Middelburg. Cyn gynted ag y daeth gwyliau'r haf, felly, ysgrifennodd gerdyn post at Henry yn gorfoleddu y byddai ar ei ffordd i Eryri cyn hir: 'Y mae yn llawen genyf fyned i Gymru,' meddai ganol mis Gorffennaf 1911. 'Deuaf i Ryd-ddu ddydd Mercher nesaf. [...] A ganiatewch i mi eich clywed chwi yn yr ysgol?' (A39).

Ymddengys iddo gael budd a boddhad unwaith eto o ymweld â Rhyd-ddu, ac ni liniarwyd ddim ar ei hiraeth am Gymru yn sgil treulio'r haf yno: 'Lle y mae dyddiau deifiol Gorphennaf ac Awst, pan yr oeddem ni yn darllen ar y cae?' holodd ei athro yn atgofus y Nadolig canlynol. 'Y maent wedi ffoi yn ddiadlam' (A27). Gan sicrhau Henry ei fod 'yn Gymro gwell o lawer yn awr na chyn yr arosiad fer ddiweddaf yn eich gwlad', cwyna serch hynny bod rhai elfennau o'r Gymraeg yn anodd eu meistroli, ac nad 'iaith y Nefoedd' ydoedd yn ei farn ef, 'ond llafar uffernol y diawl!' (A27). Cyfeiriad chwareus sydd yma at waith Ellis Wynne, sef *Gweledigaetheu y Bardd Cwsc*, gwaith yr oedd Van Hamel yn ei ailddarllen y pryd hwn. Ond rhaid cymryd ei brotestiadau â phinsiad o halen. Fel y gwelir yn eglur o'i lythyr, mae ei ddefnydd o'r Gymraeg, nid yn unig yn gywir ac idiomatig (oni bai am fân lithriadau bychain), ond hefyd yn osgeiddig ac yn llawn hiwmor. Dengys barodrwydd i ddefnyddio ffurfiau llafar cyffredin, gan gynnwys benthyciadau o'r Saesneg megis 'likio' am y flodeugerdd *Cywyddau Cymru*, ac mae ei agwedd ryddfrydig at yr iaith Gymraeg yn deillio, mae'n bur debyg, o'r modd yr oedd Henry'n ei annog i wrando ar dafodiaith leol Rhyd-ddu a'i defnyddio hefyd (ceir 'drwg-iwsio' gan Van Hamel mewn llythyrau eraill). Yn sicr, profa'r ohebiaeth yn glir nad ymarferiad academaidd marwaidd oedd dysgu'r Gymraeg i'r Iseldirwr. Cofleidiodd yr iaith gyfoes, fyw, yn ogystal â'r gymuned a'i defnyddiai yn eu bywyd dyddiol, ac aeth ati yr un pryd i ymddiddori yn llenyddiaeth a diwylliant Cymraeg y dydd. Yn wir, roedd yn feirniad llenyddol synhwyrus a deallus wrth ymdrin â llên Gymraeg gyfoes, ac mae ei sylwadau ar weithiau cynnar beirdd a ddaeth yn ddiweddarach yn ffigyrau llenyddol o bwys yn graff a phroffwydol.

Gwelir hynny'n amlwg mewn llythyr a luniodd ym mis Chwefror

1912 lle'r ymatebodd i gyfres o delynegion a gyfansoddwyd gan Henry ei hun yn dwyn y teitl 'Bywyd Pentrefol' ac a enillodd wobr yn Eisteddfod Genedlaethol 1910. 'Y mae gennych yr arddull ddiaddurn a darluniadol sydd yn anhebgorol mewn barddoniaeth o'r fath yma,' ysgrifennodd (A42), cyn mynd yn ei flaen i drafod 'Yr Haf', sef awdl fuddugol R. Williams Parry yn yr un Eisteddfod. Gan nodi bod y gwaith hwnnw'n meddu 'athrylith', rhagwelodd Van Hamel yn gwbl gywir y byddai awdl 'Yr Haf' yn cychwyn 'cyfnod newydd i lenoriaeth Gymreig' (A42). Yn wir, yn sgil llunio'r sylwadau dechreuol hyn i Henry, aeth ati wedyn i lunio erthygl mewn Iseldireg a drafodai farddoniaeth R. Williams Parry, ac ym mis Medi 1912 anfonodd gopi o'r erthygl honno i Henry, gan ofyn iddo sicrhau ei nai, R. Williams Parry, 'nad ydwyf yn dweyd pethau drwg amdano' (A43).

Fodd bynnag, yng nghyswllt gweithiau cynnar mab Henry, Tom, y gwelir yn fwyaf eglur mor dreiddgar y gallai Van Hamel fod wrth ymdrin â llenyddiaeth Gymraeg dechrau'r ugeinfed ganrif. Roedd T. H. Parry Williams, nad oedd ond flwyddyn yn iau na Van Hamel, wedi dod i sylw cenedlaethol yn sgil ennill y Goron a'r Gadair yn Eisteddfod Genedlaethol Wrecsam 1912. Ym mis Mai 1914, ar ôl treulio 'wythnosau a misoedd' yn astudio'r gweithiau arobryn, ysgrifennodd Van Hamel at Henry yn llongyfarch ei fab ar ei gamp ddwbl, gan drafod crefft yr awdl, yn enwedig, yn ofalus. Mae hwn yn llythyr rhyfeddol, ac mae'n werth dyfynnu talp go helaeth ohono gan mor dreiddgar – a geirwir – ydyw:

Y mae gwaith Tom, er ei galedi, yn gwario gwobrau euraid i'r darllenwr. Nid ydwyf yn siarad yn awr am Erallt Gymro [y bryddest], sydd yn farddoniaeth dlos ac eglur, ond am yr awdl gyda'i amlder o feddyliau dwfn ac ymadroddion dyrys. Nid yr hen eiriau sydd yn peri anhawsderau i mi. Os caf ryddid i ddweyd fy marn am yr awdl dyddorol hwn, dyma hi. Y mae athrylith Tom yn 'philosophical' iawn, ac y mae ei ddyfeisiau yn fwy o resymol nag o synwyrol ('more reasonable than sensitive'). Ond i ddyn sydd yn rhesymu, y peth arbennig y mae eglurder ac amlygrwydd, ac yn y berthynas yma y mae Tom yn pallu weithiau, yn enwedig yn yr ail ran. Y mae yn yr awdl olion ymryson cynghanedd âg ystyr. Rhyw waith y mae y bardd yn aberthu ystyr yr eiriau i reolau yr iaith a'i miwsig. Dyma'r caledi mwyaf: gwneuthur cynghanedd naturiol a darlunio ei ddelfryd yn ddealladwy gyda'r un eiriau. Yn y berthynas hon nid ydyw Tom wedi perffeithio yn hollol eto. Dywedwch wrtho: yn ymlaen! Nid oes mewn bywyd dyn ddim mor arddunog âg ymryson yspryd a defnydd. Rhaid i'r yspryd sydd ynym ni orchfygu y sylweddau trymion a rhwystrau yr enaid. (A46)

Ond er gwaethaf ei bryderon am rai agweddau ar *juvenilia* T. H. Parry-Williams, daw ymdriniaeth Van Hamel ag awdl 'Y Mynydd' i ben gyda'r broffwydoliaeth: 'Bydd Tom yn un o'r arweinyddion yn yr ymryson yma, dyma wirionedd!' (A46)

Wrth i gymylau'r Rhyfel Mawr grynhoi dros Ewrop, daw ymdeimlad mwy pruddglwyfus i ohebiaeth Van Hamel a Henry Parry-Williams. Mor gynnar â Nadolig 1912, wrth hiraethu am weld Rhyd-ddu a'i chymeriadau hoff eto, roedd yr Iseldirwr fel petai eisoes yn rhag-weld y newid mawr a oedd ar droed ar gyfandir Ewrop:

Y mae'r blynyddoedd yn myned heibio, a nyni yn heneiddio gyda hwy – ond, mefyl i fy marf, beth ydwyf yn ei ddweyd? Yr ydych chwi, mae'n sicr, yn ieuengach yr awr hon nag erioed, ac yn profi nas gall yr oesoedd eiddigus ddim yn eich erbyn. Gan hynny, rhaid i'ch dysgyblion ymlawenhâu gyda syniadau diolchgar am fod yr athraw yn ffynu o hyd, a ffynnon yr holl Gymraeg sydd ar y Cyfandir yn rhedeg eto i'w cysuro hwy fel yn yr hen amser. Mawr yr ydym yn gobeithio y bydd dedwyddwch yn preswylio yn yr Athrofa Geltaidd ac y bydd yr Athraw ei hun yn mwynhâu ei ddyddiau mewn tangnefedd. (A44)

Gan alw i gof y golygfeydd a oedd mor annwyl ganddo yn ardal Rhyd-ddu, ynghyd â chymeriadau'r pentref, mae Van Hamel fel petai'n gwerthfawrogi'r pethau hynny hyd yn oed yn fwy wrth synhwyro y gallai rhyw chwalfa arfaethedig eu dwyn oddi wrtho:

Hoffed y mae genyf hen gantref y mynyddoedd ar ochr y Wyddfa ym mysg caeau ffrwythlawn, a'r llyn, a dau neu dri o gychod ar ei wyneb, yn agos; hoffed y mae genyf y cymeriadau sydd yn adfywiogi y lle: Bendigeit Vran, Robert Williams Factory, y Gorsaf-feistr a'r Hedd-geidwad! Pa bryd y caf eu gweled hwy yn ôl? Beth a fydd yr amser i ddyfod yn ddwyn? (A44)

Wrth i'r rhyfel ddynesu, bwriodd Van Hamel ei hun i'r gwaith o geisio ennill troedle iddo'i hun – ac i Astudiaethau Celtaidd – ym mhrifysgolion yr Iseldiroedd. Ond roedd hynny'n profi'n anodd. Yn sgil ymgais aflwyddiannus i gael swydd darlithydd Saesneg ym Mhrifysgol Amsterdam, aeth i ddysgu Iseldireg unwaith yn rhagor mewn ysgol ramadeg yn Rotterdam. 'Y mae genyf swydd da yn awr,' meddai mewn llythyr at Henry yn 1913, 'ond llawer o waith yn yr ysgol; fel hyn nid oes genyf gyfaint o hamdden i astudiaeth yr ieithoedd Celtaidd' (A46).

Yn gyfiawn y pryderodd am effaith y rhyfel ar ei ymweliadau â'r gwledydd Celtaidd eu hiaith. Maes o law daeth y mordeithiau dros fôr Iwerddon i ben yn llwyr – ac yn anochel, fe brinhaodd y llythyrau. Ond ychydig fisoedd cyn i'r rhyfel dorri, cyflawnodd Van Hamel ei ddymuniad o'r diwedd o gael ei benodi'n ddarlithydd mewn Astudiaethau Celtaidd, er nad yn ei famwlad ei hun y digwyddodd hynny. Yn hytrach, derbyniodd swydd ym Mhrifysgol Bonn yn yr Almaen lle'r oedd Rudolf Thurneysen newydd ei benodi'n Athro

Celtaidd – ac yntau'n un arall o'r ysgolheigion Celtaidd a fu'n dysgu Cymraeg yn Rhyd-ddu. Fodd bynnag, pan dorrodd y rhyfel aeth Van Hamel i helynt gyda'r awdurdodau Almaenig, a dychwelodd yn llechwraidd i Rotterdam, gan dreulio'r blynyddoedd nesaf yn y ddinas borthladd honno a ddaeth yn noddfa i filoedd o ffoaduriaid o Wlad Belg ac o'r Almaen yn sgil y gyflafan.

Erbyn diwedd y rhyfel roedd Van Hamel wedi troi ei gefn ar fyd addysg ac wedi canfod gwaith yn llyfrgellydd yn yr Ysgol Fasnach Genedlaethol yn Rotterdam. Ceisiodd eto am swydd academaidd – y tro hwn yn Athro Iaith a Llên Iseldireg ym Mhrifysgol Amsterdam – ond bu'n aflwyddiannus unwaith yn rhagor.

Draw yn Rhyd-ddu, bu'r Rhyfel Mawr yn gyfnod o bryder a braw i deulu Tŷ'r Ysgol hwythau, a thri o'u meibion, Oscar, Wynne a Willie, yn ymladd yn Ffrainc, tra bo Tom yn mynd trwy gyfnod tywyllaf ei fywyd yn sgil ei safiad yn wrthwynebydd cydwybodol (safiad, fe gafwyd awgrym, nad oedd ei fam yn cydymdeimlo ag ef). Da dweud, serch hynny, i'r gohebu rhwng yr Iseldiroedd a Rhyd-ddu ailgychwyn wedi'r rhyfel – a hynny ym mis Ebrill 1920. Gan ymddiheuro i Henry am ei faith dawelwch, beiodd Van Hamel hynny ar ei ofn o 'wneyd beiau grammadegol a fyddai yn troi eich gwallt yn llwyd', a diolchodd i'w athro am anfon llyfrau Cymraeg ato a oedd mor ddifyr 'fel yr wyf yn teimlo fel na fuasom hebddynt erioed' (A47). Mynegodd ei werthfawrogiad hefyd o'r lluniau a dderbyniodd o deulu Tŷ'r Ysgol ynghyd unwaith yn rhagor, gan fod y rheiny'n dangos iddo 'bod eich meibion wedi passio dros y rhyfel fawr heb niwed parhaus'. Tystiolaeth oedd y lluniau hynny, meddai, 'am rym ac egni sydd yn trigo mewn plant yr hen Geltiaid'.

Eto, mae tinc pruddglwyfus i'r llythyr hwn. Gan nodi bod ei waith fel llyfrgellydd yn 'dawel iawn', dywedodd, serch hynny, fod yr ychydig oriau o ddysgu Gwyddeleg a Chymraeg a wnâi ym Mhrifysgol Leyden yn rhoi boddhad iddo. 'Y mae genyf ormod o wybodaeth am y pethau yma,' esboniodd, 'fel na fyddai yn esgusadwy os byddwn yn ei chymeryd gyda mi i'r bedd'. Gofynnodd am gymorth Henry a'i deulu i ddod o hyd i argraffiad o'r Mabinogion, gan fod ei gopi ef 'wedi myned ar goll mewn ddifaethwch Canol-Europe' (A47). Ac wrth ddwyn ei lythyr i ben, fel petai'n edrych dros ysgwydd y blynyddoedd ar ei ymweliadau â Rhyd-ddu cyn y rhyfel, holodd Henry'n daer a oedd yr un hen gymeriadau gynt yn dal yno ac ar dir y byw:

> A ydyw Bendigeit Vran yn fyw eto? A Phaul? A Robert Williams? Y mae 'Bylcha' dwr' wedi marw ers blynyddoedd, fel y credaf. [...] A ydyw y Cymry yn 'Gristianogad' eto, a'r tywydd yn oer aflawan? Dyma y gwelwch nad ydwyf wedi anghofio yr un beth y sydd rhyw gysylltiad a Chymru ganddo, ac er fy mod yn dramorwr, nid ydwyf yn estron i draddodiadau y wlad, a myfi mor hoff ohoni ac y bum erioed. (A47)

Dagrau pethau oedd na welodd Van Hamel a Henry mo'i gilydd byth wedyn. Bu'r Iseldirwr ar dramp yn yr Eidal yn haf 1920, ac anfonodd gerdyn post i Ryd-ddu o Crissolo ac arno lun golygfeydd o'r Alpau, gan ddweud yn chwareus bod y mynyddoedd yno yn uwch na'r Wyddfa! (A48). Daeth cerdyn pellach ganddo fis yn ddiweddarach yn llongyfarch y teulu ar benodiad T. H. Parry-Williams i Gadair y Gymraeg yn Aberystwyth, ac erbyn mis Rhagfyr 1921 roedd Van Hamel wedi ailafael yn yr arfer a fu ganddo cyn y rhyfel o anfon cyfarchion Nadolig i deulu Tŷ'r Ysgol. Ac yntau bellach yn llyfrgellydd ym Mhalas Heddwch Yr Hâg, soniodd wrth Henry am y boddhad a gâi o gyfrannu at waith Cynghrair y Cenhedloedd yno:

> Llyfrgell bwysfawr yr wyf yn ei gorucholygu, a phan fydd y Brawdlys Rhyngwladol Cyfundeb y Cenedloedd yn cyfarfod mewn Blas yr Hedd y mis nesaf, rhaid i mi gasglu defnyddiau iddo i'w helpu i roddi barn rhwng y cenedloedd. (A50)

Roedd rhoi'r gwersi 'yn hen iaith y Nefoedd' yn Leyden yn dal i roi'r un boddhad iddo, meddai, ac ymhelaethodd yn y llythyr hwn ar ei obeithion ar gyfer y Gymraeg ym mhrifysgolion y cyfandir:

> Rhyfedd ydyw y iaith Gymraeg gan [y myfyrwyr] ac yn ara' deg yr ydym yn myned ymlaen. Ond peth ydyw hyn? Bydd y iaith yn cael ei lle gyfaddas rhyw ddydd ymlith ieithoedd y byd; a byddant yn addef, mai yn rhagori ydyw ar lawer iawn o'r ieithoedd ereill, sydd yn eu anrhydeddu gan yr holl fyd. (A50)

Yn sicr, nid anghofiodd Van Hamel byth mo'i ddyled i'w hen athro Cymraeg. Yn haf 1923 derbyniodd gais gan Mr Griffith Evans o Ddrws-y-Coed yn gofyn a fyddai'n fodlon llunio tysteb i'w darllen mewn cyfarfod cyhoeddus i anrhydeddu Henry Parry-Williams ar achlysur ei ymddeoliad. Cytunodd yntau'n frwd, ac yn y dysteb honno, dywedodd yn ddiflewyn-ar-dafod bod ei waith ef ei hun yn athro'r Gymraeg ym Mhrifysgol Leyden yn uniongyrchol ddyledus i ysbrydoliaeth ysgolfeistr Rhyd-ddu: 'Os oes dim o dda mewn addysg Gymraeg a roddaf i ym Mhrifysgol Leyden i'm efrydwyr, ffrwyth yr hâd a heuodd ef ydyw,' meddai (A51).

Yr haf hwnnw, wedi iddo ymgeisio am amrywiol swyddi a chael ei wrthod bob tro, penodwyd Van Hamel o'r diwedd i swydd academaidd a oedd wrth fodd ei galon, yn Athro Astudiaethau Germanaidd ym Mhrifysgol Utrecht. Ond roedd ganddo un amod cyn y derbyniai'r swydd, mynnodd, a honno oedd bod 'Astudiaethau Celtaidd' yn cael ei ychwanegu at ei theitl swyddogol. Hynny a wnaethpwyd, a thrwy lafur Van Hamel dros y blynyddoedd dilynol daeth Utrecht yn un o brif ganolfannau Astudiaethau Celtaidd yr Iseldiroedd. Ond nid anghofiodd Van Hamel pwy fu'r dylanwad pwysicaf arno yn y maes hwn. Mae ei falchder ynghylch hynny – a'i gydnabyddiaeth i Henry – yn amlwg o'r llythyr a anfonodd at deulu Tŷ'r Ysgol yn Nadolig 1923 wrth iddo gyfeirio at y cyfarfod i anrhydeddu Henry adeg ei ymddeoliad:

> Rhaid y buasai i mi fod yno, a chlywed yr areithiau gwych dros ben gan eich dysgyblion a'ch cyfellion. Un o'r nifer yma ydwyf i, a nid yn llai ydyw fy niolchgarwch i i'm athraw na'r eiddynt hwy. (A52)

Galwodd ei gof yr adeg y bu'n dysgu Cymraeg wrth draed Henry, gan fynegi'r profiadau hynny'n atgofus-fywiog:

> Gwaith blin yr oedd i chwi, tybed, cywiro miloedd o gamgymeriadau a wnai y dysgybl pendew, ond ni welai ef erioed un awgrym am flinder yn y llygaid dysglaer oedd yn goleuo o'i flaen ar ffordd gul yr anhawsderau. 'A gawn ni fyned am dro?' – 'Do? –' 'Cawn. Onid ydych chwi'n cofhâu?' 'Ie, wir.' – 'Ydwyf. A ydyw eich pwyll wedi ei golli?' – 'Nid oes, mae'n debyg....' Dyma'r beth a elwir 'siarad gyda thramorwyr' mewn Gymraeg yr Athrofa Geltaidd, ond 'artaith tân a chleddyf' ydyw'r enw goreu i'r fath ddifyrwch. Yr oeddech chwi yn bur amyneddgar a goddefgar. (A52)

Ei ddymuniad pennaf, meddai, fuasai bod wedi gallu bod yn bresennol yno yn y cyfarfod anrhydeddu, 'a'ch annerch fy hun mewn Cymraeg sâl, druan, ond gyda chalon lawn o deimladau cynhes'.

Dim ond ar ôl talu'r deyrnged hon i Henry y soniodd am ei benodiad ef ei hun i Gadair Germaneg a Chelteg Prifysgol Utrecht: 'Dysgu ereill a fu fy mhleser fwyaf erioed, ac yr wyf yn hapus am fod y ieithoedd Celtaidd ym mhlith y pynciau y byddaf yn traethu arnynt,' meddai, gan ychwanegu'n werthfawrogol, 'Ffrwythloni y bydd y pren a blanasoch gyda'ch dwylaw eich hunan' (A52). Clodd ei lythyr trwy ddymuno ymddeoliad hapus i'w hen athro, ond gan ei siarsio hefyd i barhau'n weithgar:

Aroswch fel yr ydych heddyw: yn weithgar, bywiog, a pharhewch i neillduo eich holl egni i'ch gwlad, i'ch cyfeilliaid, i'ch hen ddysgyblion! Ac i dramorwyr y byddai arnynt eisieu ddysgu ychydig o Gymraeg, neu wellhau yr ychydig a wyddant amdani. Bendith Duw arnoch chwi ac ar eich cereint! (A52)

Mae rhyw eironi chwerw yn y ffaith mai fel hyn y daeth llythyr cynnes a theimladwy Van Hamel at ei derfyn – y llythyr olaf iddo ei anfon at Henry. Ar ddydd Nadolig 1925, wedi gwaeledd byr, bu farw Henry Parry-Williams yn 67 mlwydd oed.

Pan glywodd y newyddion, torrodd Van Hamel ei galon. Ac aeth ati ar ei union i lunio llythyr hir at T. H. Parry-Williams yn mynegi ei dristwch a'i alar, ac yn cydymdeimlo â'r teulu. Ac mae rhyw eironi pellach yn y ffaith ei fod wedi dewis ysgrifennu'r llythyr hwn – fel y llythyr cyntaf un a ysgrifennodd o Fetws-y-Coed ym mis Awst 1907 – yn Saesneg, a hynny, esboniodd, er mwyn gallu mynegi dyfnder ei deimladau yn llwyr. Mae'n amlwg fod yr Iseldirwr dan deimlad mawr ar y pryd, a'i alar am ei athro, ynghyd â'r sioc o fod wedi ei golli mor ddirybudd, yn eglur a phoenus:

> I feel his loss very deeply, I am thinking of him the whole day long, for I loved him and reverenced him with all my heart. We were friends, and I was looking forward to the day I would see him again with eager expectation. [...] He was a great teacher, and a fine pedagogue, who saw at the very first moment what I wanted, and who gave me lavishly from his store of knowledge. He never tired of the helplessness of a beginner, he never bored his pupil with the schoolmaster's antiquated methods. For whatever I know of modern Welsh and its literature and even for a large portion of my knowledge of the older tongue, I am indebted to him. (CH653)

Hyd ddiwedd eu cyfeillgarwch, cydnabu Van Hamel ddawn ragorol Henry Parry-Williams fel athro. Ond mae ei barch tuag ato yn mynd ymhell y tu hwnt i barch proffesiynol. Daw'n amlwg o'r llythyr hwn fod Van Hamel wedi dod i edmygu, ac yn wir i garu, y dyn arbennig y bu mor ffodus â'i gael yn fentor am ddeunaw mlynedd:

> He was proud to call himself 'Tad holl Gymraeg y Cyfandir', and he was aware of his gift for 'siarad gyda thramorwyr', – but what he could was a good deal more than that. By means of his keen intelligence he imparted to them many more treasures besides a knowledge of the language. His image will be with us every day, and seeing it, we shall repeat these words representing our inmost thought: 'He was one of the best men that ever lived. God have his soul.' (CH653)

Am weddill ei yrfa, adeiladodd Van Hamel ar sylfaen y ddysg a roddodd Henry Parry-Williams iddo yn ifanc. Os Henry ei hun oedd 'Tad holl Gymraeg y Cyfandir', daeth Van Hamel yntau yn ei dro yn dad holl Gymraeg yr Iseldiroedd. Er i gymhlethdodau gwleidyddol a phersonol daflu cysgodion dros ei yrfa academaidd, ac er iddo farw yn drasig rai misoedd yn unig wedi rhyddhau'r Iseldiroedd o afael y Natsïaid yn 1945, mae ei waddol fel athro ac ysgolhaig Celtaidd yn ei famwlad yn parhau hyd heddiw.

I ninnau yng Nghymru yn yr un modd, mae'r corff o lythyrau Cymraeg egnïol, deallus a sylwgar a adawodd y Iseldirwr hwn ar ei ôl yn brawf o'i gymeriad arbennig ac athrylithgar ef, yn ogystal â bod yn dysteb i'w athro rhagorol, ynghyd â'r teulu a'r gymuned yn Eryri a'i croesawodd atynt, a'i hysbrydolodd, ac a'i galluogodd i greu darn bach o Gymru ar gyfandir Ewrop sy'n dal yn fyw hyd heddiw.

1. 'Llythyrau oddi wrth A. G. van Hamel, Middelburg, Rotterdam ac Utrecht', *Papurau Syr T. H. Parry-Williams a'r Fonesig Amy Parry-Williams*, Llyfrgell Genedlaethol Cymru, A25-A52. Ceir chwe llythyr pellach gan Van Hamel at T. H. Parry-Williams yn yr un archif (CH650-55). Daw'r dyfyniadau o'r llythyr cyntaf hwn o eitem A28.
2. Cyhoeddwyd y cofiant cyntaf i Van Hamel yn haf 2023. Gweler Bart Jaski, Lars Nooij, Sanne Nooij-Jongeleen, Nike Stam, *A Man of Two Worlds: A. G. van Hamel Celticist and Germanist* (Stichting A. G. van Hamel, 2023).
3. Ceir rhagor o wybodaeth am flaengarwch Henry Parry-Williams fel athro yn erthygl H. G. Williams, 'The Curriculum of Caernarfonshire's elementary schools 1862-1914', *Trafodion Cymdeithas Hanes Sir Gaernarfon*, cyfrol 73 (2012), 35-61.
4. R. Gerallt Jones, *T. H. Parry-Williams*, Cyfres Dawn Dweud (Gwasg Prifysgol Cymru, 1999), 16-18.